The New Rules of the Housing Design

センスを磨く！ 住宅デザインの新ルール

インテリア編

X-Knowledge

センスを磨く！　住宅デザインの新ルール **インテリア編**

CONTENTS

chapter 5 木の家デザインを究める

カバー写真 SIT-house（設計・施工：アドヴァンスアーキテクツ）
デザイン マツダオフィス
DTP シンプル
印刷 シナノ書籍印刷

本書は「センスを磨く！住宅デザインのルール」1・2・4・5および「建築知識ビルダーズ」No.18・25を加筆・修正のうえ、再編集したものです。

chapter

1

住まいの上質を究める

予算の多少にかかわらず、よい家には「上質な」インテリアは欠かせない。
本章では高額な予算の住宅のインテリアを得意とする工務店に登場していただき、
「上質なデザインのルール」にもとづく
場所別、部位別、素材別のデザイン手法を解説してもらう。

リビングは高い天井と大きな窓にこだわる

掃出しの高窓は光を部屋の奥に届けるほか、換気、抜け感などさまざまな効果をもたらす

ソファは建築主が家具メーカーに依頼して製作したオリジナル品。手間のテーブルも同様

床はナラの無垢フローリング。落ち着いた色合いでシックな高級感を演出

リビングは2層吹抜けとして、さらに大きな掃出し窓や高窓を設けることで、明るく開放的な空間になっている。色も黒、こげ茶、白の定番色で統一している

高窓は連窓状になっているため、外側から見るとスリットのような外観になる

テレビの裏側にはニチハのモエンアート35を張った収納家具を造作した

2層分の吹抜けをもち、中庭側に大きなFIXガラスの窓、道路側に高窓をもつリビング。ソファ部分の天井を下げることで、穴ぐらのような落ち着き感が得られる

ソファやローテーブルの足元に毛足の長いラグを置くとラグジュアリー感が増す

床はブラックチェリーのフローリング。明るい色合いのものを使用している

外壁と同じ擬石を張ることで内外の連続性を出し、空間の広がりを演出

吹抜け上部に設けられた高窓。側面のガラスの壁を介し奥の部屋まで光を届ける

2層分の吹抜けとFIXの大きな窓をもつ開放的なリビング。そのほか高窓やガラスの壁、廊下奥の窓など、視線の抜けが多い。写真に写っていないソファ側にも窓がある

床はウォールナットのフローリング。リビングの床の段差にはベンチの役割もある

造付けのソファ。L字形に配置されており、どこに座っても外の景色を眺められる

寝室はホテルライクなラグジュアリー空間

寝室にはホテルのようなラグジュアリー感が欠かせない。ベッドもできるだけ大きなサイズを選択し、そのうえで間接照明や落ち着いた色合いのインテリア、ファブリック使いなどが重要になる。ホテルの部屋を手本にするのが近道である。

ベッドの足元のキャビネットにテレビが仕込んであり、電動でリフトアップする

壁の一部を飾り棚のようにして、その内側に照明を仕込んだ例。ディスプレイが映える

建具の面材（ウォールナットの突板）を周囲の壁の面材とそろえて一体の壁に見せている

設計・施工：CRAFT

周囲の壁の高さを抑えて、隣室する部屋の光を間接的に取り込んでいる

ディスプレイの上部に照明が仕込まれており、赤い壁の色を効果的に際立たせている

来客用の寝室としてデザインされた部屋。赤とブラウンの壁紙で、アダルトでシックな空間になっている。間接照明や壁のスリットから漏れる光も効果的だ

寝室を仕切る壁には質感のよい壁紙を貼った。壁紙のワインレッドが寝室の雰囲気に合う

スミノエのじゅうたん。じゅうたんはホテルライクなデザインと相性がよい

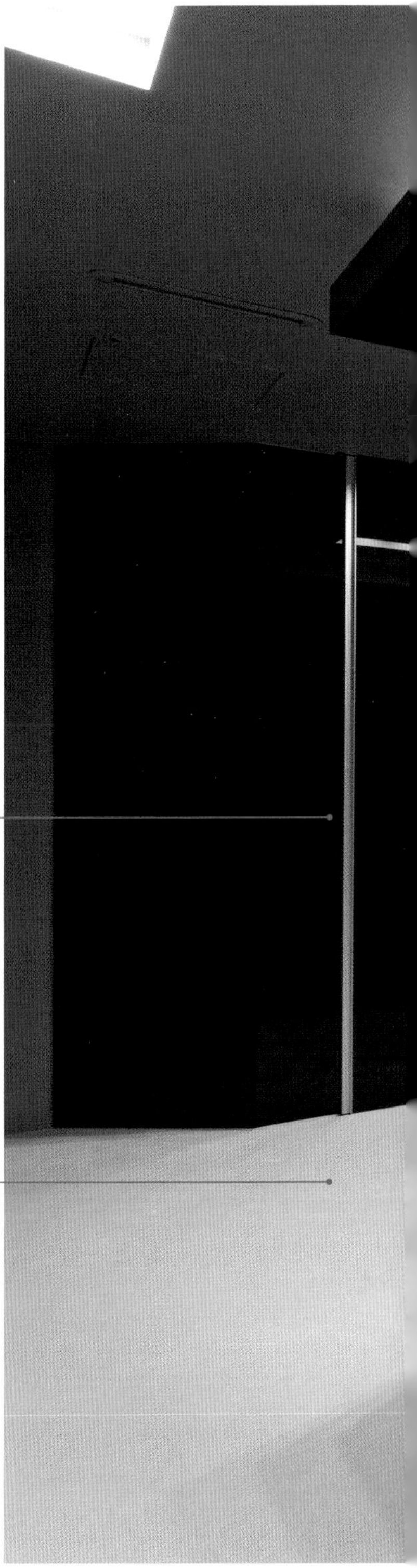

ウォークインクロゼットの入口にはガラスの間に布が入ったファブリックガラスを使用

じゅうたんはスミノエ製のもの。グレーが周囲のウォールナット色を引き立てる

ウォールナットのこげ茶の色合いと、ライトグレーの落ち着いた雰囲気の主寝室。じゅうたんや間接照明、暗いトーンのインテリアなどでラグジュアリーな雰囲気に

トイレ・洗面は清潔感と快適性を両立させる

トイレや浴室も、ホテルライクなインテリアの実例を参考にしながら、色使いや照明などで、清潔さ・快適さなどを感じさせることが重要だ。茶や黒を多用した落ち着いた色合いや、または白やシルバーを基調とした明るく清潔感のある色合いなどがよいだろう。照明も特別照度が要求される場所ではないので、間接照明（建築化照明）などを効果的に使いたい。

また、トイレ、浴室はスペースが狭いので、できるだけ広く見せる工夫が必要だ。空間をより広く感じさせる窓や鏡、ガラスなどを効果的に使い、周囲の壁や隣接する部屋、庭、バルコニー、景観なども取り込むような設計を行うとよい。

浴室から洗面脱衣室、トイレを見る。各部屋はガラスで仕切られており、狭さを感じさせない。外構や各部屋の光がほかの部屋に漏れて、独特の陰影をつくり出している

浴室のモザイクタイルは名古屋モザイクのもの。浴室は明るい白で統一されている

壁と同じ塗装がされた箱で配管類を隠している

洗面化粧台のガラスの上部に光源が見えないように照明が仕込まれている

浴室を白で統一したことで浴室を照らす光が拡散され、水廻り全体を緩やかに照らす

床は白で連続感を出しながらも、タイルの素材を変えることで場所性をつくり出している

廊下の脇に設けられた洗面台。カウンターには壁と同色のメラミン化粧板を使い、洗面ボウルだけが浮き立つように見せている。また、白い床で緩やかにスペースを確保した

壁の両端まで通したガラスで壁面に軽快さを与えている。黒い壁はEP仕上げ

廊下の床はブラックチェリーのフローリングで仕上げ、床材で場所を切り分けている

洗面スペースの床はアドヴァンのタイルで仕上げている。側面の壁と色調を統一

壁寄りの床は玉砂利を敷設。カウンター下の間接照明の光源に移り込みを防ぐため

右頁・左頁下写真（設計・施工：アドヴァンスアーキテクツ）、左頁上写真（設計・施工：CRAFT）

ピーエスの電気ヒーター。洗面脱衣室を暖めるだけでなく、タオル掛けにもなる優れもの

テレビが裏側に仕込まれているガラスはグラスルーチェという製品。テレビを消すと普通の鏡に戻る

シャープなデザインの洗面化粧台。手前は浴室でガラスの扉越しに見ている。正面のガラスの裏側にはテレビが仕込まれており、浴室からテレビを見ることができる

コーリアンで製作した洗面台。洗面ボウルはも含めて一体で製作している

カウンターに合わせて同系色の箱で配管類を隠している。設備っぽさがかなり薄まる

鏡の上部の高窓は洗面化粧スペース全体を明るくし、清潔な印象を与えてくれる

壁の下部の棚の奥に照明を設置して、周囲の壁などを照らす

壁にニッチの収納を設置。よく使うものを置けるほか、飾り棚としても機能する

カウンターにはタモの幅はぎ材を使用。よく触れる場所なので質感にこだわりたい

配管などは床と同色で仕上げたボックス状のもので隠した。大工が現場製作したもの

明るくナチュラルな雰囲気の洗面化粧台。鏡の上の高窓や鏡の下の照明が、清潔感とラグジュアリー感を演出している。洗面ボウルはKAKUDAI製のもの

浴室は極上の心地よさを提供する場所

浴室は、ユニットバスでよいとする人が多い一方で、注文住宅や特に豪邸などある程度の予算で家を建てる人は一から設計するいわゆる「在来浴室」が好まれる。一口に「ホテルライク」とはいっても温泉旅館風、リゾートホテル風とその趣向はさまざまで、いろいろな素材や形の浴槽が使われるほか、浴室の仕上げも多種多様である。

郊外の住宅では、庭や周囲の景色を取り込んだ外とつながるダイナミックな浴室の提案が可能だが、都市部でも坪庭やコートハウスなどとして外とつながることや、そうでなくても壁や屋根、塀、ルーバー、植栽などで外部からの視線を上手にかわして開放的な浴室をつくることが可能である。

また、外とつながらなくても、洗面脱衣室との壁をガラスにする、トップライトやハイサイドライトなどを採用するなどして、わずかでも開放的な浴室にすることはできる。

もちろん、在来浴室はユニットバスに比べて漏水などの不具合、カビや腐りなどの発生などのリスクや掃除のしにくさなどのマイナス面が存

浴槽の側面に鏡を設置し、庭の景色をより広く見せている。上部はガラスで抜け感を

垂壁は窓の向こうの塀の高さを考え、下端の高さを調整している。仕上げは大版のタイル

FIXのガラスの向こうに小さな庭を設け、その外側には視線を遮るための塀を設置

浴槽の周囲は外の庭の雰囲気に合わせて、石風のテクスチュアをもつタイルで仕上げた

浴槽はTOTOのもの。曲線的なデザインが美しい

大きな窓のある浴室。窓の外は小さな庭で、黒竹などが植えられている。室内にも植物の鉢などがセットされていて、リゾートにいるような感覚で入浴できる

右頁写真（設計・施工：テラジマアーキテクツ）、左頁写真（設計・施工：アドヴァンスアーキテクツ）

在する。したがって、できるだけ不具合が発生しないよう注意深く設計・施工を行ったうえで、メンテナンスや清掃についても十分な説明と対応策を考えておくことが重要だ。

屋上に設置された浴室。浴槽を囲むのはガラスの壁だが、塀の高さを調整して、周囲からのぞかれないように配慮されている。もちろん、外の景色は十分に堪能できる

浴槽はTAKESHITAのもの。どの方向にも座れるので、ガラス張りの浴室に合っている

浴室の床仕上げはアドヴァンのタイルを施工。浴槽の立上りまで張っている

大きなFIXガラスで仕上げて、一部をガラス戸とした。天井はVP仕上げ

和室は両親や客人をもてなす場所

和室では「本物志向」がポイント。内装材として使われる畳、木材、竹、左官、紙などは、イミテーションでは雰囲気が台なしになるので、本物にこだわりたい。また、和室につきものの、床の間の形状や位置などのルールも専門の書籍などで十分に確認し、分かったうえで省略したり崩したりすることが重要だ。また、和室はもともと天井に照明がないもの。基本的にはスタンドライトなどで照度を確保し、どうしても天井に照明をつけたい場合でもペンダントライトやシーリングライトなどを避け、ダウンライトや間接照明程度に留めるようにしたい。

地窓、床の間、ヨシ天井など、和の基本的なアイテムを押さえた和室。モダンな住宅ながら、この和室はややくすんだ色で統一し、落ち着いた雰囲気に仕上げている

天井はヨシクロスを張り、そのジョイントには半割の竹を割り付けて仕上げている

壁はあえて古典的な素材があるじゅらくで塗っている。落ち着きのある雰囲気に

押入れの襖には存在感のある装飾和紙を貼って、空間のアクセントにした

畳は和モダンの定番、正方形の縁なし畳を使用。モダンに寄るならこの畳が基本になる

畳に接する床板にはナラの無垢フローリングを使用。和室の色合いにも合う

天井にはヨシクロスを張っている。照明はセンター部分にダウンライトを配置

床柱などの造作を省略したシンプルな床の間。垂壁に仕込んだ照明が床の間全体を照らす

床は正方形の縁なし畳とし、床板部分はナラの無垢フローリングとした

白い壁と縁なし畳が印象的なモダンな和室。地窓とハイサイドライトの障子でやや控えめな明るさの空間になっている。地窓の先には庭に植えた黒竹が見える

右頁写真(設計・施工:テラジマアーキテクツ)、左頁上写真(設計・施工:アドヴァンスアーキテクツ)、左頁下写真(設計・施工:杉坂建築事務所)

玄関は広く明るく開放的な家の顔

階段はスチール製の桁や段板（下地）の上に、床と同じ大理石の石を仕上げとして張っている

床は大理石で仕上げている。上がり框や階段の段板も同材で仕上げている

玄関土間の仕上げも大理石だが、床とは種類が異なるグレー寄りの色調で落ちついた印象

玄関戸には、鋼製戸に木目調のダイノックシートを貼った開き戸を製作した

石張りの大きな玄関ホール。明るい色調の大理石張りや漆喰の天井、そして大きなガラスの窓などで明るく開放的な玄関になっている。階段室からの光も効果的だ

お客を招き入れる場所である玄関は、家の顔であり、最初の見せ場でもある。家の広さに余裕があれば、玄関もできるだけ広くとって、窓やガラス、吹抜け、間接照明などの配置を駆使したり、玄関からの玄関ホールの見え方などを十分考慮したりしてさらに広く見えるように工夫したい。また、玄関の土間床や上がり框などの材料も天然石や無垢の木材（銘木）などを使い、重厚感・高級感を演出するとよい。

真壁の落ち着いた雰囲気の玄関。土間のスレート風のタイルや階段や造作など、造り込みが質の高い印象を与える。前面の窓や階段室からの光で日中の玄関はかなり明るい

スギの羽目板を濃い茶色に塗装して天井に張っている

造付けの木製のベンチ。靴を脱ぎ履きするときに座る。下部には照明が仕込まれている

造付けの靴箱。上部は飾り棚として機能する。タモの練付けで造作されている

床はLIXILの陶墨染というスレート風タイルを使用。和の雰囲気に合う

上がり框はヒノキの土台露しとした。床板はオークのフローリングである

バルコニーはプライバシーを確保し、セカンドリビングに

リビングや主要な居室に接するバルコニーは、セカンドリビングとして設計したい。まず床や壁の仕上げなどは室内の仕上げや色とできるだけそろえることが重要だ。バルコニーの出入口に当たる窓も、単なる掃き出し窓ではなく、引込み窓にできるとより一体感が出る。また、防水上の工夫が必要だが、内外の床の段差もできるだけ小さくするとよいだろう。

外部からの視線を気にせずくつろげるような配慮も重要だ。もちろん、物干しなどなどはリビングの雰囲気を台なしにするので、別の場所に物干しスペースを用意したい。

植栽には屋外照明を仕込んでいる。光源を隠して、葉にきれいに光を当てるのがポイント

壁付きの照明。壁に光を当てるようにするだけで、簡単に間接照明の効果を得られる

目隠しのための天然木のルーバーに囲まれたバルコニー。プライバシーを確保しつつ、造付けのソファやガラスの屋根などで全天候型のセカンドリビングとして機能する

造付けソファは造作。雨に濡れないようにすぐ上の天井にはガラスの屋根がある

日除けのオーニングを設置。右奥にはガラスの屋根を架けている

植栽はコンテナで植えられている。ルーバーはウェスタンレッドシダー製

床は木目調のプリントがされたタイルを使用。メンテフリーで質感はとてもよい

雨水が跳ねて室内の床を濡らさないように、出入口の床面に砂利を敷いている

右頁写真（設計・施工：テラジマアーキテクツ）、左頁写真（設計・施工：アドヴァンスアーキテクツ　撮影：イエフォト）

木造に見えないスクエアなファサード

無難なのはRC造風の四角いファサード。RC造＝豪邸という印象があるうえに、四角くして窓を少なめにすると、デザインとしてそれほど破たんしないからだ。あとは、植栽を建物の周囲に植えるとリッチな印象になる。

車との距離感にもよるが、建築主が車好きであればあるほど、ガレージの設計は重要になる。その度合いに応じて適切な設計を行いたい。また、余裕をもった駐車スペースの確保や、玄関窓の動線なども建築主の満足度を高めるうえで重要だ。

F・L・ライトの落水荘を思わせる、水平の屋根と石張りの外壁が印象的な外観。塀以外は木造だが、石張りの外壁や水平の屋根を組み合わせて木造の印象を薄めている

水平の屋根はステンレス防水で仕上げている。鼻隠しや軒裏はジョリパッド仕上げ

玄関のドアと壁は耐候性のあるダイノックシート（ウォールナット調）で仕上げた

外壁にも薄く剝いだ割肌のナチュラルロブソンを細かく並べて張っている

アプローチの床にも自然石を使用している。石ごとに色が微妙に異なる

石は建築主が以前住んでいた家の庭石を再利用したもの。植栽計画はグリーンスペース

右側に見えるのがガレージ棟。母屋からは独立しているが、軒の下を通ることで雨に濡れることなく玄関に入れる。手前に塀と門扉があるので、防犯上も安心感がある

ガレージ廻りの敷地の床にインターロッキングを敷いているため、水はけもよい

ガレージの扉は三和シャッターの透明パネルのオーバースライダーを使用

コンクリート打放しを思わせる外観だが、これも木造。屋根は陸屋根として防水工法で納めている。RC造っぽく見せるという意味では前面の打放しの塀も利いている

壁は白系のジョリパッドで仕上げた。汚れが目立たないようにパターンと色調を調整

板金でつくられた笠木は内側に傾斜しており、外壁に雨が垂れるのを防ぐ

打放しの塀は玄関の目隠しの意味に加えて、心理的な境界としても機能する

キッチンは建築主の満足度を最優先で考える

食器棚や冷蔵庫などを使わない時は、写真のように引戸を閉めて一体の壁のように見せる

床は落ち着いた色合いのブラックチェリーのフローリング。黒い天井は塗装仕上げ

クッチーナのオーダーキッチン。側面まで回し込まれた人造大理石のカウンターが美しい

右頁写真(設計・施工:アドヴァンスアーキテクツ)、左頁写真(設計・施工:テラジマアーキテクツ)

　キッチンの主役はいうまでもなくキッチンである。広い空間にデザイン性の高い独立型のシステムキッチンを置くだけで、空間の質が格段に向上する。空間の質という意味では、オーダーキッチンやセミオーダーキッチンなどを採用し、間取りやインテリアに合わせてキッチンをデザインすることで、より高質な空間が出来上がる。また、それほど予算がない場合でも、既製キッチンの側面や背面をインテリアに合わせて仕上げることでキッチン空間として「魅せる」ことは可能だ。

　キッチンで目に入る調理家電や調理器具はデザインの主張が強く、デザイン的にも統一感がとれないので、リビングから見えない位置に収納スペースを設けたり、キッチン収納の手前に引戸を設けたりするなどしてできるだけ目立たないようにしたい。冷蔵庫も極めてデザイン性の高い製品である場合を除き、お客が見せることを望まない限り同様に隠す。

コートハウスの開放的な中庭に向かって設けられたキッチンとダイニング。食器棚などの収納や冷蔵庫などを引戸の裏側に隠すことで、白いキッチンの存在を際立たせている

壁面に設置された造付けの棚。ウォールナットの落ち着いた色合いが白い空間に映える

料理教室のスペースにも使われる広いダイニング・キッチン。白を基調とすることで、明るく清潔な空間に仕上げている。大きな窓によって広く開放的な印象も

床は平滑性の高いタイルを使用。清掃性を重視した選択である

ポーゲンポールのキッチン。側面までカウンター材のクォーツストーン（人造石）で仕上げられている

バーカウンターは非日常感を

図のバーカウンター。その場でお酒を出せるように、冷蔵庫や水栓などを備えている

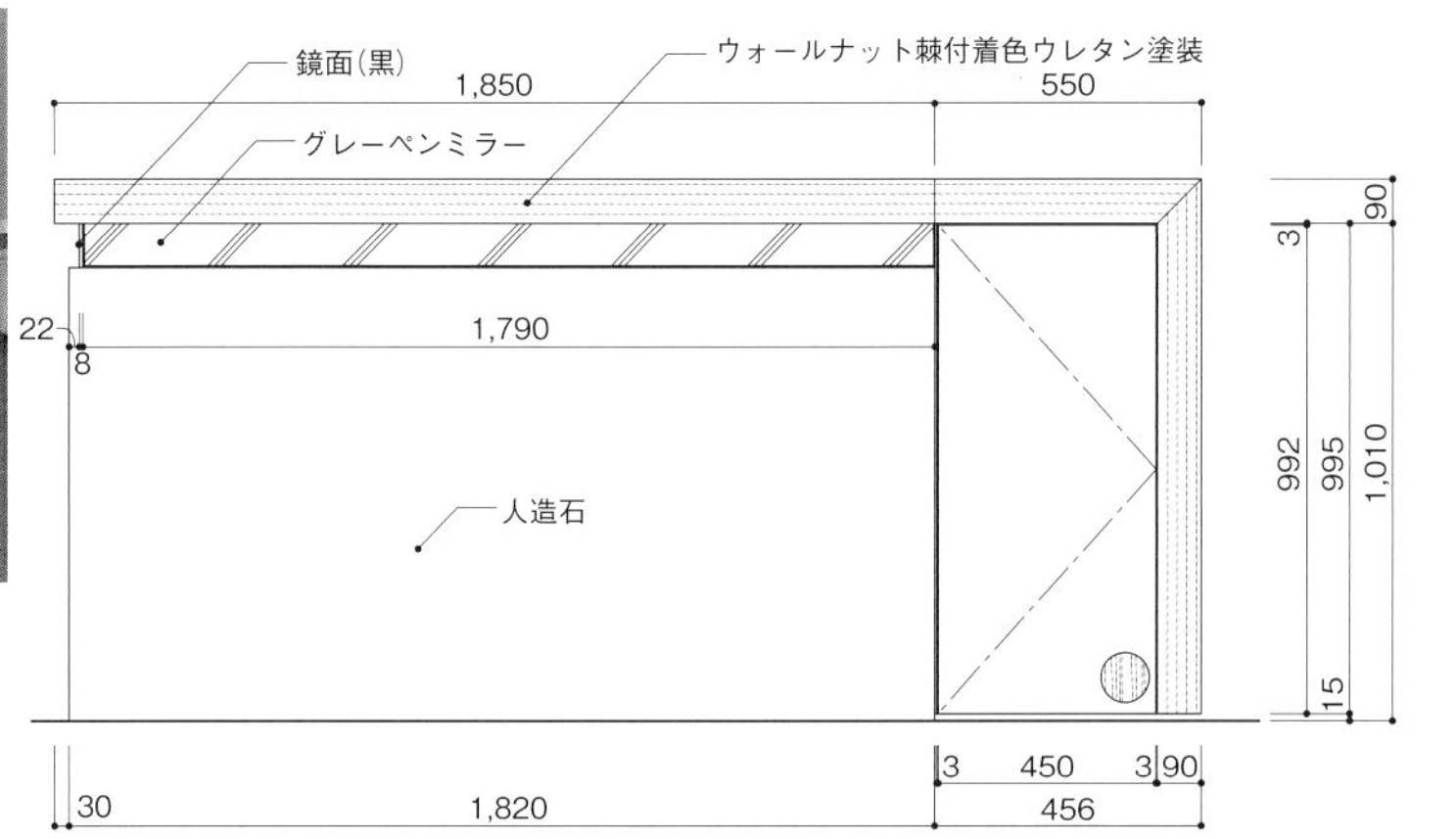

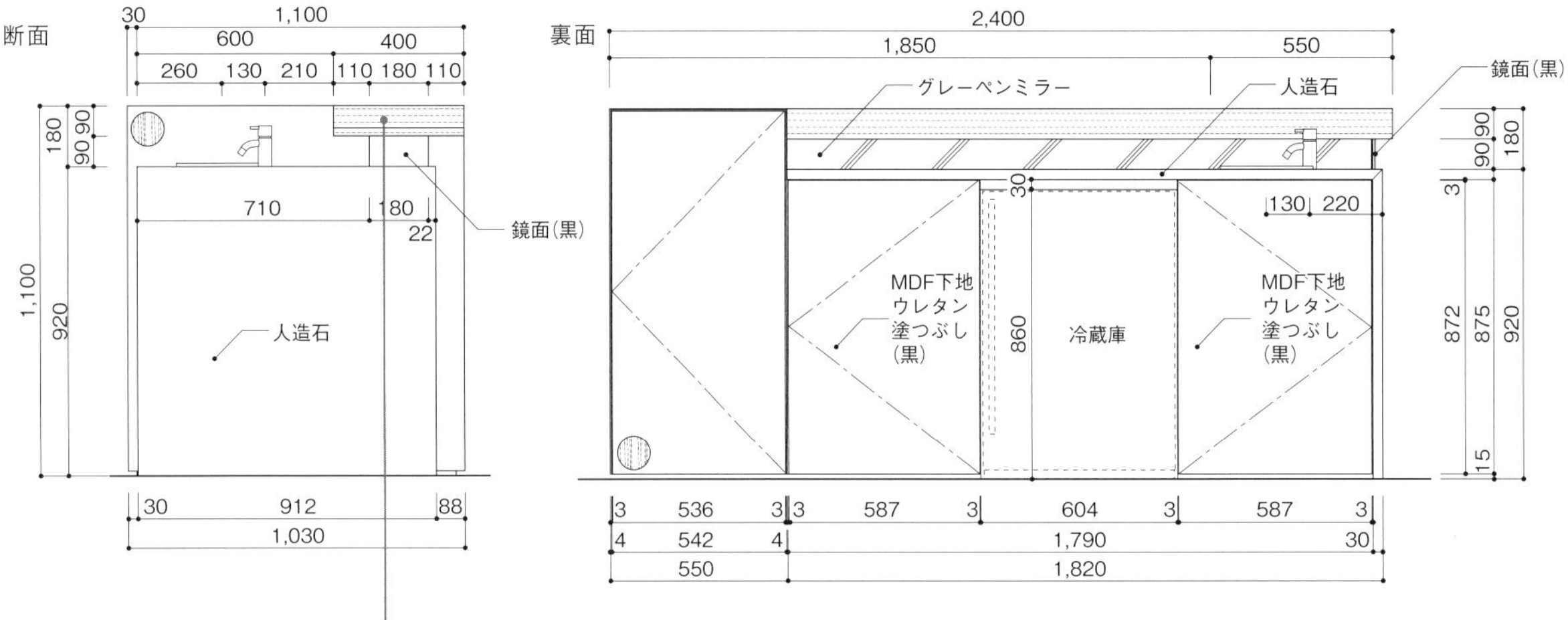

ランバーコアのカウンターにウォールナットの突板+ウレタン塗装で仕上げている

バーカウンター詳細図(S=1:30)

バーカウンター廻りの壁面にガラスタイルを張っている。高級感が増す演出だ

ガラス戸の棚。下部に照明が仕込まれており、カウンターや壁面のタイルを照らす

造付けのバーカウンターの面材は、MDFにウレタン塗装(七分艶)で仕上げたもの

内蔵されたワインセラー。外側をルーバー状にして中の物が分かるようになっている

お酒をつくったり飲んだりするためのカウンターを、キッチンとは別に設け。酒やグラスなどの収納スペースのほか、冷蔵庫・ワインセラーなども内蔵されている

アッパー層の住宅で人気があるのが、バーカウンター。友人を招いたり、夫婦でくつろいだりする場所としてニーズがある。キッチンと別につくるため、非日常感が求められる。冷蔵庫やシンクなどは必須の設備だ。

プールは水面のゆらぎを住まいにもち込む

海外の豪邸の定番だが、日本でも一定のニーズがある。プールまでいかなくても水盤などを設ければ、水面の揺らぎや水に拡散する光を眺めるだけで癒しの効果が得られる。水を扱う場合は、汚れ対策や掃除などメンテナンスの指導なども重要になる。

隣地との境界にはやや高めの塀を設け、外部からの視線を緩やかに遮っている

水盤部分は青のモザイクタイル仕上げに。青は水をきれいに見せる効果がある

床は石調の白色系タイルで仕上げている。水盤の青との対比を考えたもの

夜は水中に設置した照明が水盤内を照らす。夜の眺めを考えることも水盤では重要だ

コートハウスの中庭に設けられた水盤。各部屋から眺められ、昼は日の光や空を、夜は照明によって幻想的な景色をつくり出す。癒し効果があり、満足度も高い［T］

設備は極上の仕掛けにもなる

家電や住宅設備などは建築においては「隠す」のが鉄則だが、それ自体のデザイン性が極めて高い場合は、設備によって非日常感をつくり出すこともできる。

デザイン性の高いキッチンだけでなく、デザイン性の高い冷暖房器具（薪ストーブなど）や、高級オーディオなどを空間に導入するだけで、部屋の雰囲気は大きく変わる。ただし、外国の製品は仕様や寸法が特殊なので注意したいのと、家電や設備が過剰に目立たないようにそれらに合わせたインテリアを心がけたい。

壁に沿って設けられたカウンターキッチン。食器などの収納部のほか、冷蔵庫やワインセラー、食洗機などが内蔵されている。中央に見えるのは肉を叩くための台

フライパンなどの調理器具を吊るための器具を設置。欧米のキッチンでは一般的だ

キッチンには冷蔵庫や食洗機などを内蔵し、電化製品が表に出ないように工夫されている

吊り戸棚には電動式で開閉するブルーム社の金物を使用。手を触れるだけで開閉する

キッチンカウンターは御影石のカウンター材とウォールナットの面材で構成されている

ダイニングからほどよく隔離されたソファスペース。石の壁やラグ、天井のルーバー、そしてデザイン性の高い暖炉が、ラグジュアリーな雰囲気をつくり出している

バイオエタノール暖炉「ecosmartfire」（メルクマール）を設置。取り扱いも簡単な暖炉だ

アドヴァンで販売しているイタリア産大理石を張った壁。ダウンライトの光を当てている

●石の壁の足元にはブラックガラスを張っている。石の壁に軽快な印象を与えている

テレビボードの左側には飾り棚を設置。内部に照明が仕込まれている

グラスルーチェ（ハナムラ）を張ったテレビボード。内部にテレビ3台を内蔵

製作した収納家具。表面はウォールナットの突き板を使用。ダイニングの仕切りを兼ねる

ダイニングに設置されたテレビボード。正面には特殊なガラスが張られており、テレビを消すと黒い壁になるため、落ち着いて食事をすることもできる

階段はリビングの見せ場となるような美しい造形に

リビングや玄関などに設ける階段は、オブジェのようなものなので、デザイン性に配慮する必要がある。空間に合わせた素材や形状を十分に検討して設計したい。階段室は吹抜け効果もあるので、ストリップ階段にするのがよい。

壁にはボーダー形状に積まれた割肌の擬石が施工されている

床は階段の段板・蹴込み板と同じウォールナットのフローリングが使われている

リビングの吹抜けに設置された鉄骨階段。段板だけでなく蹴込み板の部分にも床材と同じウォールナットの突き板合板を張り、床からの連続感を出している

壁の一部をくり抜いて飾り棚を設置。棚部分には黒い塗装、そのほかは漆喰塗り

階段の段板は床のフローリングと同材のウォールナットで仕上げている

中庭の大きな窓に面した場所に設置された鉄骨のストリップ階段。手摺を含めて白く塗装した細い材料で構成されていて、軽快な印象を与えている

右頁上・左頁写真（設計・施工：アドヴァンスアーキテクツ）、右頁下写真（設計・施工：テラジマアーキテクツ）

家具は造り付けてインテリアと統一感を出す

リビングに設置された造付けのソファとテレビボード。テレビボードはダイニングとリビングを緩やかに仕切る壁としても機能している

長いソファが、写真の手前まで壁に沿ってL字形に配置されている

造付け家具は、空間の形状やインテリアの色合いに合わせるだけではなく、各部屋の収納量に応じて必要なボリュームで設計できるため、部屋のデザイン性と使い勝手を格段に向上させることができる。また、造付け家具を設置したことにより、お客が持ち込む家具を格段に減らすことができるため、持ち込み家具によってその家のインテリアのデザインが破綻することなく、長期に維持できる。

造作収納はランバーコアで製作されたもの。床材に合わせて色味が調整されている

洗濯には洗剤や関連する器具の置き場所が必要になるが、インテリアと合わせた収納家具をつくることで、デザイン性がかなり向上する

石は上質な素材の代表格を徹底的に使う

壁はボーダー形状の天然石のナチュラルロブソン。外壁仕上げを室内に持ち込んだ

ダークミラーの壁。透明感のあるピアノ塗装のような印象で、とても美しい

石材をふんだんに使った玄関ホール。手前に玄関戸があり、右側は飾り棚のスペースになっている。その広さも含めて、上質な玄関の一例である

床にはクリーム色系の大理石を使用。同じ色の大理石は階段の段板にも使用されている

床の一部に黒い御影石を施工。飾り棚として普段は花瓶などが置かれている

上の玄関ホールのある家を外側から見たところ。各所に異なる石を使っている。床に使った天然スレートが落ち着き感を与えている。玄関の手前の白い床は大理石である

花壇も外壁と同じボーダーの天然石のナチュラルロブソンで仕上げている

人工木のデッキ材で製作したベンチ。耐久性を考えると水平面の天然木使用は避けたい

右側の花壇には御影石のピンコロ石を使用。植栽には照明を当てている

高級素材の代名詞である石。素材としての存在感は格別なので、さまざまな部位に使ってみたい。お勧めは、豪華さが要求される玄関やアプローチ、ファサードなど。リビングの壁、床などにもよいだろう。大理石は特に使いやすい。

右頁・左頁右上・左頁左下写真（設計・施工：アドヴァンスアーキテクツ）、左頁左上・右下写真（設計・施工：テラジマアーキテクツ）

じゅうたんとガラスで空間を豊かに

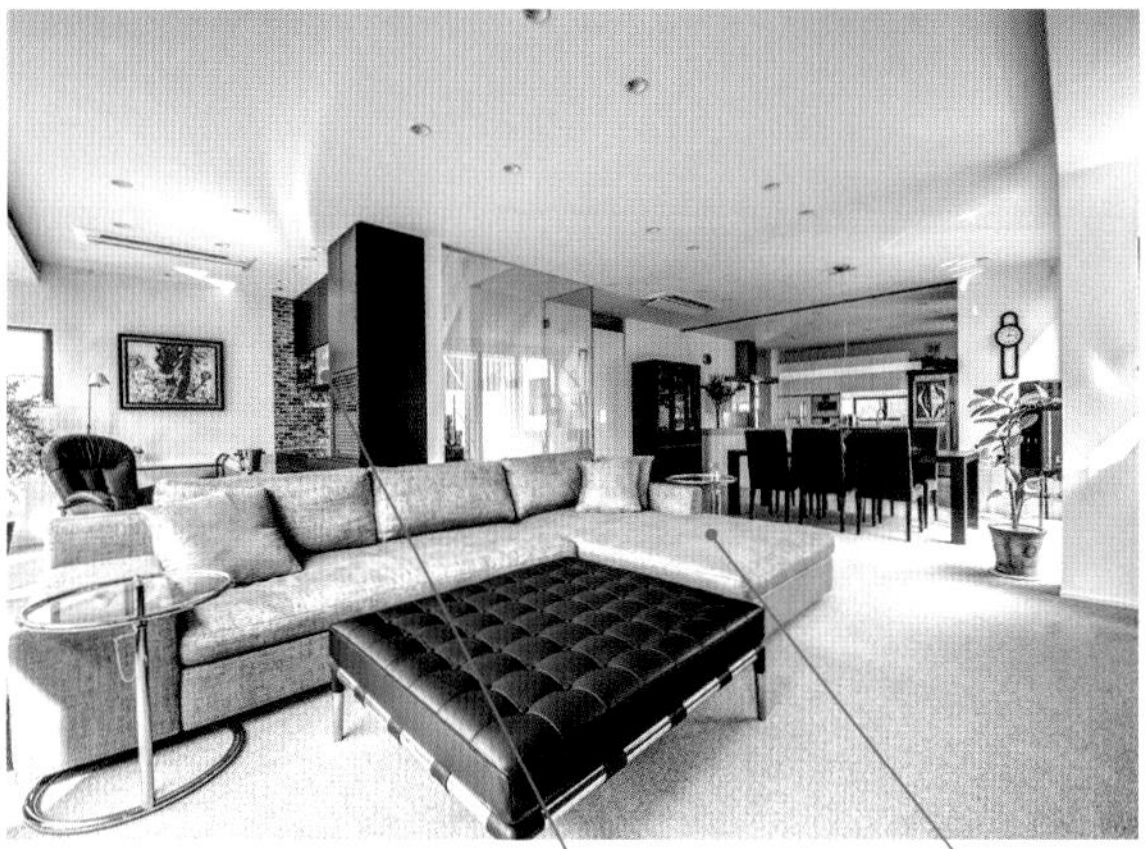

床全面に張られたじゅうたん。明るいグレーがリビングにラグジュアリー感を与えている。じゅうたんは素足で歩いたり、横になったりもできる

ウォールナットのバーカウンター。周囲の壁はガラスタイルが張られている

海外製の大型のソファはそれだけでラグジュアリー感を発揮する

足ざわりのよいじゅうたんを部屋の床前面に張っている

小さな個室に絨毯を張った例。グレーのじゅうたんが、黒い革張りのソファや黒いテレビボードを引き立てて、ラグジュアリー感を与えている

ラグジュアリー感を高める代表的な床仕上げであるじゅうたん。その足触り、歩行感のよさから海外の住宅では床材の定番であり、日本でもダニの問題で一時期減ったものの、最近になって再評価されてきている。じゅうたんの中でも特に毛足の長いものはよりラグジュアリーな印象になるが、毛足の短いものでも濃い色合いで手に光沢のあるようなものを選べば、空間全体を上質な印象に変えてくれる。床をフローリング仕上げとした場合でも、部分的に質感のよいラグなどを置けば、リビングの雰囲気もかなり向上する。

また、雨や風そして人を通さずに、視線や光を透すガラス。この特性をインテリアに生かせば、部屋をより広く、明るくすることができる。ポイントはガラスがないように見せること。たとえば、壁のなる場所を部分的にガラスに変え、取り付けたガラスは端を床、壁、天井に飲み込ませるように納めるか、一部を枠で納める場合も金属の枠などを使いできるだけ見付けを小さくする、または壁と同じ色の枠を使い枠の存在感を消すとよいだろう。

床はサンワカンパニーの石風のタイル。これも中庭の床に使っている

天井は水性塗料で仕上げて、軒裏まで通している。壁は天然石のナチュラルロブソン

リビングと中庭の間をFIXガラスで仕切った例。リビングと中庭の床、壁、天井を同じ仕上げとすることでリビングに広がりを与えている

造付けのテレビボード。面材にはウォールナットを使用。背面の壁はマリストのタイル張り

天井は中心部分を上げて、壁沿いはサッシ高さにそろえている。段差には照明を仕込んだ

階段室の周囲をガラスの壁で囲った例。リビングの冷暖房の効きがよくなる

左上の写真と同じ事例。バルコニー側の窓だけでなく、階段室にもガラスの壁が設けられている。ガラスによってリビングがより明るく広く感じられる

壁紙は柄や表情、光沢、素材で壁を楽しむ

壁全面に落ち着いた色合いの壁紙を貼った例。壁紙の濃淡のある表情がラグジュアリーな印象を与えている

個性的な色や素材の壁紙を使う例が増えている。定番は、部屋の1面の壁や収納の建具（襖戸など）だけ個性的な色や素材の壁紙を貼るという方法だが、小さな個室やトイレ、洗面脱衣室などであれば、壁全面に張っても失敗することは少ない。また、素材やテクスチュアについては何を使っても問題ないが、色については比較的淡い色（彩度が低い色）合いのものを使うと失敗が少ないようである。

アールデコ模様の壁紙を壁一面に貼った例。デザイン性の高い壁紙をアクセントとして使っている

手書きのイラストがついた壁紙を壁一面に貼った例。白い壁や天井と組み合わせる場合は、この壁紙のようなくすんだ色合いが馴染む

右頁写真（設計・施工：アドヴァンスアーキテクツ　撮影：イエフォト）、左頁写真（設計・施工：CRAFT）

間接照明が多用された部屋。正面の照明を当てられた壁に輸入品のビロード調の壁紙を使用し、テクスチュアと色で周囲の塗装壁と雰囲気を変えるようにした

梁を隠すために壁の一部を前に出して段差をつくり、その部分に照明を仕込んでいる

床にはアドヴァンのマフィール（ベージュ）とアマデウス（黒）を使用

照明で室内外を間接的に照らす

空間の質を上げるなら、照明は光源を見せない建築化照明が基本になる。人工の明かりに見えにくいという効果に加え、間接照明になるので、空間に陰影を与え、仕上げ材のテクスチュアを引き立てる。

吊り戸の上下にも照明を仕込んでいる。上下の壁・天井を照らして奥行き感を出している

天井に付く配管などのダクトや設備のために下げた天井との段差に照明を仕込んでいる

キッチンに間接照明を多用した例。キッチンは棚やカウンターなど造作する部分が多いので、積極的に照明を仕込みたい。食材や調理に適切な照度や照明計画も重要である

カウンター天板の御影石の裏側に照明を仕込んでいる。石が浮いているような軽快な印象

リビングの壁の奥の天井の一部を上げて、その中に照明を仕込んで壁や床を照らしている。シンプルなデザインの空間に、立体的な奥行きを出すことに成功している

引戸の裏側に食器棚や冷蔵庫など隠している。リビングの雰囲気が損なわれない

床はウォールナットのフローリング。キッチンの引戸も同系色に塗装されている

天井の端の一部を高くして中に照明を仕込んでいる。光をきれいに壁に当てることが重要

右頁上・左頁上写真（設計・施工：CRAFT）、右頁下・左頁下写真（設計・施工：アドヴァンスアーキテクツ）

エアコンの配置を通すため、天井を下げ、さらに格子状に加工し、その中に照明を納めた

間接照明を多用した例。ほぼ造作によって、天井や壁に照明を仕込んでいるのが分かる。徹底的に光源を見せないようにすると陰影が強く出て、非日常的な空間になる

壁の上部を垂壁のようにふかして照明を仕込んでいる。照明は壁だけでなく床も照らす

テレビの背後の壁をふかして、そのスペースに照明を仕込んで壁を照らしている

壁に沿ってダウンライトを配置。ダウンライトも壁際に配置すれば間接照明となる

壁際の天井を上げて、内部に照明を仕込んでいる。連続感が出るように長い照明を配置

玄関から廊下・階段を見る。建築化照明やダウンライトを使って、間接照明を行っている。廊下はさほど照度を必要としないため、間接照明に適しているといえる

床は大理石と御影石によるパターン。壁は大理石のタリスホワイトを張っている

造付けサイドボードの下部に照明を仕込んでいる。簡単にできる建築化照明だ

外部でも人目に触れる場所には積極的に照明を配置したい。玄関廻りの照明も単純に夜間の出入りのためだけでなく、建物外観としての見え方も考えて設計する。また、庭の樹木やデッキテラスの周囲に照明を配置することで、夜景としての楽しめるほか、外観の美しさにも貢献する。

外壁を照らすのは、中庭に設置された青い照明。白い壁を青色で照らすのもおもしろい

中庭の樹木は積極的に照明で照らしたい。夜の中庭がより立体的に見えてくる

中庭に照明を配置した例。コートハウスなどにした場合、夜の庭の景色も照明でうまくインテリアに取り込みたい。ここでは青い照明も使っている

デッキテラスも室内の照明がきれいに当たることで、室内からの連続感が強調される

玄関廻りの照明の例。ダウンライトで玄関ポーチを照らしているだけなのだが、前に塀を設けていることで間接照明的な効果が得られている。植栽に照明を当てるのも効果的

玄関ポーチを片持ちにして浮かせるように見せることで、軽快でシャープな印象になる

色を使って室内を華やかに

上質な空間に欠かせないのが、ウォールナット系のこげ茶色である。ウォールナットが高級材ということもあるが、床に使うことで全体的に上質な印象が増す。またこげ茶と相性がよいのが黒で、全体の空間を引き締める効果がある。

　生活空間には安らぎを与える緑を積極的に取り入れたい。庭などに植えるのはもちろんだが、土がない場所でもコンテナや鉢植えなどで目に見える場所に緑を配置する。もちろん、建築主がメンテを嫌がる場合は人工物で対応する

階段のある吹抜け部分。ここでは白とウォールナット系の濃い茶色でインテリアを構成している。白によってウォールナットの色が映える

天井や壁などは明るめの白色の塗装で仕上げている。光が拡散され、日中はかなり明るい

階段の段板にもウォールナット材を使用。床とそろえることで、連続感が生まれる

床はウォールナットのフローリングで統一している。硬質な材料なので耐久性も高い

天井や壁は白い塗装で仕上げている。枠材もできるだけ排除して白い塊として見せている

階段は黒く塗装したスチールの桁にフローリングと同じウォールナットの段板を施工

床はウォールナットのフローリング。床に合わせて建具類も塗装して色を揃えている

リビングとキッチン。白とウォールナット系の濃い茶色、そして光沢を抑えた黒でコーディネートされている。黒を入れることでシャープな印象になる

ソファも階段に合わせて黒い色合いのものを選択。黒いボリュームが空間全体を締める

ここでは母屋を露出しているが、うるさくならないように白く塗装している

エアコンは目立たないように吊り戸棚風に見せる。テレビ台とデザインをそろえている

室内にも積極的に植栽をセッティングしたい。窓があれば、かなり幅広い種類の植物が育てられる。観葉植物を建築主に提案すると喜ばれる

内装に合う植物と鉢選びが重要になる。インテリアショップなどで選ぶのが無難

水廻りの内外に植栽を設けた例。ここでは孟宗竹を庭に植えて、浴室や洗面脱衣室から楽しめるようにしている。室内側の鉢植えなどの植物もよく育つ

窓の外側に植えられた黒竹。成長が速いため、メンテナンスなどについても考えておく

造作した洗面化粧台。大きな鏡は浴室の壁まで連続しており、部屋をより広く見せる

浴室にも植栽を配置。ポトスなど高温多湿を好む種類であれば、あまり失敗することはない

右上・左下・右下写真（設計・施工：テラジマアーキテクツ）、左上写真（設計・施工：アドヴァンスアーキテクツ）

chapter

2

インテリアの大原則と素材の使い方

インテリアの上手い下手は、センス以上に
インテリアの決まりごとや仕上材をちゃんと理解したうえで正しく実践できているかどうかで決まる。
本章では知っておくべきインテリアデザインの基本ルールだけでなく、
仕上げなどの素材の選び方、使い方について解説する。

お客に受けるインテリアとはどういうものか

お客がリクエストする空間の変化

住宅インテリアの流行は大まかには5年単位で変わっていく

10年前　居室も水廻りもとにかく真っ白

バスルームも床・壁・天井すべて白のリクエスト。浴室床など当時は白い建材がまだ少なめであった

床・壁・天井、全体が真っ白な空間。物もあまり置かずにスッキリとした印象

5年前　重厚さとカジュアルさの2派

チークやカリンなど濃いめのフローリングと、漆喰や珪藻土などの左官壁や大理石の組合せ

一方、若いお客を中心にスギやカバザクラなどの明るめの床材と真っ白い壁の空間も多かった

現在　低コントラストの落ち着いた雰囲気

ムクの一枚板や裸電球、型板ガラスといったレトロなものも積極的に取り入れられる。インテリアのコントラストは弱めになっている

ナラ、タモ、バーチなどのフローリングに、少し落ち着いたトーンの白いペンキが多い

一言で「ウケる」インテリアといっても、人の好みは千差万別なのでなかなか難しい。ただ流行はあるので、おおまかな傾向についてまず上段の写真にまとめた。

これらの仕上材の傾向に加えて、床・壁・天井だけでインテリアを完結させないのも最近の傾向だ。置き家具や小物などのパーツを積極的に見せたいと考えるお客が多い。

こうしたスタイリング的なインテリアのつくり方を好むお客が増えたため、リビングの造付け家具などの需要が減った。自分でローチェストなどを購入して演出したいと考える施主が主流になってきている。

このように今の住宅には、家具配置や部屋の使い方が少々変わっても魅力を失わない「包容力のある空間」が求められている。基本は広がり感のある間取りだ。左頁のＣＧのように、部屋が細切れに配置された間取りだと、インテリアを頑張っても雰囲気はよくならない。

そういう意味ではインテリアは人間に似ている。骨格や内臓の美しさが表面にそのまま現れるのである。骨格や内臓は基本設計の要素だ。そうした整理された基本設計のうえに化粧やアクセサリーを施していくと、その美しさはさらに引き立つ。インテリアに先だって、まずは基本設計を大切にしたい。

写真：村上建築設計室（36-70頁）

間取りがよくなるとインテリアの見栄えもよくなる

同じような広さの空間であっても間取りによっては広がり感が違ってくるので、インテリアの印象も変わる

要素を整理した広がり感のある空間

間仕切や建具などが最小限になるようにプランを整理しているので、広がり感が表現される

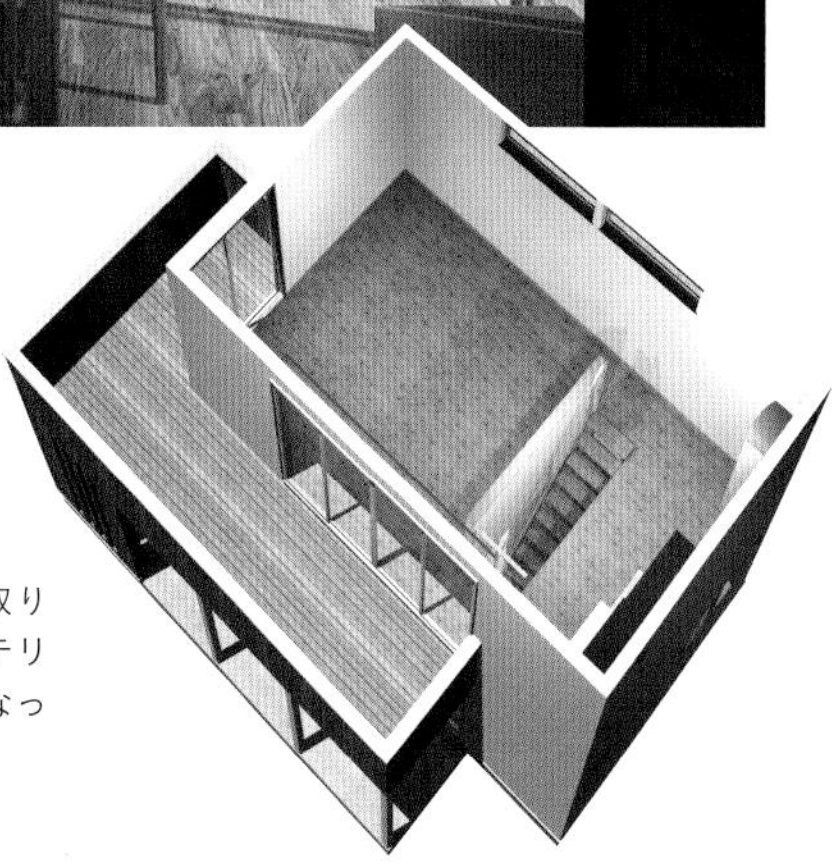

CGの間取り。間取りを整理するとインテリアも見栄えが良くなってくる

小壁や建具の多い未整理な間取り

袖壁や細切れの窓が広がり感を損ねている

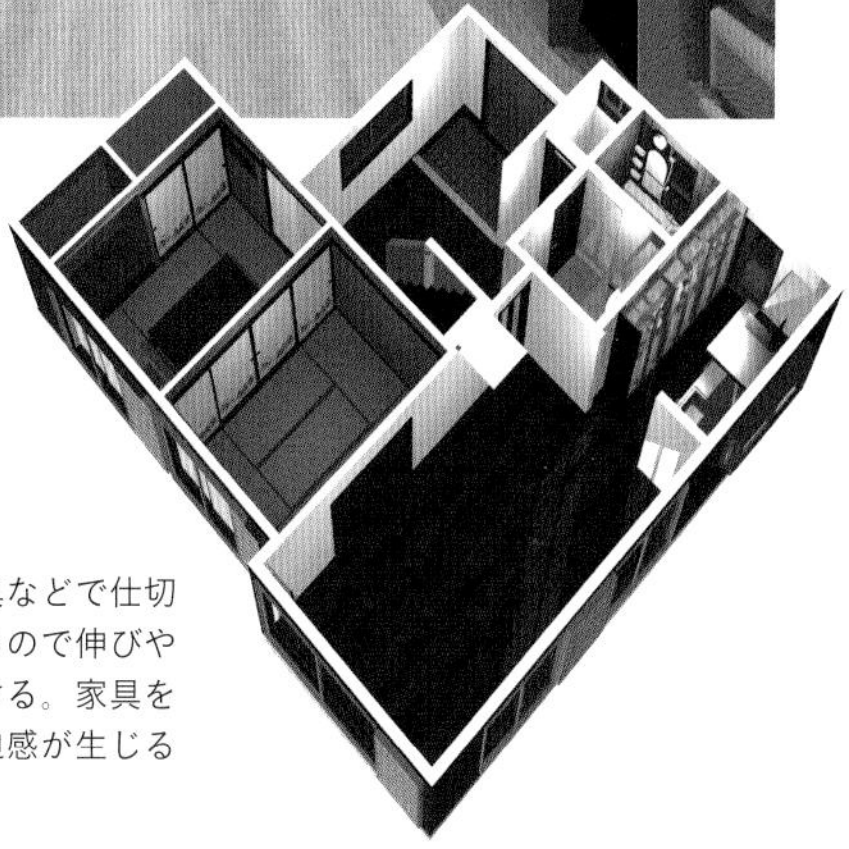

小壁や建具などで仕切られているので伸びやかさに欠ける。家具を置くと圧迫感が生じる

よいインテリアは骨格から

構造や間取りといった骨格がきれいでないと、表層を整えても無意味。人間の美しさと同じ

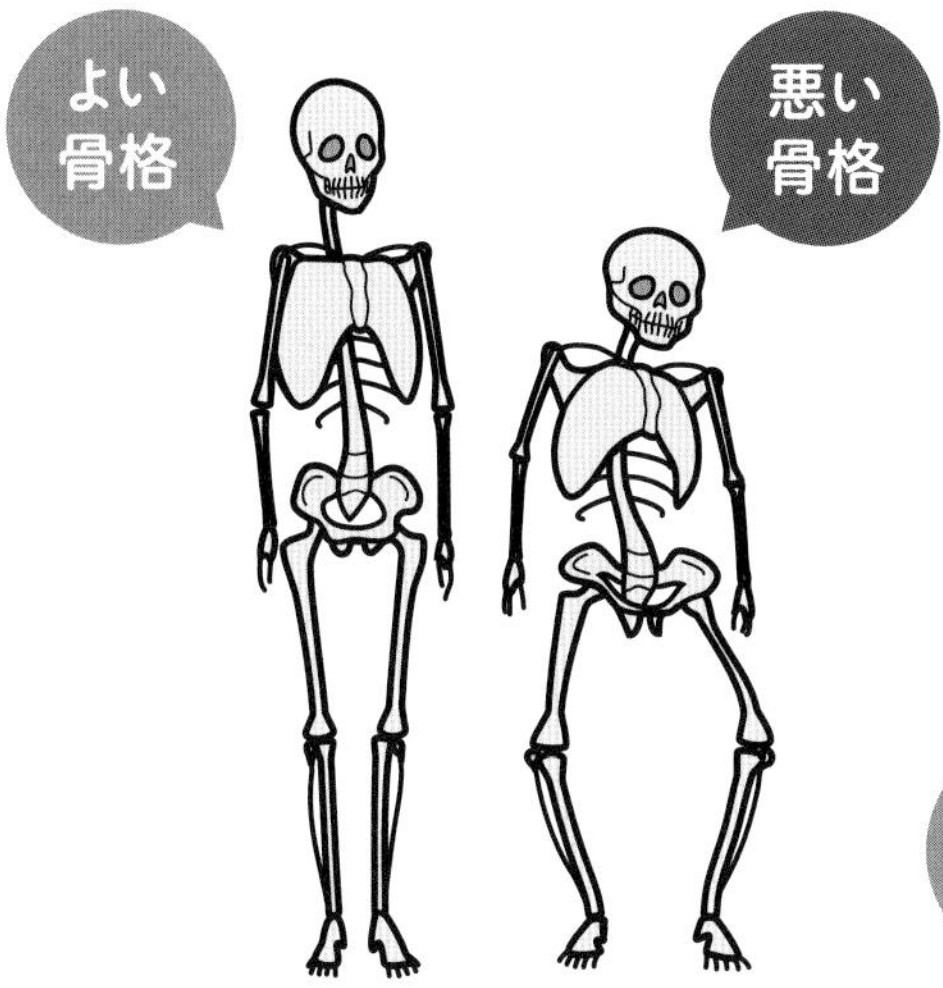

骨格や内臓の美しさが美人をつくる
建物も基本設計である程度の美しさは決まってしまう。間取りとモジュール、設備のバランスは重要

お洒落や生活習慣も美人の大切な要素
インテリアの調和や小物選びも重要です。テーマを考えてインテリアを計画するとよい

日々のメンテで老化の程度も変わる
生活習慣が悪いと醜くなり、老化も進んでしまう。建物もお客の心持ちとメンテナンスが重要

お客が望むインテリアをどうやって把握すればよいのか

このテーマに関するセオリーとしては、床材の好みから聞くことだ。床材に対しては、はっきりしたイメージをもっているお客が多い。大きくは、①パイン／カバザクラ／スギ系、②チーク／カリン系、③ナラ／タモ系、の3つの傾向にあてはまることが多い。

次に重要なポイントが、参考資料の読み取りだ。初期の打ち合わせ時に自分の好みの雰囲気をもつカフェやホテルの掲載誌などを持参するお客が多いが、お客がその写真のどの部分を「好み」といっているのかを細かく聞き取る必要がある。下図のように、同じ写真でも複数の視点が考えられる。相手は素人なので、慎重かつ丁寧に聞き取ることが大切である。初期の段階で相互のイメージを共有できると、その後のプロセスがかなりスムースになる。

過去の事例で不安を解消

インテリアの打ち合わせに必ず登場するのがカタログとサンプルだが、当然、仕上材はカタログで選んでは

お客によって見るところが異なる

クライアントのイメージを聞き出すのには気に入った空間の写真を持ってきてもらうとよい。
ただし、人によって見ているところや考えていることは異なる。写真に似せた空間をつくるのではなく、写真のどの部分がどのように好きかを聞きだし、趣味や求めているものを探っていくとよい。
また、言われたとおりにデザインを移植すると空間がチグハグになってしまう場合があるので、いったん噛み砕いてその家に合ったかたちで再現できれば、お客の要望に応えつつ、調和した空間が生まれる。

Aさん（色や雰囲気が好き）
■女の子らしいカワイイ部屋にしたい
■やわらかい光の感じが好き
■壁や天井はこれくらいのクリーム色がいい
■これと同じ柄のカーテンにしたい
Bさん（小物が好き）
■赤い椅子を置きたい
■壁にいろいろピンナップしたい
■こんなベッドカバーをつけたい
■窓辺にたくさん物を飾りたい
Cさん（間取りが好き）
■部屋の大きさはこれくらいがいい
■窓は一部曇りガラスにして、全面に欲しい
■窓辺に大きなカウンターがあるといい
■ベッドの頭は少し暗くしたい
Dさん（設備や機能が好き）
■照明はLEDのダウンライトに
■煙感知器はなるべくコンパクトなものがいい
■いろいろな物が張れるコルクボードが欲しい
■スイッチは目立たないところにつけたい

ならない。特に木材は、同じ樹種であってもまったく違う表情をもつケースも多いので、必ず採用予定の会社からサンプルを取る。また見た目だけでなく匂いと触感も大切な情報である。そうした部分がお客の好みと合わずに承認されない場合もあるので、サンプル確認は必須といえる。

お客に過去の事例を見てもらうことがある。この際に建売りやパワービルダーのつくる家ではやらない要素を確認してもらうとよい。

まずはエイジングやメンテナンス状況である。ムク材＋オイルフィニッシュ仕上げで問題はないか、キッチンの天板の傷や汚れはどの程度か、枠なし建具や幅木レス納まりで壊れたりしていないか、などである。

同様に使い勝手についてもOB客から聞き取りしてもらうとよい。キッチンのレイアウトや水栓金物の使い勝手、ガラス間仕切の風呂の使い勝手、手掛けのない扉の納まりの開閉性などである。

たいていは自然にどんどん質問が出てくるが、上述の納まり部分などにはお客の気が回らない場合もある。設計者がみずから水を向けて使用上問題のないことを確認してもらうとよい。この段階でリスクを拾いだし、つぶしておくのが賢明だ。

事例を見てもらうときに確認しておきたい例

一般的な住宅と違う仕様や納まりとする場合、普通ではないから問題があるのではないかと不安に思うお客が多い。できれば実際の建物の仕上げやディテールを見てもらい、その仕様による効果や使用状況も確認してもらうと、イメージが共有しやすく、後からのクレームも激減する。

1 幅木の有無や形状

実際の効果と掃除との兼ね合いをイメージしてもらう

2 ムクフローリング

足触りや、寸法安定性、色のばらつき、オイルフィニッシュのメンテナンス性を確認してもらう

3 間取り

間仕切のない広々とした空間や吹抜け、天井高。建具によって仕切る空間などを感じてもらう

4 建具

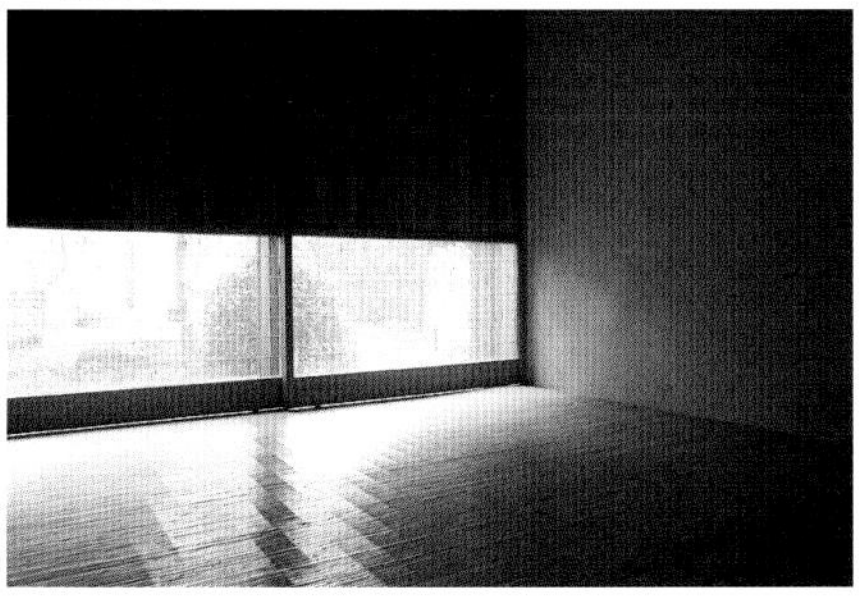

大きさ、面材、吊りレールやVレールの開き具合。建具枠の納まり、引込み戸や壁のようになる引戸など

5 家具

手掛けの形状、面材の仕上がり具合、扉の開き勝手、天板の高さなど

6 壁仕上材

AEP、OP、左官、紙クロスなどの風合いや汚れ具合を見てもらう

7 照明器具

全体の雰囲気、種類や明るさ、調光、人感センサーの効果

8 キッチン

天板の種類やキッチンのタイプ、広さ、シンクの大きさ、水栓金具の形状、食洗機など

9 階段や手摺の形状

デザイン的に特徴のある階段の場合、昇りやすいか、怖くないか、手摺は握れるかなどを確認しておく

間取りからインテリアを考えて包容力のある空間に

先述した「包容力のある空間」をつくるためには間取りが大切になる。以下、単純化して解説する。

まずは左頁中央の図のように、パブリックエリアとプライベートエリアに分け、各エリアの動線がシンプルになるよう効率よく並べる。

そのうえで、右頁の上図のように抜けや回遊性をもたせる。視線が遠くまで抜け、行き止まりが見通せない状況をつくると広がり感が得られる。さらに回遊性によりさまざまな位置に移動できれば、ビューポイントが多数生まれ、インテリアの豊かさを感じさせてくれる。

次に考えるのは「要るもの」と「要らないもの」を整理して、「要らないもの」は省略することだ。

「要らないもの」は、袖壁や垂壁である。間取り上もないほうがよいし、空気や光、視線の流れも止めてしまう。同様に幅木や廻り縁なども視覚的には省略したほうがまとまりやすい。同じく開放時の建具も中途半端な存在感になりやすいので、引き込むか壁と一体化したように見せる。

次に「要るもの」のうち、「見せたいもの」と「見せたくないもの」を区分する。前者は空間のアクセントとして生かし、後者はなるべく隠す。

「見せたいもの」とは架構や、アクセントになる壁、階段、キッチンユニット、置き家具、照明などだ。左頁上段の図のように構造のグリッドに乗せるのが基本だ。グリッド上に配置されると、家具や照明器具が空間のアクセントとして機能してくる。

このほか左頁下段の図のように開口部も大切である。よく検討されたい。

よい間取りと悪い間取り

よい間取りは「ビューポイント」が生まれる

よい間取り

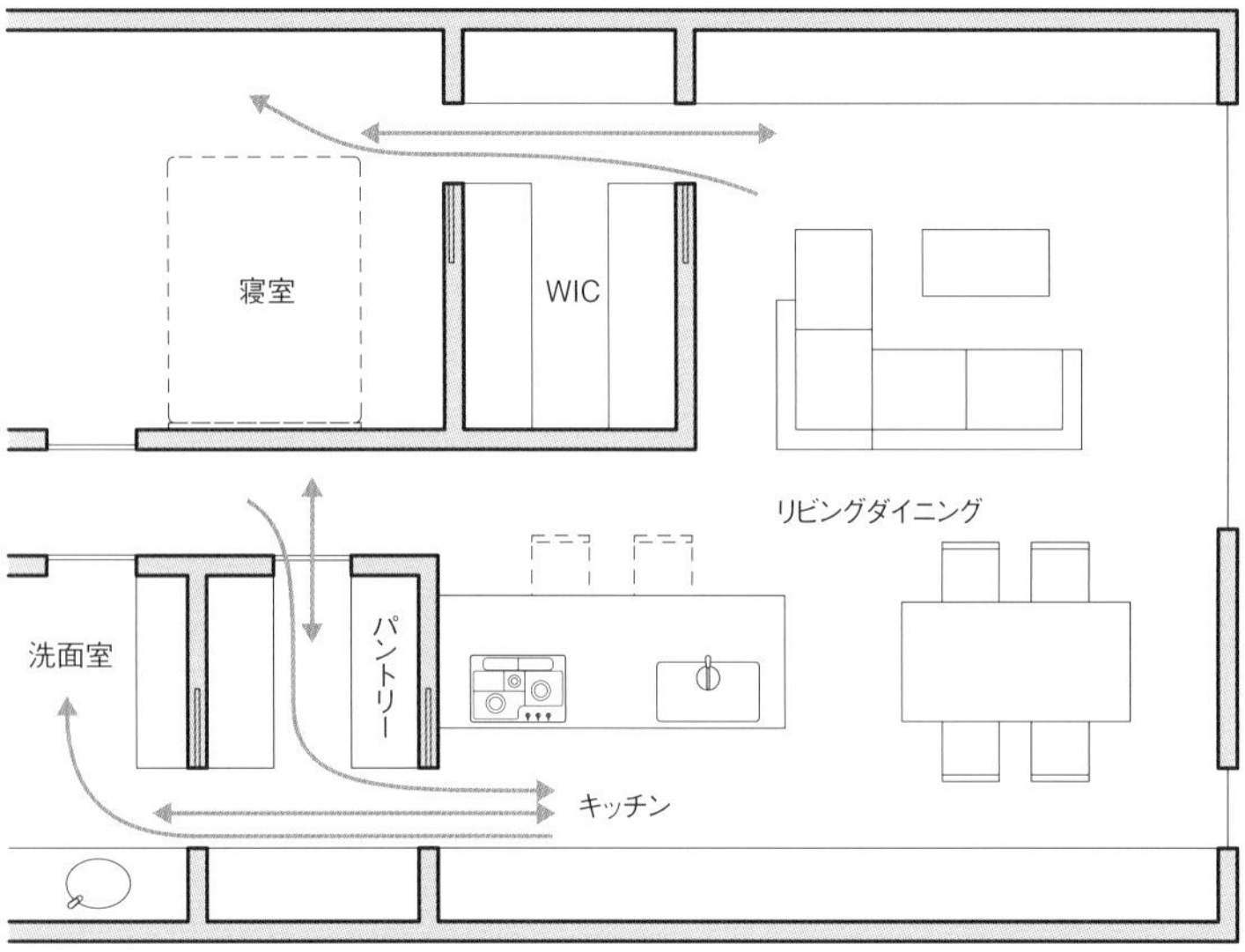

LDKを一体にして間仕切壁を減らし、廊下を取り込む。広がりが生まれ、家族の気配も感じる。各部屋に２以上出入口を設けて回遊性をもたせると視界が開け、風や光も流れる

悪い間取り

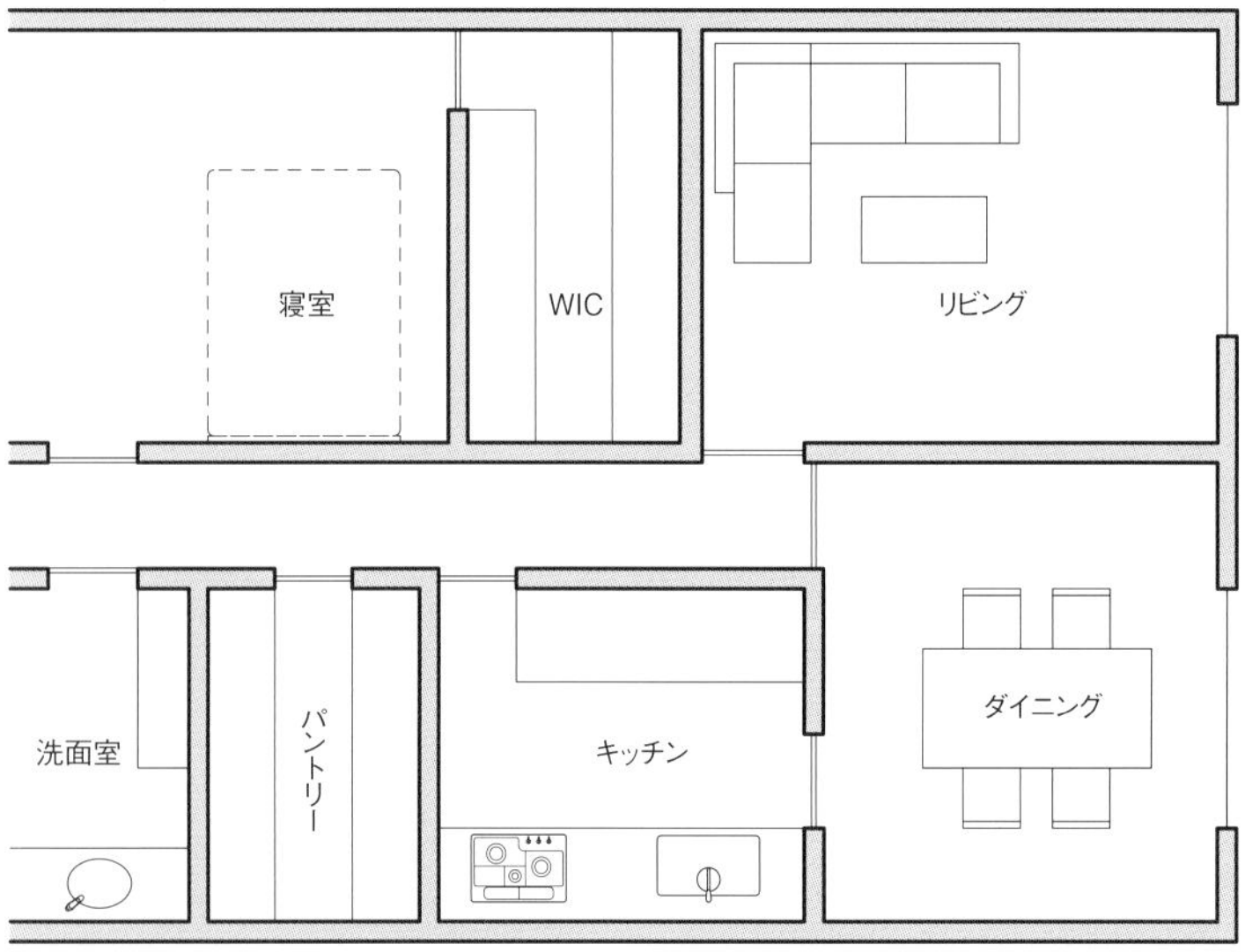

間仕切壁で各部屋が分断され、風通しが悪く、暗い部屋ができてしまう。長い廊下が必要になるうえに、行き止まりが多く、家事動線がシンプルになりにくい

インテリアは等間隔で配置する　家具や照明器具はグリッドに乗せていく

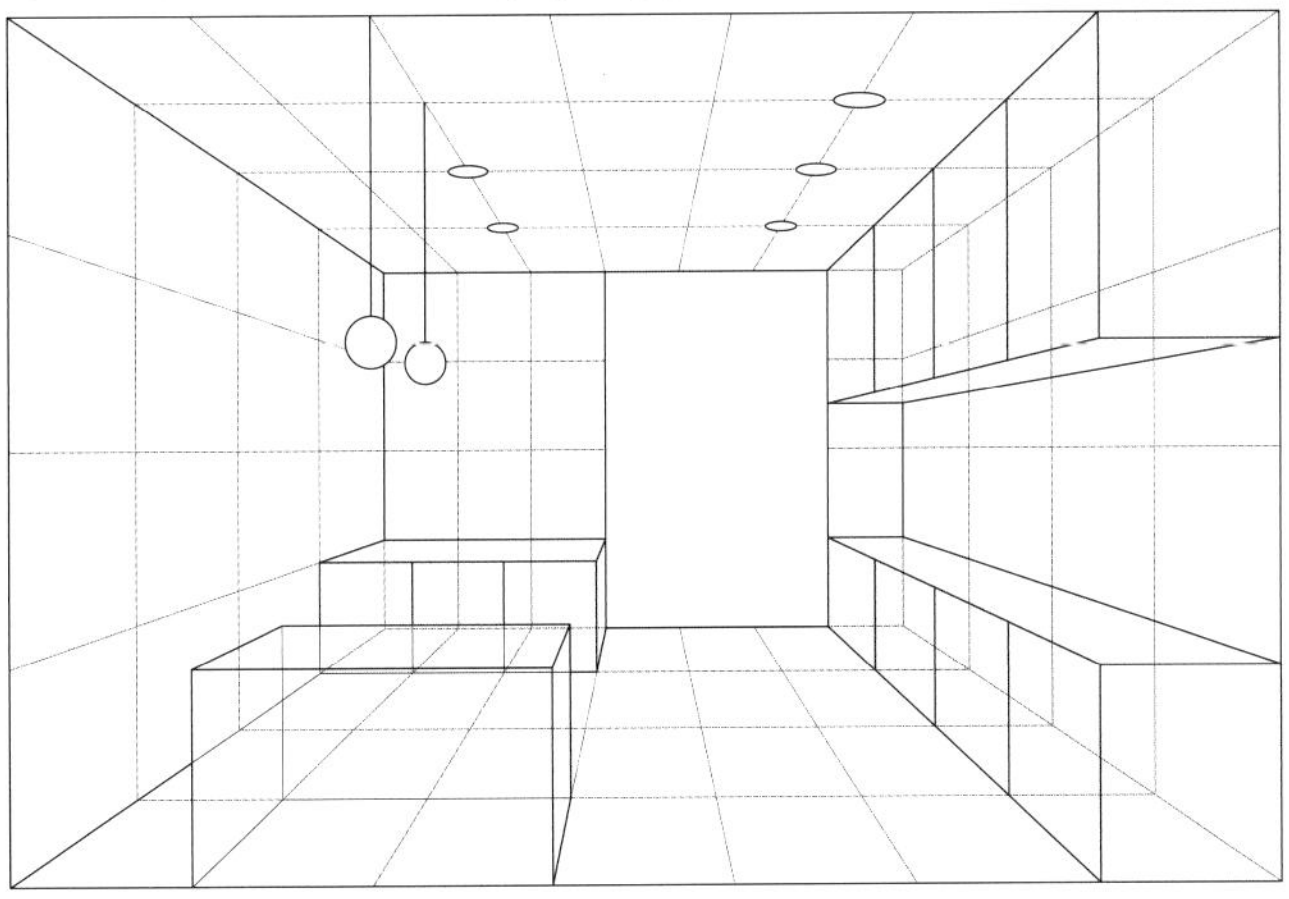

場当たり的に照明や収納などを配置するのではなく、部材寸法や構造の骨格から基準を決めてプランをグリッドに割り、そこに家具や照明器具などをプロットしていくと、空間がきれいに整ってくる

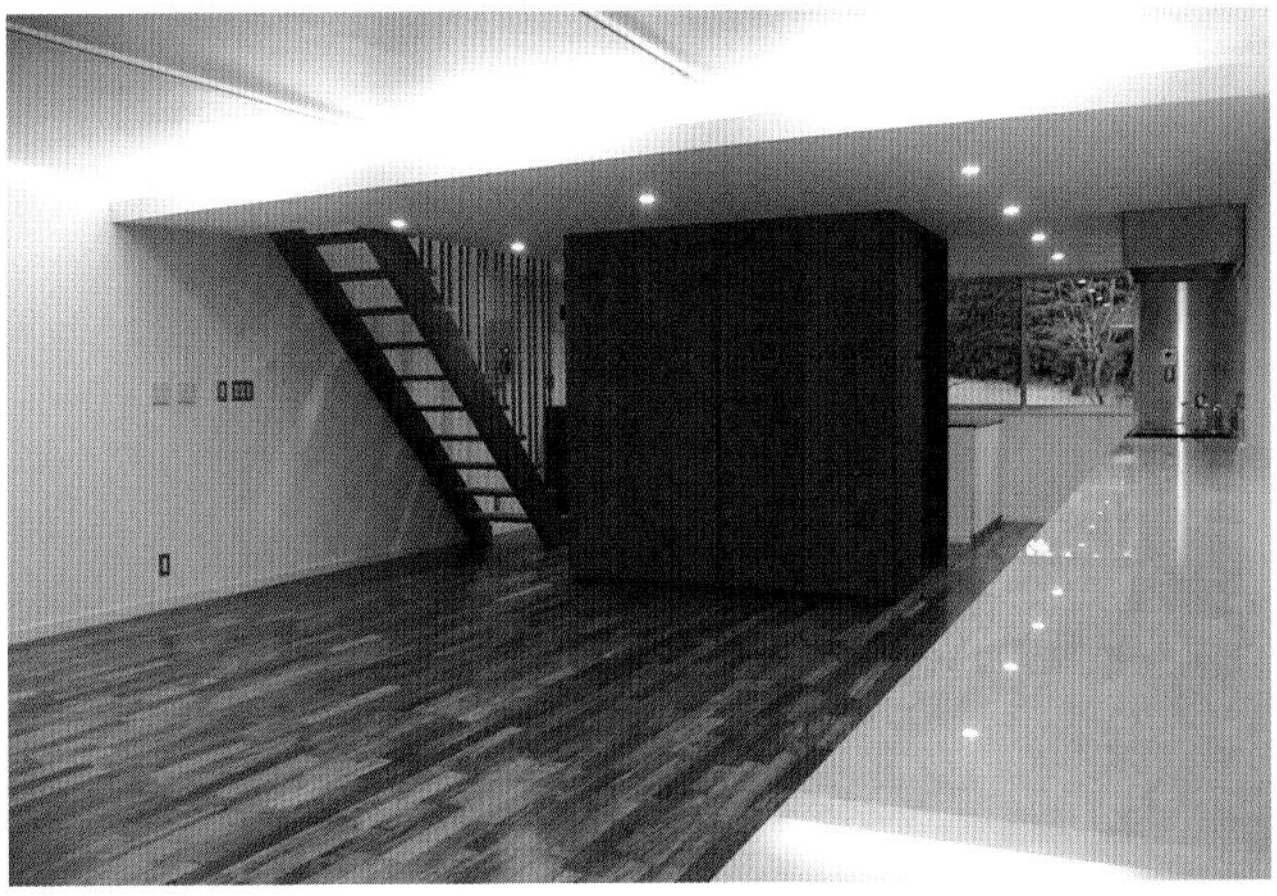

造付け家具や建具、ダウンライト、間接照明の位置などを、すべてグリッドに乗せて計画した物件。ダイニングテーブルの位置は未定なので、配線ダクトとした

機能的に部屋を配置する　パブリック／プライベートにエリア分けをして配置を練る

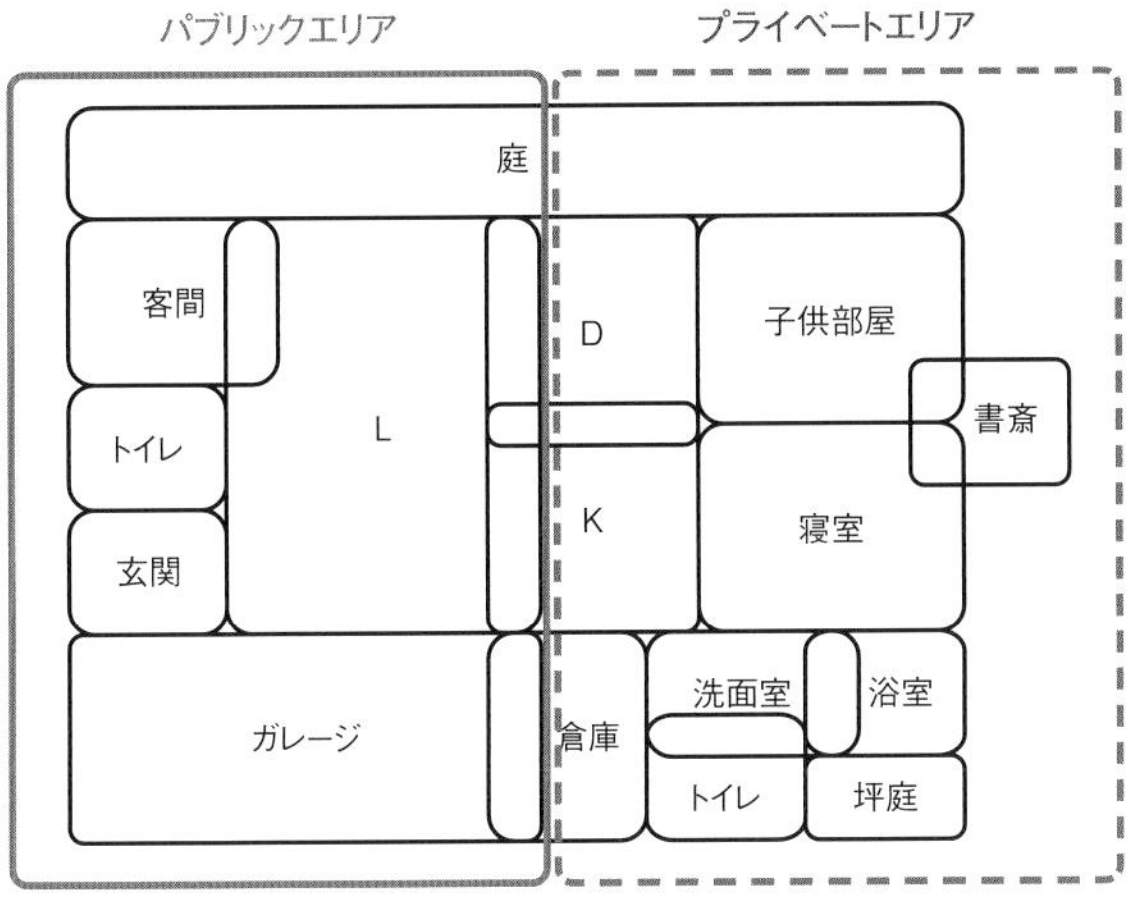

パブリックとプライベートエリアに分け、まとめられる部屋はまとめる。ダイニングやキッチンは各部屋をつなぐ要素となる。廊下は少ない方が効率的

リビングダイニングと寝室兼客間の和室をつなげた例。一段床の高いプライベートエリアにもなる和室とは、大型の引戸や格子によって仕切られる

窓の切り取り方でインテリアが変わる　窓枠や框の処理で見え方は大きく変わる

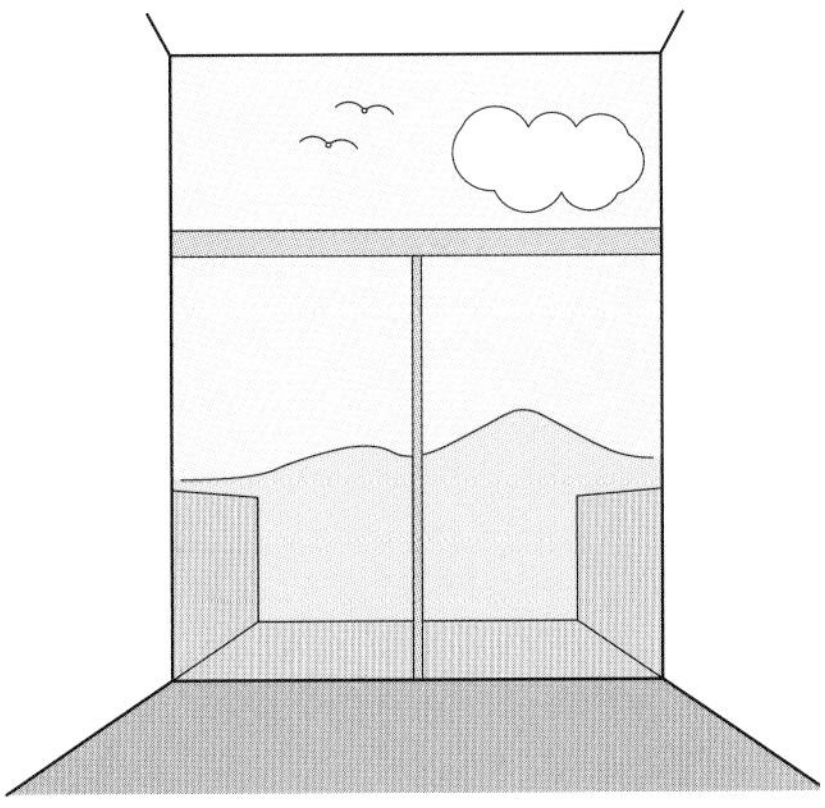

天井の高い部屋にすると、同じ風景でありながら、より空が感じられるインテリアとなる

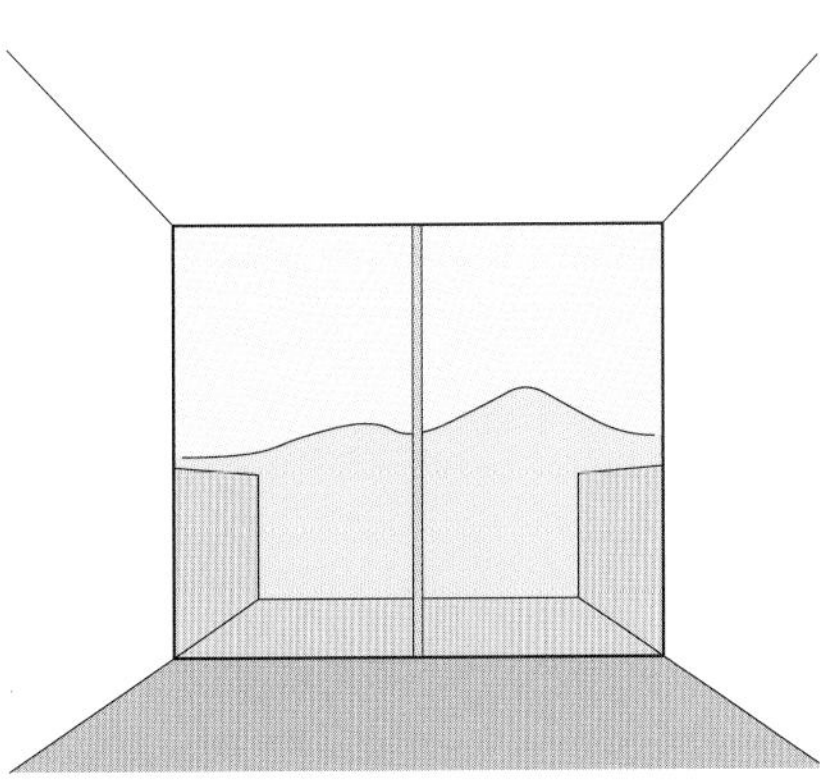

壁や天井いっぱいまで開口を広げ、枠を飲み込ませた例。視界はかなり開け、壁や天井にも陰が出ない。カーテンボックスも天井に飲み込ませている

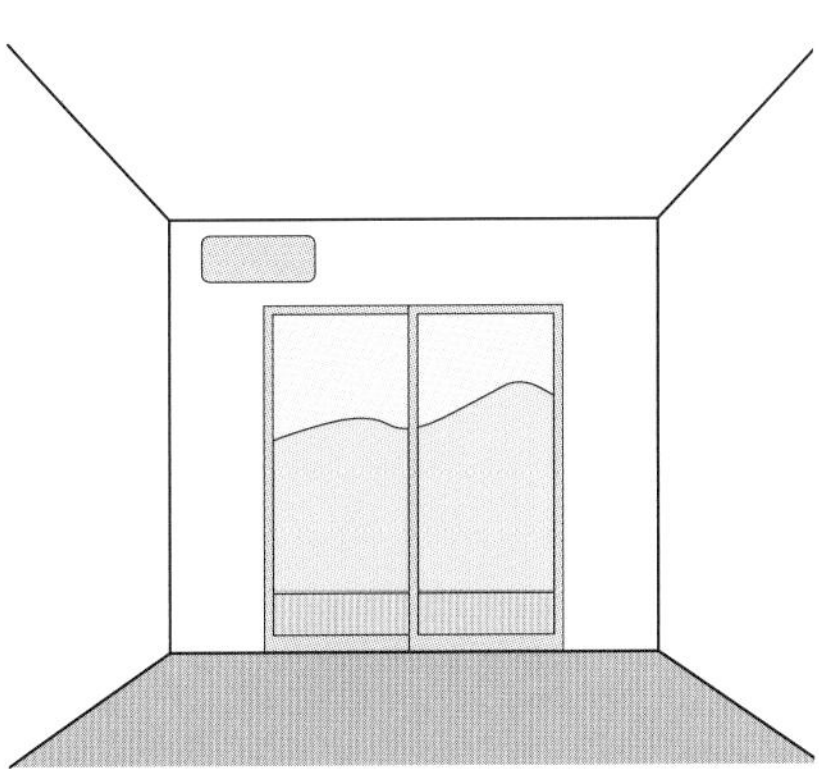

普通に窓を設けた例。視界はかなり狭くなり、壁や天井には陰が落ちる。カーテンレールも、エアコンも視界のなかに入る

天井高さをキープして広がり感を出す

床と天井の段差を上手に生かす

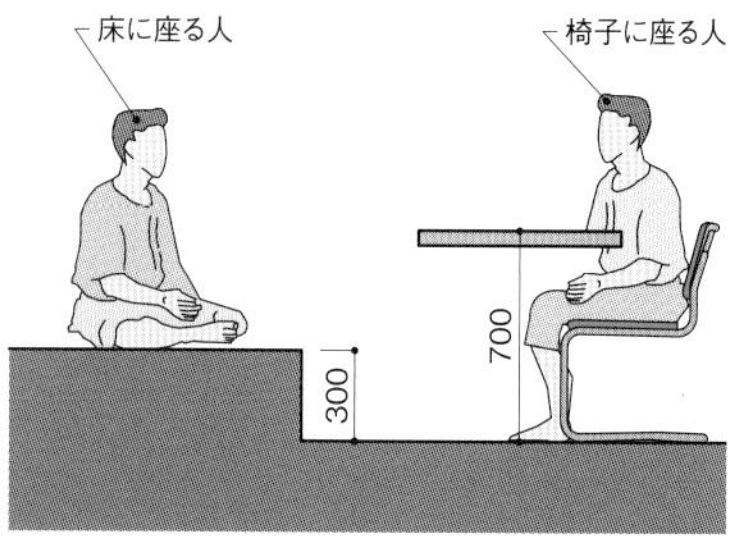

畳の小上がりを30㎝程度とって椅子に座る人と目線の高さを合わせる。ソファの代わりに掘りごたつにするのも好まれる

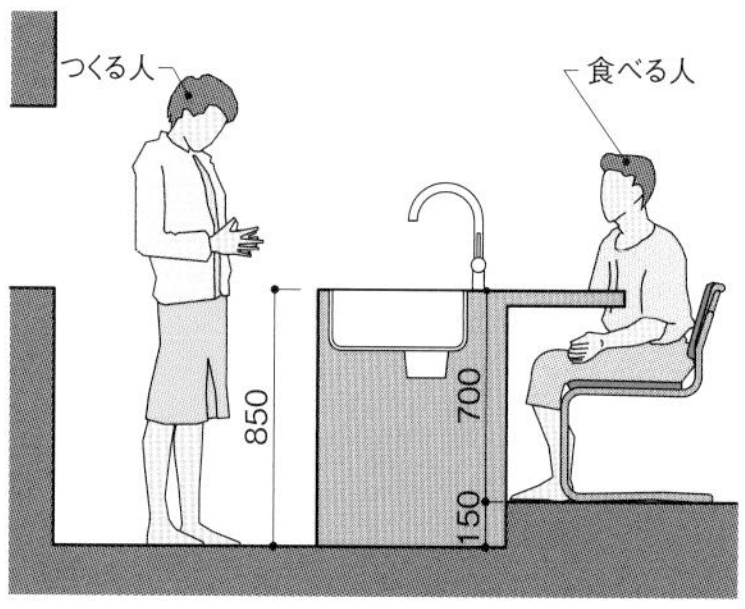

キッチンカウンターとダイニングテーブルを共有する場合、キッチンの床はダイニングより15㎝ほど下げるとよい。段差はスロープで解消してもよい

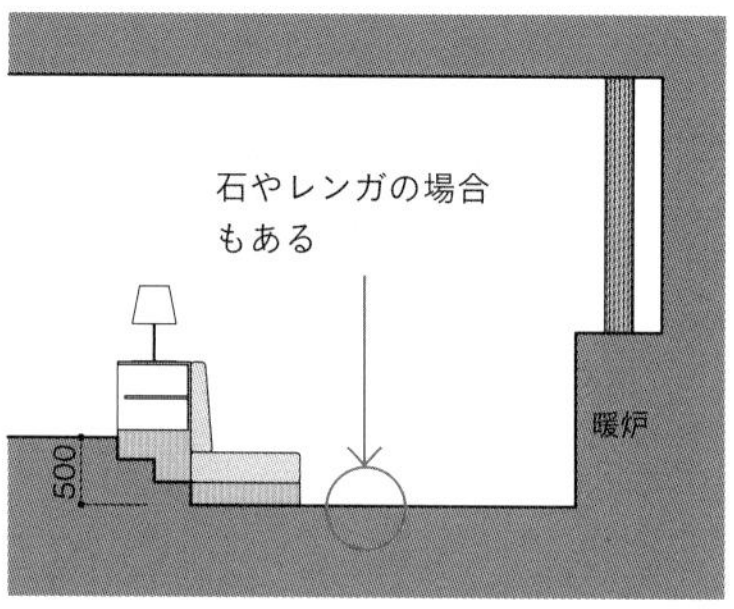

段差を利用してソファを設け、囲われ感のある落ち着いたリビングを設けた例。リビング床は土間として、暖炉や薪ストーブを置くこともある

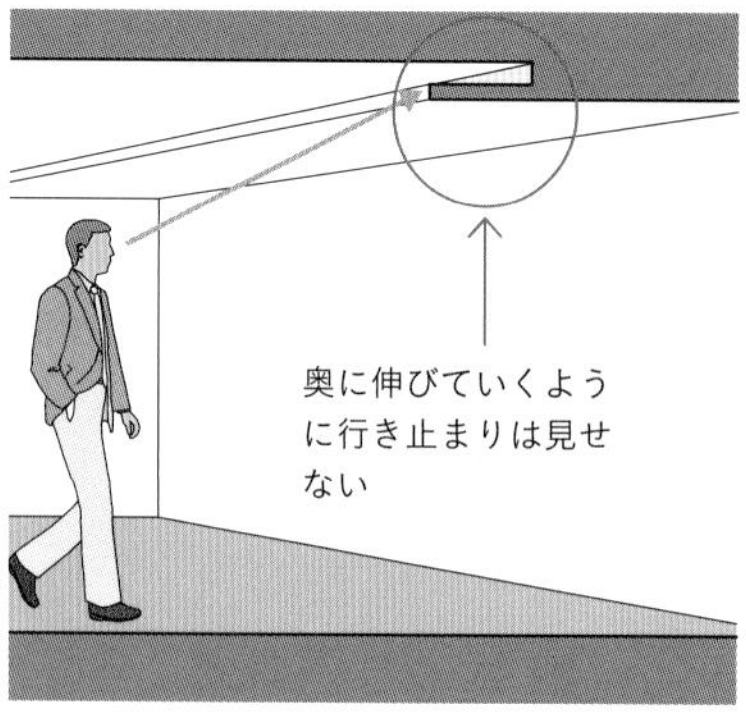

天井を飲み込ませ水平にのびていくデザインとする。奥をなるべく見せないことで広がりを生み出す。隙間の奥に間接照明を仕込んでもよい

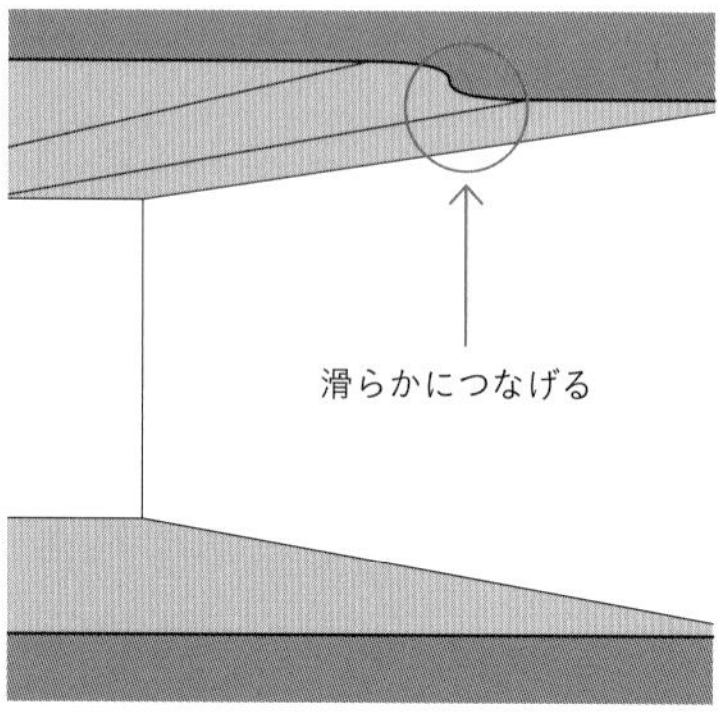

コペンハーゲンリブなどを用いて段差を滑らかにつなげると、光のグラデーションによる優しい印象の空間になる

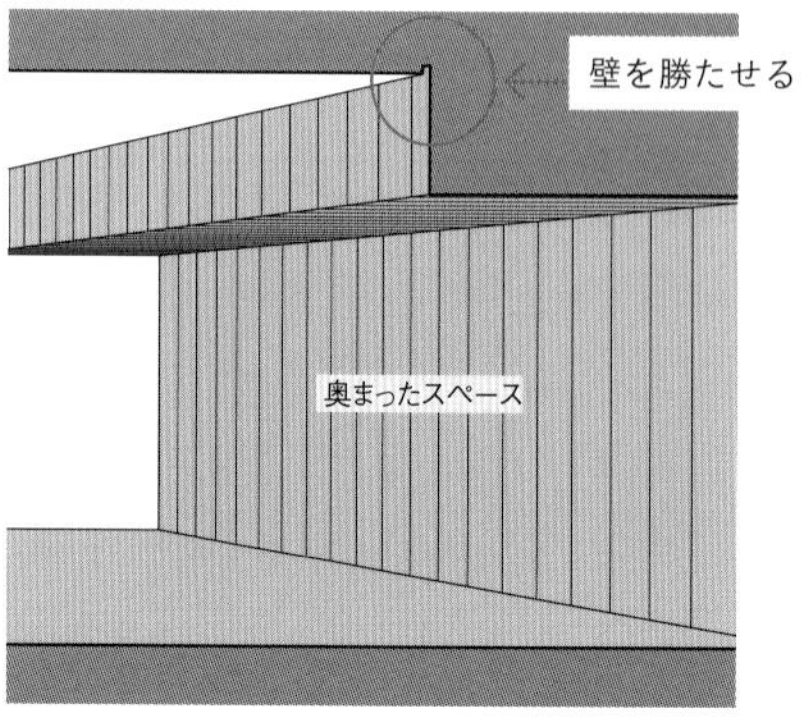

天井の段差が大きい場合は、縦のデザインとして壁が上にのびていくように見せたり、奥まった別の空間としてみせることもある

抜けを視覚化するうえで大切なのが天井の扱いだ。天井面が連続した空間は広がりを感じさせる。逆に垂壁で分断された空間、部屋ごとに天井高や仕上材が切り替わるスペースなどは広がりを感じにくい。

最近よく見られるＬＤＫがつながったワンルーム型のプランの場合も、空間の連続性を重視して、天井は同じ仕上げ・同じ高さで通すように考えたほうがよい。

リビングとその一角に設けた小さな和室の間など、スペースの境界に建具が入る場合もあるだろうが、この場合も欄間を設けて隣合うスペースの天井面を見せると広がり感が得られる。この場合、奥の壁までは見せないように欄間の開け方（寸法）を調整するのがポイントである。行き止まりの壁が見えてしまうと、とたんに広がり感が失われる。

実際には、上階のプランや設備配管などの事情で部分的に天井高さを下げざるを得ない場合も多い。その場合の天井の扱いを右頁の図にまとめた。一番応用が効くのが、天井を飲み込ませて水平に伸びていくデザインとすることだ。この部分に間接照明を仕込むと視覚的な効果が出やすい。また照明の数を増やしてこのスペースの全般照明として計画することも可能である。

なお、空間的にＬＤＫがつながっ

南側に2階床を設けた場合

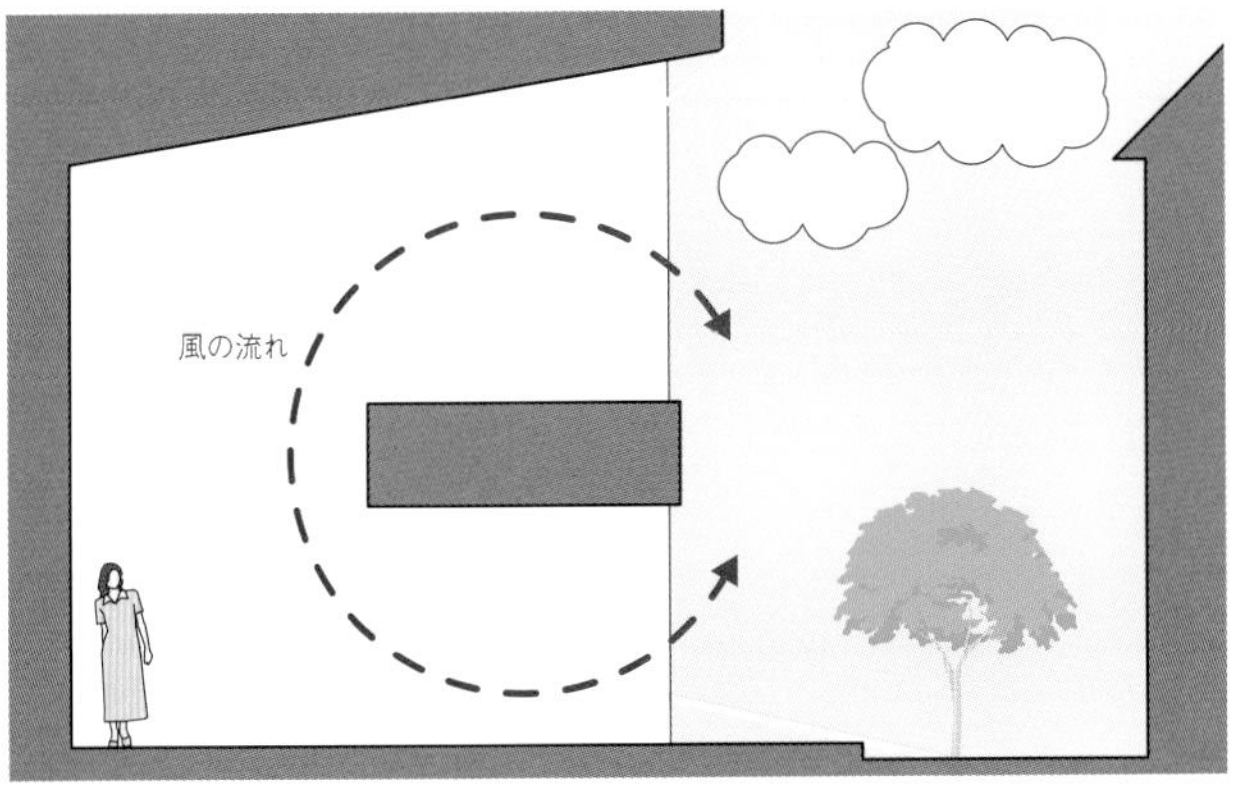

視線は水平方向と空方向に分断されるので、正面の景色がよくない場合に有効。北側まで光や風がまわるので、意外と開放的な空間になる

北側に2階床を設けた場合

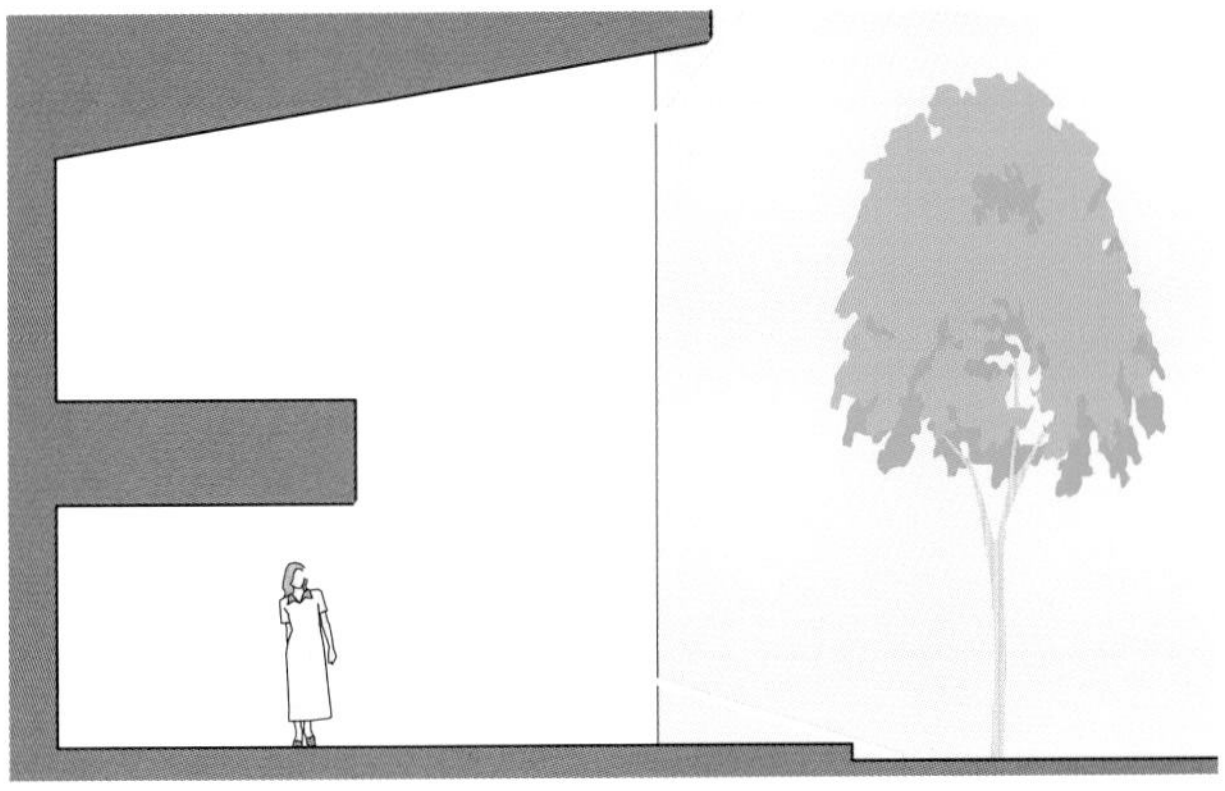

下から上まで見晴らしがよいので外の雰囲気がインテリアに影響してくる。北側は奥まった空間になるため、メリハリのきいた空間になる

南側に2階床を設けた例。窓は上下に分断されるが部屋の北側奥まで光が届く。天井には垂壁を設けず奥の部屋につながるようにして広がりを出している

低い部分の奥まったところにキッチンを設けた吹抜け。縦長の窓を利用して樹木を借景としている。高さの変化を生かして階段も効果的に見せるとよい

たプランであっても、キッチンを奥まったところに配置する場合は、視覚的には切れているので、キッチン部分だけ天井が下がっても気にならない。逆にいうと排煙などキッチンの天井を下げざるを得ない場合は、レンジフード周辺を奥まった配置にすると連続性が損なわれない。

床レベルの調整が効果的

オープンな間取りであっても、固有の「場所性」を表現したい場合がある。その場合は右頁の図のように、天井は通しながらも床のレベルのほうを下げて、機能的に場を区切るとよい。視線の高さの調整や作業面の高さ調整などができ、家具などの機能をまとめるうえでも有効な方法だ。

また空間の一部に吹抜けをつくる場合は、逆に天井高さにメリハリをつけることが大切だ。低く抑える部分は2m程度に思い切って下げるのも有効である。天井が低いところから高いところに出たときに開放感が強調されるし、階段などの見せたい要素も象徴的に見せられる。

この場合も吹抜け部分には垂壁などを設けず、天井を通すことが大切だ。また上図のように、周囲の環境に応じて吹抜けと開口部の位置を調整すると、きれいな景色だけをインテリアにうまく取り込むことができる。

仕上材は床材の色にトーン調整をして用いる

インテリアをまとめるうえで、仕上材の組み合わせは大切だ。日々を過ごす住宅では、飽きのこないデザインであると同時に耐久性のことも考えなければならない。そうなると、耐用年数やエイジング傾向が同じものを組み合わせていくのが基本だ。時間経過とともにバランスよく落ち着いた雰囲気になり、リフォーム時期がそろう。必然的にムク材をはじめとした木質系の材料と、石・金属・紙などの材料が中心になる。

　次に組み合わせ方法について解説する。最初に決めるのは床材だ。お客の意向がはっきりしていることが多いからだ。昨今の住宅はほぼフローリングになるので、まずは樹種を決める。この色やテクスチュアをベースに壁・天井の色を決める。

　壁や天井は白色でまとめることが多いが、床材の色味によって白色のニュアンスを変える。床材がナラやオークなど黄色が強い木なら、壁・天井はやや黄色側に、カリンやカバザクラなど赤みが強い木の場合は、やや赤色側に転ばせるとよい。なお、ピュアホワイトは色の映り込みが強く、空などが映り込むと青くなるため、床材の色とテクスチュアによってはバランスが悪い空間になってしまう。

　色調は日本塗装工業会の色見本帳の番号で指定し、必ずサンプルを作成する。さらに現場にサンプルを持ち込んで、各素材の色とテクスチュアの相性を確認するとよい。

見せたくないものを隠す

　色の効果としてもう1つ重要なのは、右頁の写真のように見せたくないものを意識させないようにするという点である。基本はダークグレーなど影の色調に近づけた塗装かポリ合板などを使用することとなる。

　このとき注意するポイントは、色の選択である。黒色だとコントラストが強すぎて逆に目立つので、ダークグレーを基調に考える。

ダークグレーを上手に使う

手摺の存在感を消す

デザイン的に消す方向の手摺の桟などの場合は、ダークグレーに塗ってしまうとよい。特に窓の桟は景色の邪魔にならないようにしたい

ガラリの補強材を消す

エアコンガラリの内側をダークグレーに塗った例。デザイン的に横桟は見せたいが、裏の補強材などを見せたくないときは、横桟を残してあとはダークグレーに塗るとよい

スラブと配管を消す

RCの建物の中に木造の食事処をつくった旅館の例。化粧である木の架構は茶色に塗って、躯体や設備配管などはすべてダークグレーに塗ってあるため、RCの建物にいる感じがしない

フローリング材から考えるインテリアの傾向

床 → 壁 → 玄関・土間

床：スギ

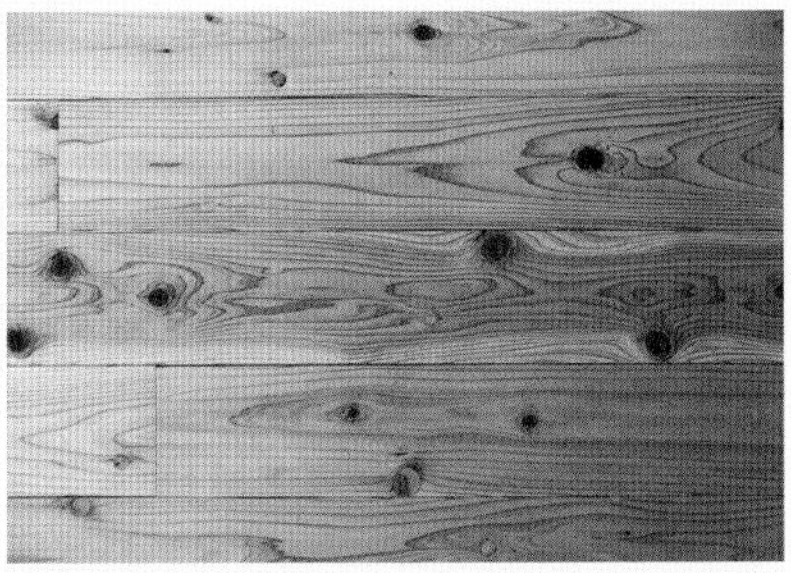

厚めのムク材を使用する。冬に暖かく夏は涼しげ、柔らかくて足触りもよいが、傷がつきやすい。節が嫌いな人も多いのでお客には必ずサンプルで確認を

壁：漆喰や紙クロス

白い塗装や紙クロス、凹凸の少ない漆喰などでシンプルにまとめるケースが多い。幅木や額縁、廻り縁により木の度合いが強くなる

玄関・土間：豆砂利洗い出し

清楚な和の空間を好む人が多いので豆砂利洗い出しや、バーナー仕上の明るい灰色の花崗岩あたりが好まれる。また、白河石などの日本の石材も合う

床：カリン・チーク

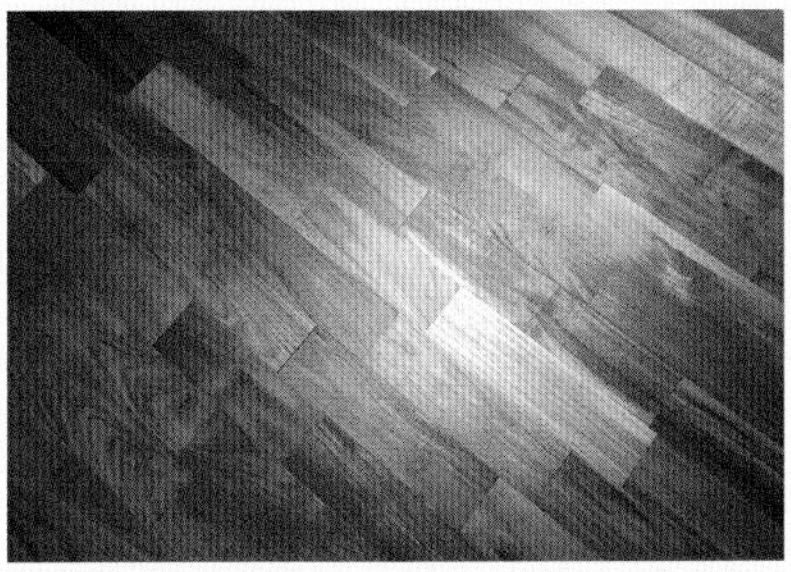

傷に強いものが多いが、足触りが硬いので、柔らかい感触を好む人には注意が必要。色ムラがある安いグレードは、意外とザックリして重厚感が出る

壁：ざらっとした左官仕上げ

落ち着いた重厚感を求める人が多いので土色のザックリとした左官が合う。白い壁と合わせるとリゾートホテル風にもなる

玄関・土間：トラバーチンやスレート

重厚感を出す時は、古びた加工をしたトラバーチンや濃い色目のスレートが好まれる。リゾートホテル風にするなら、ベージュ色でツルツルの大理石が合う

床：パイン・カバザクラ

北欧風や無印良品的な空間を好む人によく使われる。カバザクラは癖が少なく、パインは節もあり、ややザックリとした印象になる。比較的安価

壁：AEPか紙クロス

白い壁を合わせることが多く、AEP塗装かルナファーザーのような紙クロスがよく用いられる。ナチュラルで安価な仕上げが好まれる

玄関・土間：テラコッタタイル

自然素材を生かした明るく優しい感じの家には、素焼きのテラコッタタイルの土間をがよい。吸水性が高く汚れも吸い込みやすいので、汚れ止めが必要

床：ナラ・タモ・バーチ

最近はウレタンではなく、ムクにオイルフィニッシュを施した自然なものが好まれる。また、少し色づけをしてトーンを調整することも多い

壁：ニュアンスに富んだ白塗装

真っ白というよりは、ややベージュがかったオフホワイトのような、どこかレトロなテイストを感じるような色合い。白にウォームグレーの壁を合わせることも多い

玄関・土間：グレー系の石材

濃いめの石を張ったが、デザインの傾向としてはコントラストが弱めなので、グレー系のスレートやバーナー仕上げの花崗岩、コンクリート金ゴテがよい

幅木／廻り縁はなくすか強調するかはっきりする

細部のディテールは、全体の印象に大きな影響を与える。一般には見切材を省略していく方向で調整するとイメージをまとめやすい。

まず廻り縁だが、基本は突付けだ。壁と天井をクロスや塗装で仕上げる場合は問題ない。ただ、左官などの割れやすい素材や左官とクロスなどの異種材料が取り合う場合は、フクビのF見切などを入れて、縁を切ったほうが安全だ。視線から遠いので目地は目立たない。

幅木に関しては、一番シンプルなのが石膏ボードをそのまま床材に突き付けて納める方法だ。この場合、床と接する下部の石膏ボードは強化石膏ボードとする。過去の事例では見た目にもきれいに納まる。左頁ではもう少し一般的な方法をまとめた。幅木のほか、出隅や建具枠などの実用的な納まりも示している。

見せるときは大胆に

重厚な表現や懐古調の表現を狙うときは逆に見切を強調する。その場合は一般的な見付け寸法である建具枠25㎜、天板40㎜、幅木60㎜より大きめの枠や幅木を設けると面白い。

なお、幅木を見せる場合は床材と共材となる。チークやオークなどは幅木向きの寸法が流通しているが、カリンやウォルナットは希少なので塗装で色合わせをする。

幅木、建具枠、廻り縁などを用いていない例

建具は吊り引戸にして、壁の裏に納めている。床は節ありのスギだが、見切が見えないので空間全体はシンプルな印象にまとまっている

幅木、建具枠、廻り縁などをしっかりつけた例

建具とともに床材に近い色で塗られた幅広の幅木と建具枠が、時代感とともに重厚な印象を与えている。廻り縁は白く塗装して存在感を消している

幅木･廻り縁をなくすテクニック 機能性を担保しつつすっきり納めるテクニック

廻り縁なし

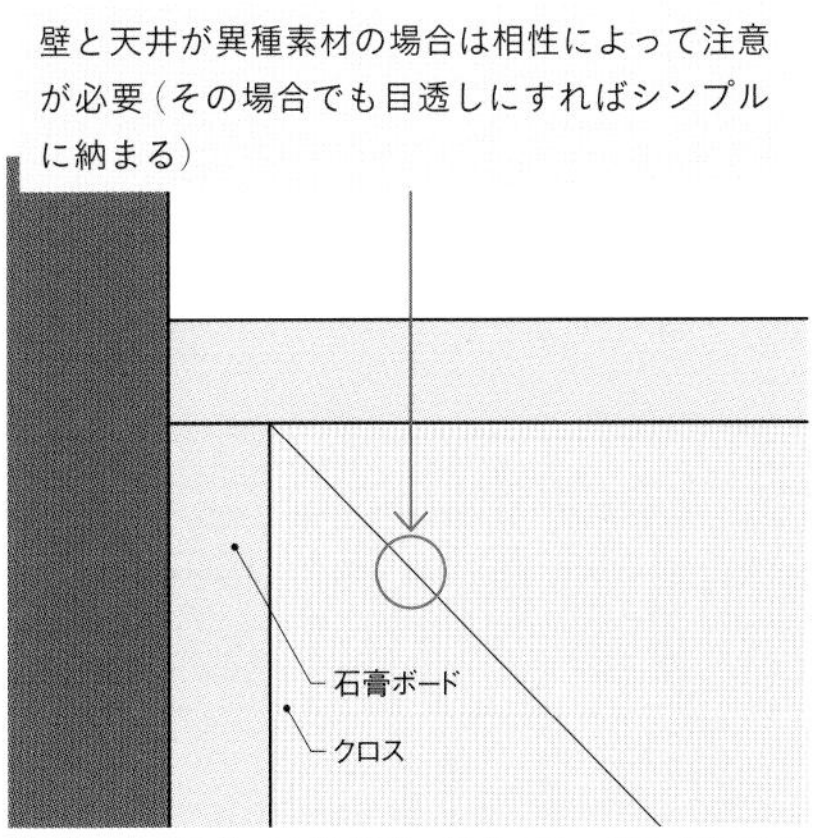
壁と天井が異種素材の場合は相性によって注意が必要（その場合でも目透しにすればシンプルに納まる）
石膏ボード
クロス

天井が勝つ場合でも壁が勝つ場合でも、特に見切材は入れなくても問題ない。ただし、左官材と紙クロスなど、仕上材の相性によっては縁を切る必要がある

出隅

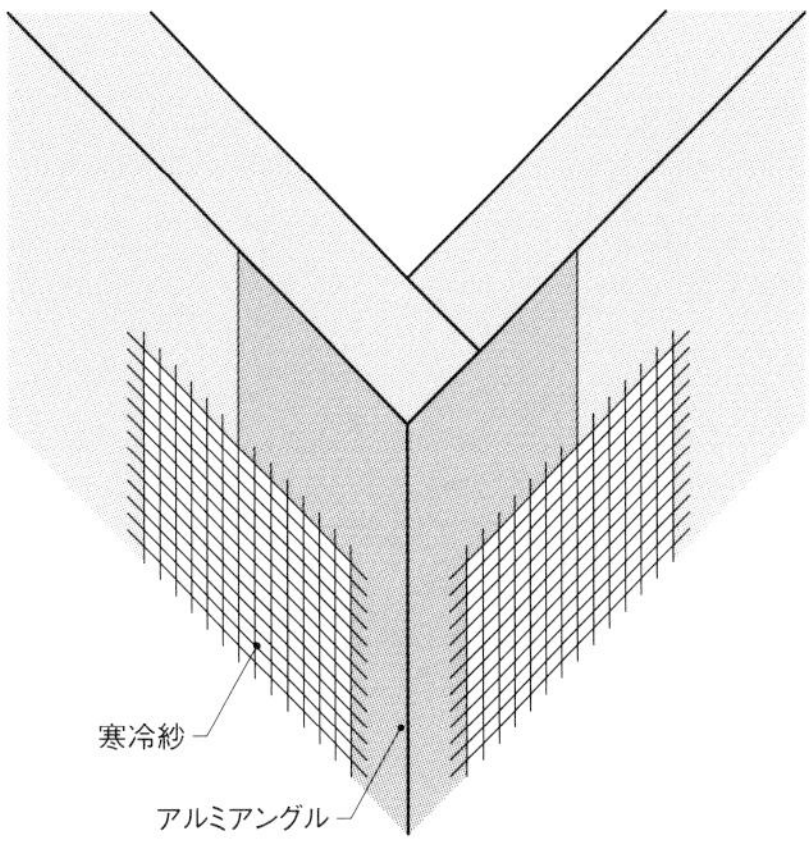
寒冷紗
アルミアングル

補強と通りをよくするために、コーナー材は必要。塩ビよりアルミのアングル材を入れたほうが、強度が高く、より安定した仕上がりになる

目立たない建具枠

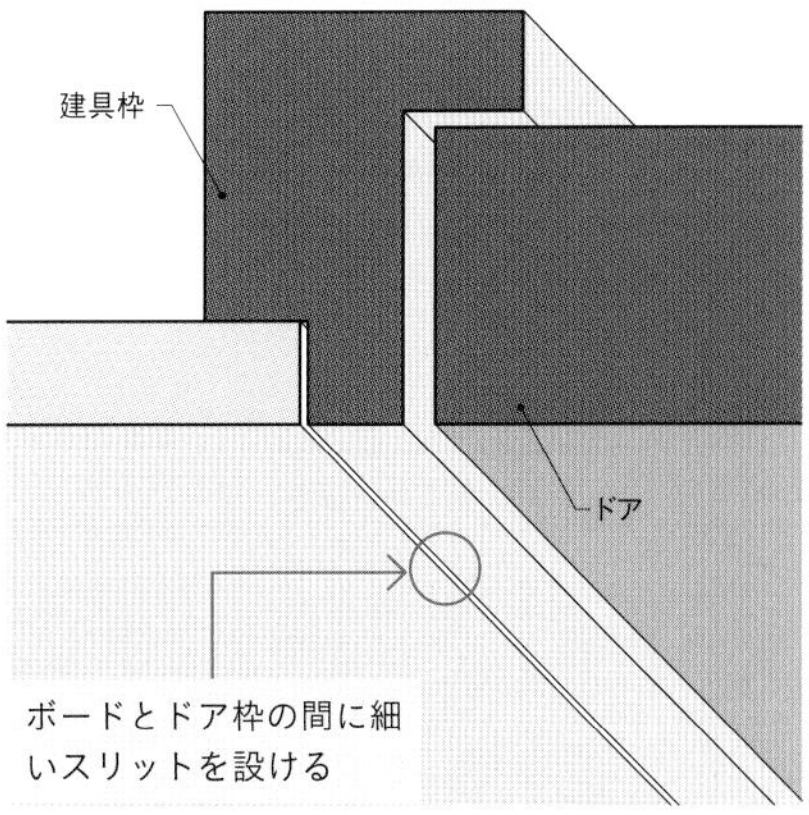
建具枠
ドア
ボードとドア枠の間に細いスリットを設ける

ドアの場合は建具枠があったほうが無難だが、建具枠とボードの間に1mm程度でもスリットを設けておくと、ひび割れの心配が減少する

幅木と台輪

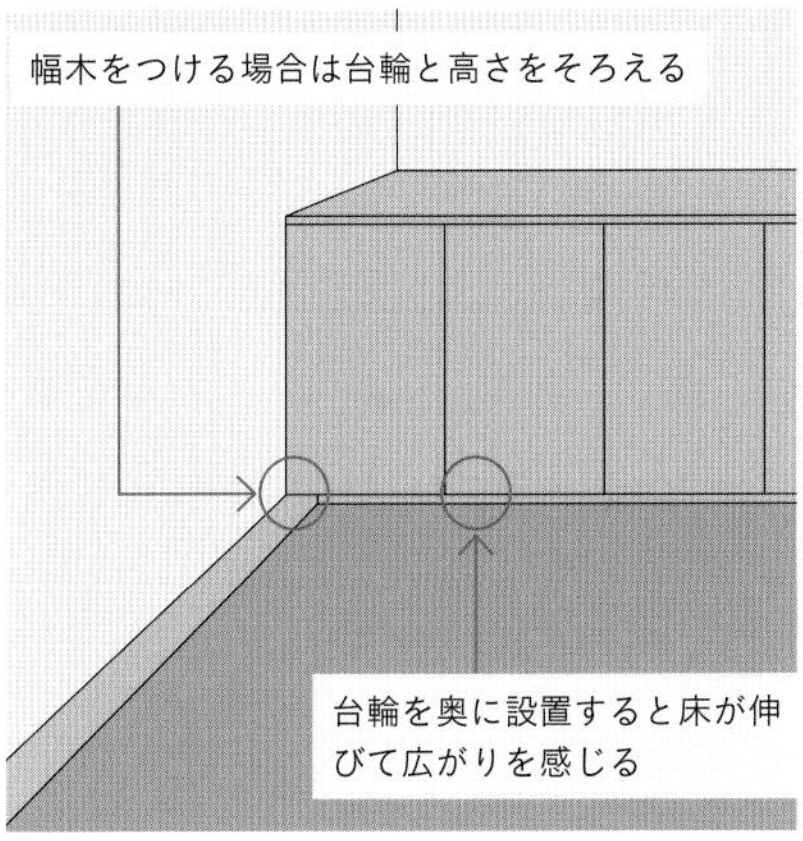
幅木をつける場合は台輪と高さをそろえる
台輪を奥に設置すると床が伸びて広がりを感じる

幅木を設ける場合は、造作家具やキッチンの台輪と、幅木の高さを揃えると、空間がスッキリとする。また、あえて見せる大きな幅木をつけるのも手

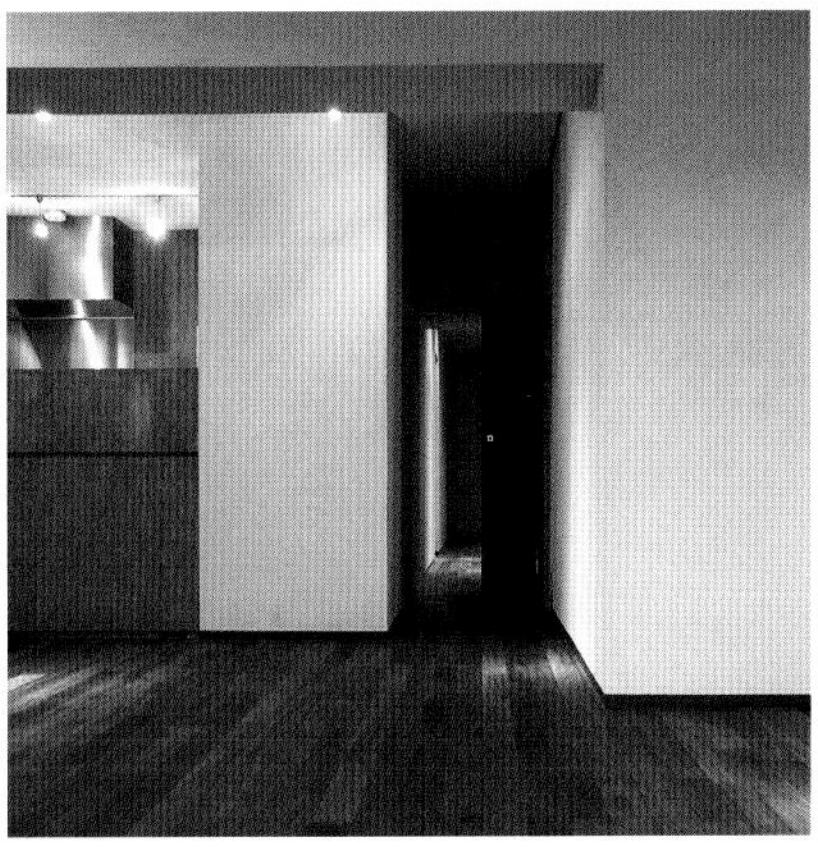

幅木と台輪を5cmで統一し、濃いめに塗った例。幅木部分が陰になり、床材が伸びている雰囲気が出ている

枠なしの引戸

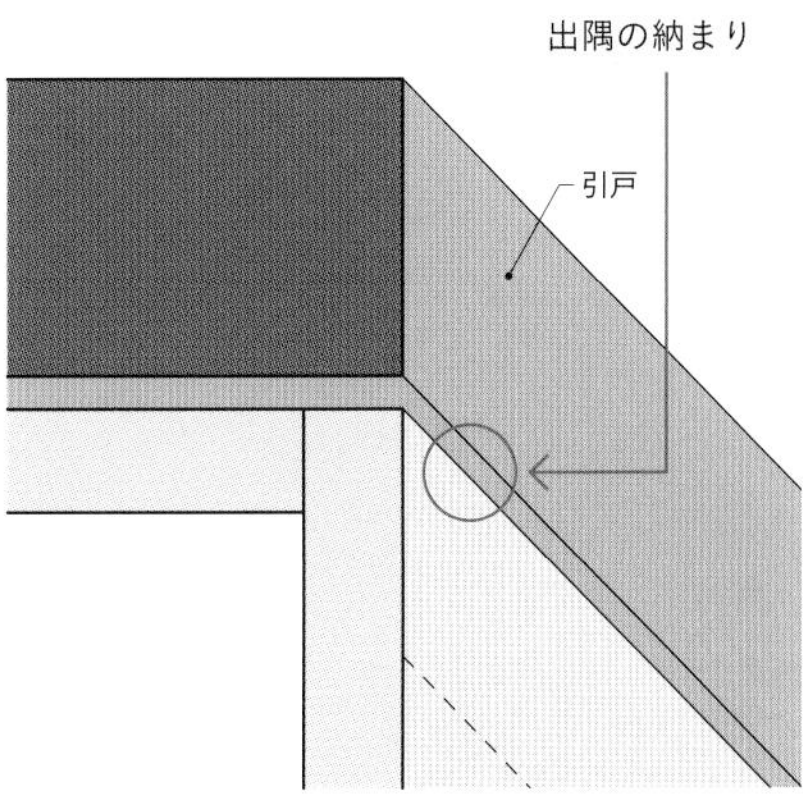
出隅の納まり
引戸

引戸の場合、壁の出隅と同じ処理をすれば、特に枠を設ける必要はない。吊りレールを使えば、床面にもレールなどが出ない

幅木なし

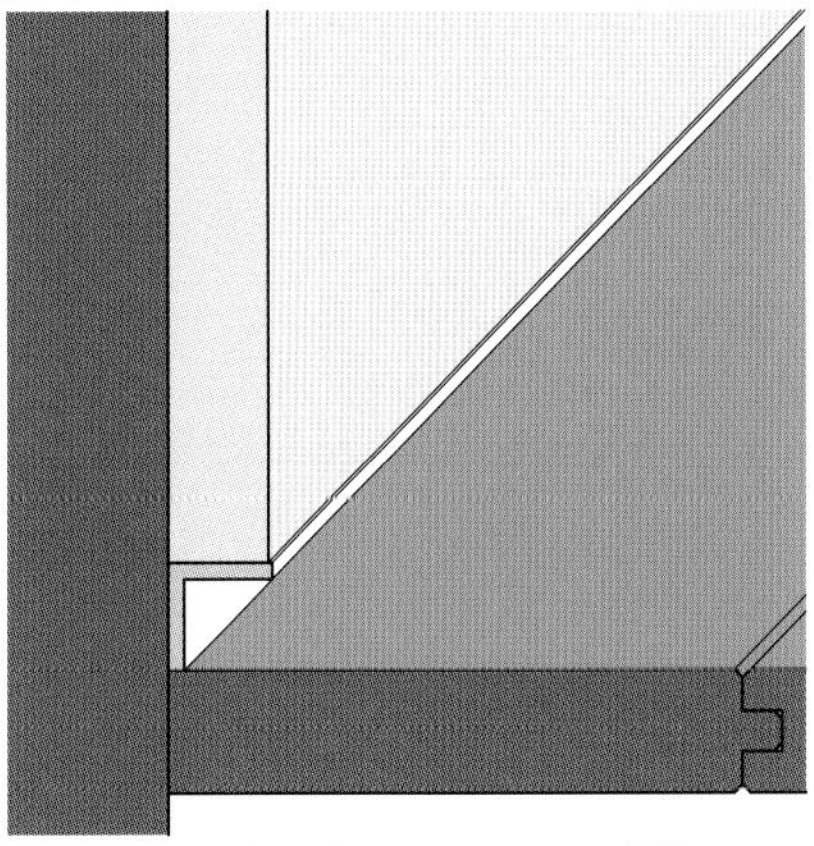

この場合は掃除機が当たることなどへの対策のため、13㎜のアルミアングルを入れている。塩ビでもよいがアルミのほうがラインがシャープに通る

入り幅木

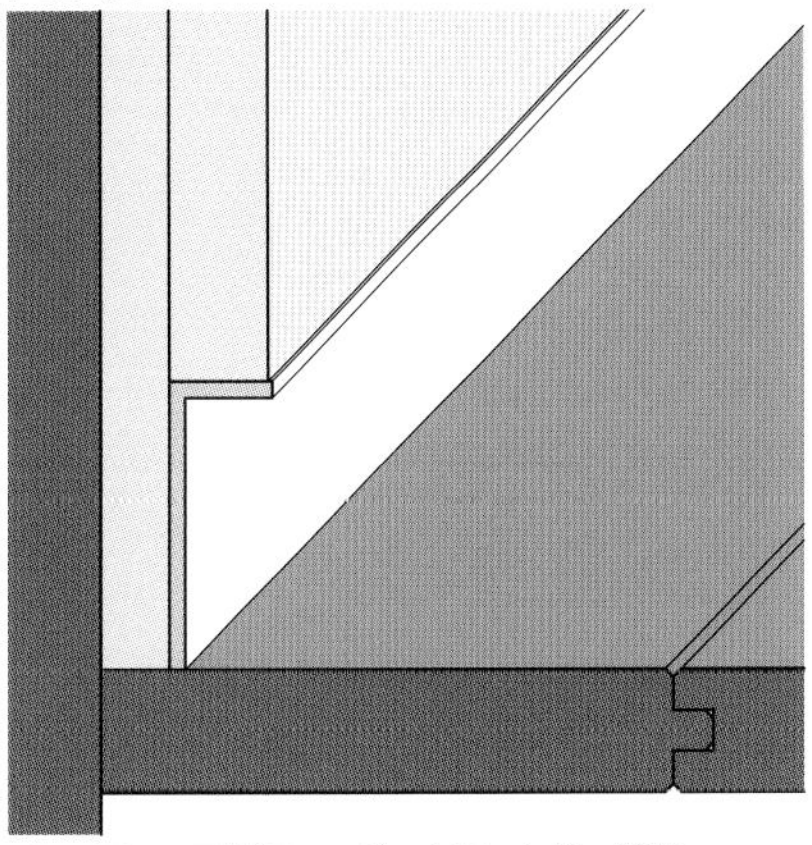

13×35㎜の不等辺アングルを用いた例。壁際のフローリングが綺麗に処理されていないと隙間が出やすいため、ボード2重張りの方が納めやすい

平幅木

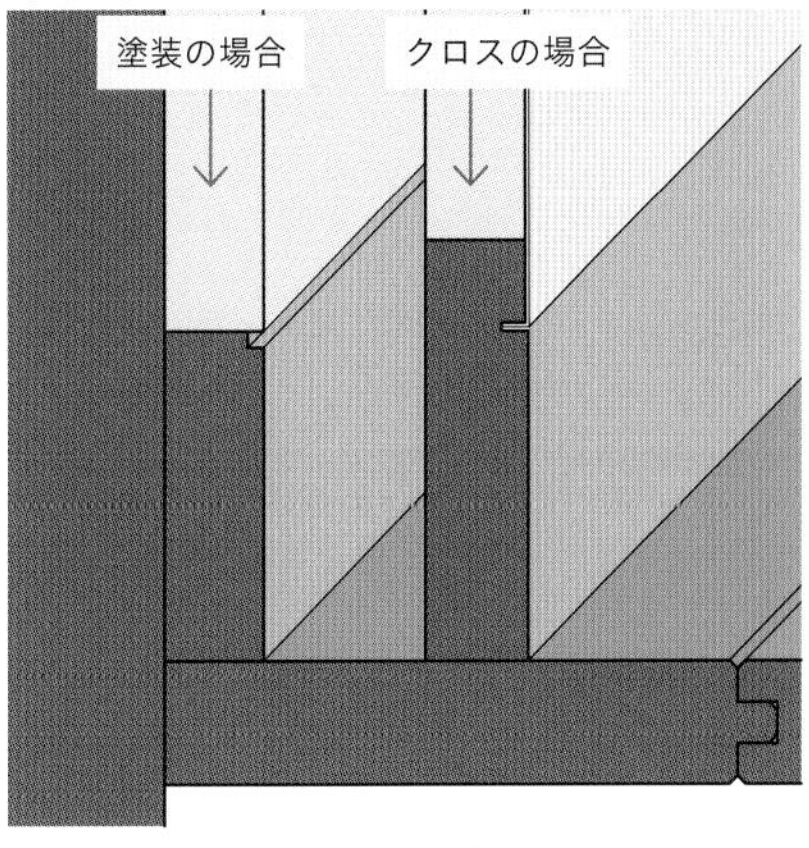
塗装の場合
クロスの場合

木の幅木に目地をとって同面で納めている。壁と同色に塗ればあまり目立たない。クロスの場合は幅木にスリットを入れて差し込む

内部建具は絶対に製作する

壁と天井いっぱいの造作家具の間に引戸が収まった例

壁と家具の間に戸が入る隙間を設け、引込み戸とした例。建具に張った鏡により戸を閉めた状態でも空間がより広く見える

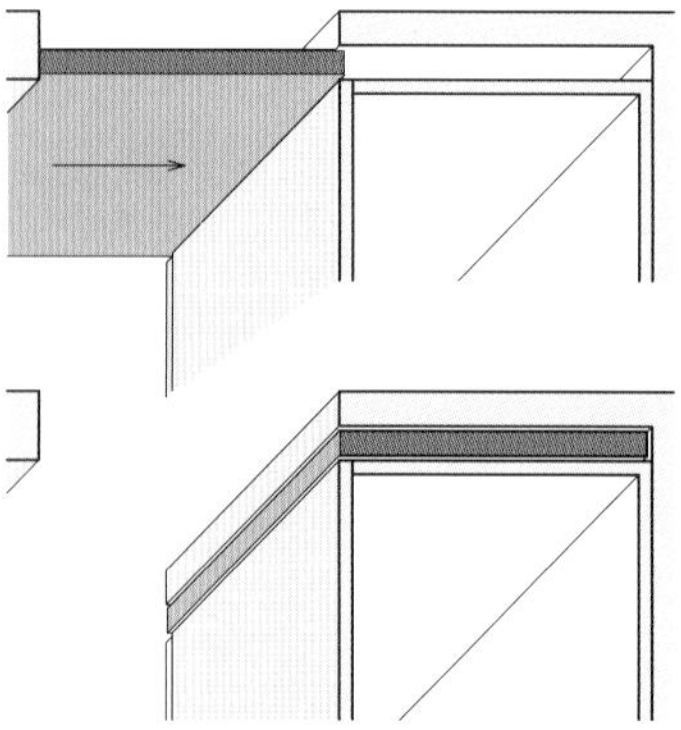

上写真の図。引き残りをつくらないと、開けた時がすっきりおさまる

斜め天井の空間に吊り引戸を設けた例

天井面に建具引込み用のスリットを設け、その中に吊りレールを設置している

垂れ壁がないので、戸を開けると隣り合う部屋と天井面がつながり、空間に広がりが生まれる

建具は必ず製作したい。既製品より単価は高くなるが、それでもシナ合板のフラッシュ戸であればたかがしれている。寸法を設計に合わせて設定できること、表面の色調を自由に変えられることを考えると、定番の製作建具を確立させることをお勧めする。ハウスメーカーが既製建具中心の提案であることを考えても、差別化要因として製作建具はマストだ。

建具の考え方の基本は、開いたときには存在を消すようにすること、閉じたときは壁になるように見えることである。したがって床から天井いっぱいまでの高さの建具を、引き込めるように考えるのが基本となる。もちろん枠は見えないように天井に飲み込ませて納める。

応用としては、床の段差や垂壁などが出てしまう場合、それらの段差に建具を被せて納めることで、建具を閉めたときに空間がすっきりまとまるという手法もある。

吊戸はインテリアを整えやすい

インテリアを整えるうえで空間の連続性を保ちたいので、建具を開いたときに床材が連続する吊戸がお勧めだ。ちなみに戸当たりは設けないことが多い。ただし、左官のような剥落しやすい仕上材の場合や、小さな子どもがいる家庭では、床上に小

建具制作が可能にするすっきりインテリア

インテリアのポイントである広がり感をキープしつつ、使い勝手を担保する建具の工夫

開いている時は壁のように納まっている引戸

壁と同じ寸法に納まるように建具をつくる。床面もつなげているので、開いている時は隣の空間も同じ部屋のような印象になる

閉じている途中の引戸。分割しているので、開口部がスリット状になり、適度な換気にも有効。建具を連想させる建具枠や戸当り、沓摺などは設けていない

閉じた状態の引戸。閉じた状態でも板の壁のように納まっている。戸の幅はかぶせの量で調整すればよい

上写真の2枚引戸の開閉パターン

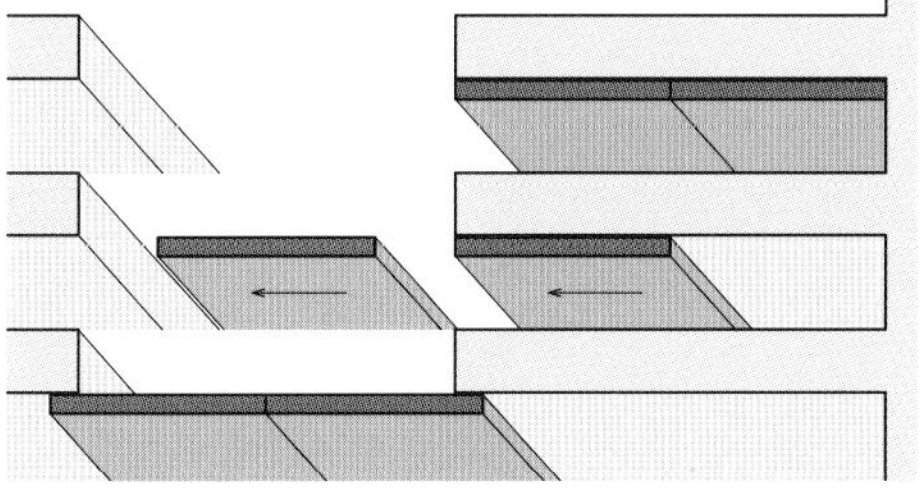

引戸は開いた状態の納まりを基準に寸法を考える。建具を分割するときは振れ止めにも注意を払う

引手を兼ねたスリットを設け、そこに黒竹をあしらった例

周囲はシナ合板にオスモ塗装で仕上げている。引戸を開けた先には黒竹の面格子があり、予見させている

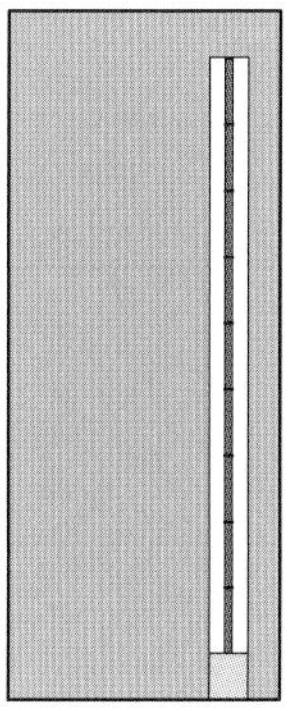

上写真の姿図。スリットの竹の下部はステンレス張り

建具をかぶせて段差を目立たなくした例

床や天井に段差があっても、建具をかぶせることで段差が気にならなくなる。その際、床段差の蹴込部分は床と同仕上げが好ましい

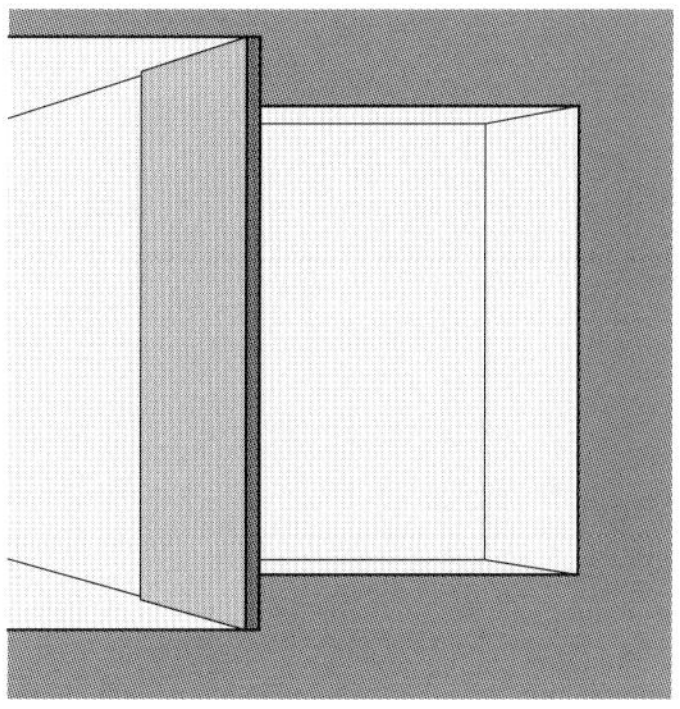

上写真の図。戸を閉めた状態では、段差が見えない

さな戸当たりを設けたほうがよい。

閉じたとき、壁のように見えるのが理想なので、引手はなるべく設けない。開閉時に手が当たる部分は汚れやすいので、オイルフィニッシュは必須である。それでも面材の色調によっては手あかが目立ってくる。明るい色の場合は小さな引手を設けたほうがよいだろう。スリットを引手代わりにする方法もある。

ちなみに面材の色調はフローリングと合わせるのが基本である。予算に余裕があるときは同樹種などの突き板を張り、ないときはシナ合板に塗装というのが基本になる。また、建具用のベニヤの取り寸の関係から高さ2400㎜を超えるとかなり割高になるので注意が必要だ。そうしたケースでは2枚に割る設計などを考えたほうが現実的かもしれない。

木質空間を品よく仕上げる［シナ合板］の上手な使い方

手ごろな価格で入手できるシナ合板は、インテリアデザインの定番材料。

板張りよりもおとなしい表情が、自然素材の空間を品よく仕上げてくれる。

ここでは、チトセホームの2つのモデルハウスをテキストに、シナ合板のきれいな使い方を紹介する。

1 割付けは設計段階から

シナ合板を使う際、設計で最も気を使うのは「割付け」だ。本例では横目地を強調しているが、この目地の高さをすべてそろえている。そのため割付けには、天井の高さのほか、キッチンカウンターやテレビボードなどの高さも併せて検討する。

2 異なる素材を対比させる

シナ合板は壁面全部に使うよりも、法則性をもたせて異なる素材と組み合わせるとよい。本例では、外壁側の壁を白いクロスで仕上げ、間仕切壁をシナ合板で仕上げている。写真は、玄関ホールとダイニング。

3 目地がどう見えるかが勝負

本例は、横目地を4㎜の目透かし張りにしている。目地幅は合板の厚さと同じにするときれいに仕上がる。反対に縦目地は突付けとしている。これをきれいに見せるには、一にも二にも施工精度である。

キッチンカウンターの納まり（S＝1:5）

カウンタートップはヒバ。側面の見え掛かり5㎜に対して目地は4㎜

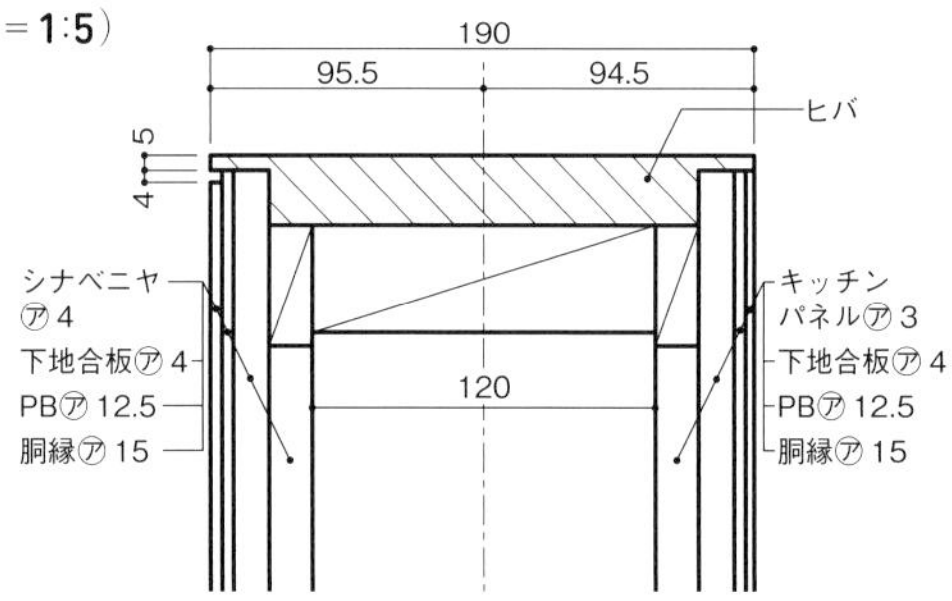

撮影＝石井紀久

4 和室の天井材にも◎

木理が通直で肌目も緻密なシナ合板は、和室との相性もよい。「JUST201」では、リビングに隣接する和室の天井にリビングと同じシナ合板で仕上げ、連続性をもたせている。そのため、和室というよりも小上がりのような空間になっている。

「JUST201」

和室は押入れでなく、シナ合板仕上げのクロゼットに。取っ手はつけず、マグネットキャッチで対応

玄関のクロゼット扉はリビングの収納扉と同じシナ合板で仕上げて、連続性をもたせる

5 収納扉をシナ合板で統一する

全壁面を白いクロスで仕上げることは珍しくない。そのような場合は、収納扉をシナ合板で統一してみよう。本例では、和室の収納とリビングにあるニッチ下の収納、玄関の収納にシナ合板が使われ、空間にアクセントを与えている。また、同じ仕上げが飛び石のようにつながっていくことで、空間に連続性が生まれる。

インテリアを洗練させるおすすめアイテム

「Kamiya フルハイトドア」（神谷コーポレーション）

天井高さいっぱいまで、すっきり納まるフルハイトドア。天井高さは、〜2600・〜2400・〜2100mmのオーダー対応。ドア枠が目立たないため、空間の連続性が得られる点も魅力。ハイセンスで洗練されたインテリアデザインを目指すなら、室内ドアをレベルアップさせるのも手である。

お金をかけずにセンスアップする［色・柄］コーデ術

色や柄をたくさん使用しても、全体としてはすっきりとナチュラルな雰囲気にまとまっている。

モコハウスのモデルハウスは、そんなナチュラルリッチな空間で、見学会に訪れるお客の心を離さない。

同社の設計を手がけるスウェーデン建築家トーマス・ベクストローム氏のコーディネート手法をみてみよう。

1 ダークな床で「パレット」をつくる

色をたくさん使うのは難しい。バランスを崩すと落ち着きのない空間になる。この家では、1階のパインフローリングを濃い茶色で塗装。ベースを落ち着いた色で締めることで、床が「パレット」となり、その上に多色を乗せてもバランスが崩れずれにくい。

2 彩度の低い色を間口方向の壁に使う

住宅のような小空間では、目に飛び込む面積は壁が多い。そのため、色を使う場合は壁が中心になる。多くの建て主は明るい空間を望むので、明度の高い色になる。複数の色を用いる場合、統一感も必要だ。基本は彩度低めの色になる。もう1つは色をつける壁の配置に規則性をもたせることだ。ここでは、主に間口方向の壁に着色。また奥行方向の壁と天井を白く塗ることで、色のある壁と白い壁・天井という対比が生まれ、色の効果を感じやすい。

リビングから2階へ続く吹抜け
階段脇の壁も間口方向に水色

3 壁の色を「飛び地」的に越境させる

壁の色を小面積で別の場所に用いるのも効果的だ。エリアが離れていても同じ法則性でつながることで「飛び地」のようにデザインコンセプトを隅々まで行き渡らせられる。ここでは、緑色のラグマットや和室の水色の床の間が効果を上げている。

4 木材は適材適所で色をつけて仕上げる

このモデルハウスが、ほどよい木質感で嫌みがない理由の1つが、木材に各色の塗装が施されている点だ。1の床材の効果に加え、もう1つのポイントが壁。壁材に着色を施しているのは洗面・トイレ・寝室。これらは、主要な空間の仕上げと連続性がなくても気にならず、色を付けることでむしろ楽しさが増す。また、塗っても木材が木材であることは伝わるので、「木の家」のアイデンティティは失われない。

トイレの壁は赤茶色に塗装

家の至るところでファブリックが活用されている。勾配屋根（屋根断熱）を利用した子ども部屋のクロゼットの扉（左）や、子ども部屋と書斎の間仕切（中）、玄関のシューズクロゼットの扉も（右）。いずれもIKEAで数千円／mで購入

和室の床の間はオガファーザーに水色の塗装。この色は、日本の伝統色の藍白（※）を表現。ここでも押入れの襖の代わりにファブリックを使用。

※ 藍染を行う最初の工程で得られる極めて薄い藍色（ほとんど白に近い色）のこと

パントリーの仕切りにもファブリック。手前のボーダ状のモザイクタイルとのコーディネートも必見

5 安価で効果絶大!ファブリックの活用

大きな面を彩るにはペイントが有効だが、さらに色彩の情報量を増やすとなると「柄」に踏み込むことになる。こうなるとファブリック（生地、布）の独壇場だ。さまざまな色彩情報が複雑な法則性で組み合わさったファブリックは、うまく使うと家の雰囲気を一気に高める。本例では、トイレ・浴室を除いて、通常なら建具や扉で仕切るところにすべてIKEA製の廉価なファブリックを配している。建具に比べるとずっと安価に済み、かつ種類も豊富なので、飽きたら好みのものを探して交換するという楽しみ方も提案できる。機能的にも大抵は問題ない。

6 差し色には家具を利用する

赤やオレンジなどの暖色系の色は人の目を引く効果が高い。こうした色は小面積で使うだけで空間にアクセント与えるので、家具や小物として取り入れるのが効果的だ。本例ではダイニングの椅子が赤だが、緑色や水色の壁と重なって、空間のなかに点在するように見えてくると、空間にひと味加わり楽しさが増幅される。

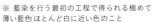

自然素材をうまく使い分けるデザイン術

写真1　日本の伝統的な木造住宅。地元の木と紙と瓦で造られていて、素材に違和感はない。自然に戻ろうとするため朽ちやすいが、手入れをすると時を経るごとに味わいが増していく。外壁は木の幹に似ていて、自然環境との馴染みもよい

写真2　タモのフローリングと、自然で印象的な足触りのために凹凸に加工を施したナラ材の上がり框、そして畳。壁は漆喰で、天井には紙クロスを貼っている

自然素材だけを使って仕上げる

自然素材を仕上げの中心において設計する場合は、樹脂系の建材の使用はできるだけ避けるのが望ましい。樹脂系のものの多くは、ある自然素材をイミテーションしてつくられたもので、技術的には本物に近づいているものの、並べてみるとその違いをすぐに認識できるものが多い。

したがって、自然素材に囲まれた樹脂系の建材は、感覚的に異質なものとして捕らえられやすく、それが周囲の自然素材の仕上げにも伝わってしまい、全体的に偽物っぽい空間や建物に見えてしまう。

もちろん、プリント合板など、印刷の完成度が高く、一見、自然素材と馴染むものもある。しかし、施工当初はよいものの、年数を経て、自然素材の仕上げの色や表情が変化し味わいが増してくると、「変化しない」樹脂系の仕上げとの差が明確になっていき、結局は視覚的な違和感につながってしまう。やはり、自然素材の仕上げを徹底して行うほうがよいだろう。

素材どうしの相性を考える

自然素材の仕上げといっても、さまざまである。木材のほか、左官、石、紙などが代表的である。レンガや金属、ガラスなどは工業製品であるものの、原料そのものは自然由来であるため、純粋な自然素材と相性がよい。ただし、劣化のスピードは

図1　相性のよい仕上材の組み合わせ例

床		壁		土間
スギ	＋	漆喰・紙クロス	＋	豆砂利洗い出し
清楚な和の空間の雰囲気になる。幅木・廻り縁・額縁の色や寸法でより木の家らしさを強調することも可能				
カリン・チーク	＋	ざらっとした左官	＋	トラバーチン・スレート
落ち着いた重厚感のある空間になる。左官の色を白くすると、リゾートホテル風の空間になる				
パイン・カバザクラ	＋	AEP・紙クロス	＋	テラコッタタイル
北欧風や無印良品的なナチュラルテイストの明るい空間になる。素材も安価で、ローコスト住宅に向く				
ナラ・タモ・バーチ	＋	AEP（オフホワイト）	＋	石（グレー系）
おしゃれカフェ的な空間になる。色のコントラストが弱めなので、基本的には色の強くない仕上材が向いている				

図2　劣化スピードで素材の相性が異なる

そのものの状態が長期間安定している素材
石・タイル・ガラス・土・ステンレス・銅・アルミなど

比較的早く風化し土に還ろうとする素材
鉄・木材・革・草・紙・布など

劣化すると見苦しくなってくる素材
プラスチック・ビニールなど

特に劣化のスピードが早い「比較的早く風化し土に還ろうとする素材」を、そのほかの素材と組み合わせる場合は、経年で見栄えが悪くなりやすいので、十分に注意したい。また、素材の表面の仕上げ方によっては、特性や相性が異なる場合もある（木材にウレタン塗装した場合など）

大きく異なるので、その点には十分注意したい。基本的に、劣化（風化）が早いのは木材、鉄、紙、布、草（植物）などだ（写真1）。一方で、石、タイル、レンガ、土（左官）、ステンレス、アルミなどは劣化が遅い素材といえる（図1）。とはいえ、使用個所にもよるし、樹脂などの新建材の相性に比べると、相性が悪いというものではないので、参考程度に考えてもらえばよいだろう。特に、ナチュラルな感じを出すには、木材、紙、草、土などを組み合わせると雰囲気が出しやすい（写真2）。

また、色調をまとめると、全体の雰囲気もまとまりやすくなる（図2）。たとえば、明るめのナチュラルデザインを志向するなら、パインの床、紙クロスの壁などで構成するのも一策だ（写真3）。

写真3　パイン材のフローリングに紙クロスを貼った空間。幅木を同面に納めるなどして、カントリー調になり過ぎないようにしている

自然素材の適材適所

自然素材も使用する部位によって、使い方が異なるので、ここでは簡単にそのポイントを解説する。

床材に関しては、床暖房や遮音の必要のない一般的な居室であれば、ムクフローリングを採用するのがよいだろう。素材感、コスト、施工性などの面で最良の選択といえる。仕上げはウレタンではなく、オイルやワックスなどの自然な風合いにしたい。

ムクフローリングは大きく広葉樹と針葉樹に分けられるが、広葉樹は乱尺幅狭寸法で節が少なく、緻密な木目をもち、やや硬い質感をもつ。針葉樹は長尺幅広寸法で、価格が安いものは節が多く、木目も大らかだ。質感は軟らかいがその分傷もつきやすい。

土足の玄関など耐水性と耐久性が必要な場所には、石やタイルがよい。モルタルや三和土などの左官も自然素材との相性は悪くない。

床に直接座ったり、寝転んだりする部屋であれば、畳がよい。同じ用途ではカーペットも悪くないが、フローリングにラグを敷くほうがナチュラルデザインには適している（写真4〜6）。

洗面所やトイレなど水廻りには、石やタイルのほか、コルクやチークなど耐水性に優れる樹種がよいだろう（写真7）。

玄関土間の素材選び

写真4　は伝統的な木造家屋の玄関で、地元の土でつくられた三和土がよく馴染んでいる。

写真5　チークの床と漆喰の壁による重厚な仕上げに負けないよう、エイジングを施したトラバーチンを張っている。

写真6　はスギ板の床材と相性のよい豆砂利の洗い出しにしている

壁の素材選び

写真8　パイン材と白い紙クロスの空間に、1面のみピンク色の漆喰を施した例。特徴的な壁を部分的にすることで全体のバランスがくどくなり過ぎない

写真9　テクスチュアのある漆喰の壁。対面がレンガの壁なので、負けない重さと、周りに調和する色合いで採用した

点景でインテリアをつくる

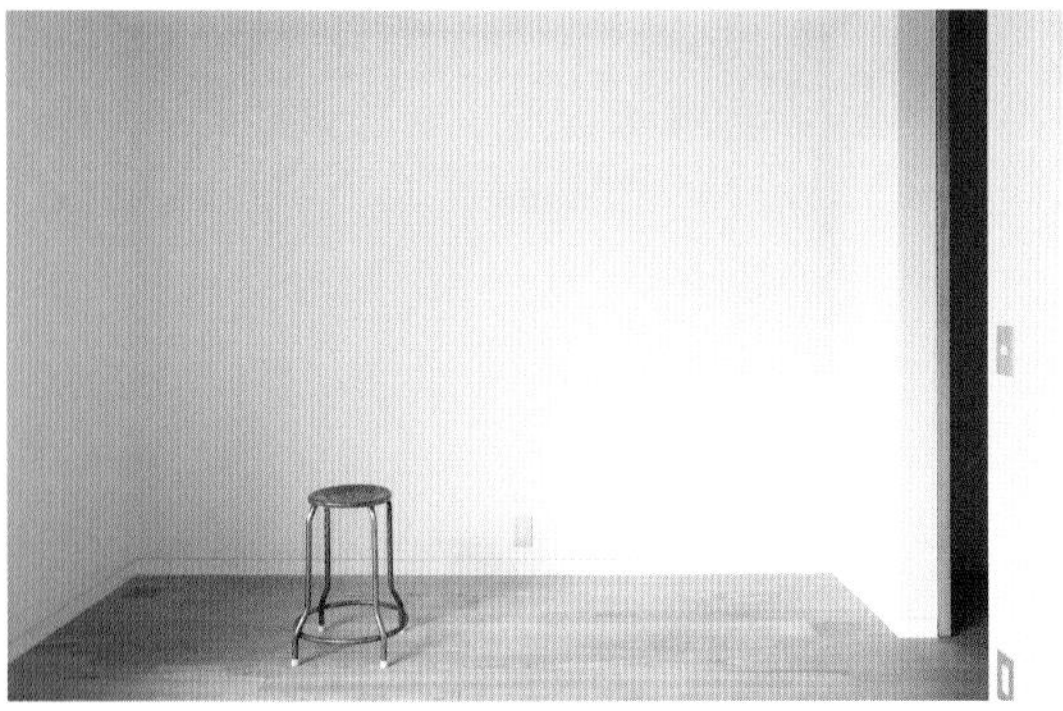

写真10　人や見せたい物が主役となるように、背景となるインテリアは主張し過ぎず包容力のあるものにしたい

写真11　置き家具などは十分に吟味して質感の高いものを選ぶとインテリアのクオリティがグッと上がる

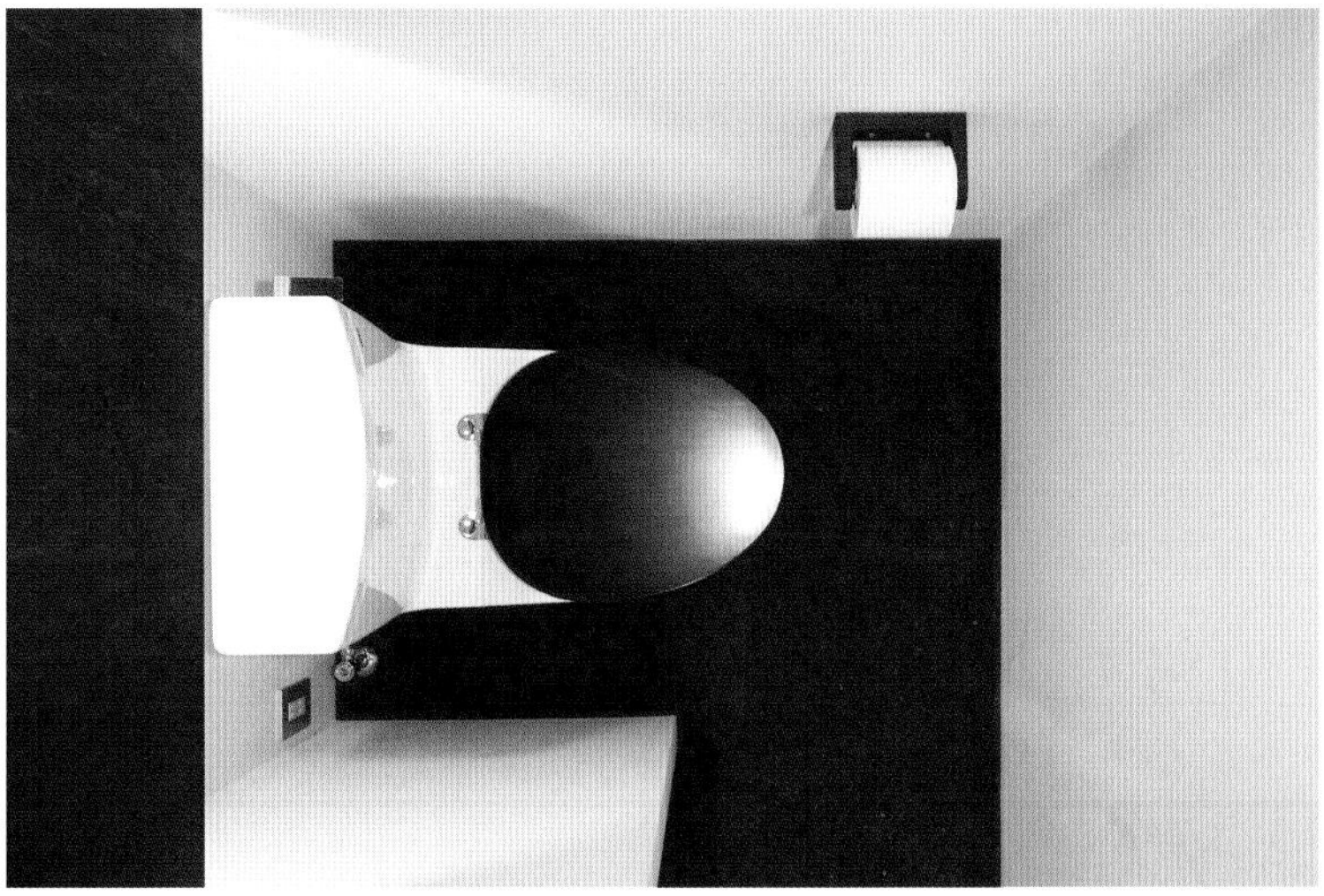

写真7　白いAEPの壁に焦げ茶のコルクタイルと収納。白い陶器の便器に焦げ茶の木の便座。白いトイレットペーパーに焦げ茶の紙巻器を用いた空間

壁材に用いる材料には、和紙、塗装、左官の薄塗り仕上げなどがある。これらは素材感がそれぞれ異なるものの、おおむね平滑で継ぎ目が目立たないので、あっさりとした印象に仕上がる。壁は家具などの背景となるので、主張が強くないほうが扱いやすい（写真8・9）。

見た目の印象が変化に富む材料としては、まず、左官の厚塗りがある（写真10）。塗り方や開口部の壁厚の表現などで、印象が変わる。そのほか、ムク板では長尺寸法の針葉樹材が多く用いられる。色味や木目の強さ、節の量や目地幅などで印象が変化し、存在感のある壁を設けることができる。合板の場合は、パネル表面の素材感や割付け方によって、リズム感を表現できる。

柱を露出させる真壁にすると、壁面において柱の存在感が際だち、木造らしさが強調される。また、柱を等間隔に配置する空間は、整然とした印象になる。

柱を露出させない大壁の場合は、天井の仕上げが空間の見え方に大きく作用する。互いに異なる仕上げであれば、壁は帯状の背景となる。また、同材の仕上げであればその境目があいまいになり、一つながりの背景となって見える。この場合は、空間構成や窓廻り、置き家具や建具などの点景でインテリアをつくっていくことになる（写真11・12）。

天井は紙・布クロス、和紙、ムク板、合板、そして塗装や左官薄塗りなど、軽くて主張の弱いものがよい。そのほうが剥落の心配が少なく、空間に対して圧迫感もでにくい（写真13）。

梁などの構造を露出させる場合は、天井仕上げによってさまざまな表情をつくることができる（写真14）。木質系の材料を用いると梁とのコントラストが弱くなり、天井全体が立体

写真10　大理石の手洗いカウンターと厚塗りの漆喰の壁。凹凸のある漆喰の壁をR状にし、重さと軟らかさを共存させた

写真13　AEP塗装を施した壁と天井。形状や素材感では主張せず、照明や反射する光で空間を見せている

写真14　安曇野絵本館。ザックリした左官仕上げの壁と、負けない力強さの木の天井。同じ素材感の構造がそのまま仕上げになっているため、彫刻的に見えている

的な木の造形になる。そのほかの素材で仕上げると、構造が際立ち、かえって木造らしさが強調される。

ただし、複雑な梁組を設けて露出すると、うるさくなりすぎるので注意が必要だ。木質系の天井仕上げとしたり、梁と天井を塗装で塗りつぶすなどして、一体化させてしまうほうがよい。

小屋梁に丸太が使われることもある。大きな断面で節も目立つため、ナチュラルデザインには適しているが、想像以上に粗野な印象を受けることもある。この場合は、天井を高くして、梁から浮かせるように見せるとよいだろう。

外部の素材使いのポイント

外部に関しては、板張りや左官などが望ましい（写真15）。板張りは法規上の制限を伴うが、使用可能であれば、最良の材料である。耐久性のある材であればそのまま無塗装で張ってもよいが、やや濃い目の茶やグレーなど、樹皮や風化した板に合わせて塗装をすると馴染む。張り方に関しては、表現したいデザインによるが、樹木の幹や雨水の流れを考慮し、縦張りを基本に考えるとよい。

左官については、外部用の漆喰が最良であるが、ジョリパットに代表される質感のよい樹脂系の左官材でもよいだろう。色については、その地域の土の色を基調としたり、交通量の多い道路に近い場合は排気ガスの汚れを想定した色にすると、汚れが目立たなくなる。白くする場合は光触媒などと併せて考えたい。

一般的な窯業系サイディングでも、比較的プレーンな素材のものを使えば、ナチュラルデザインとして破綻しないようにつくることが可能だ。ガルバリウム鋼板については、ダークグレーなど存在感を主張しないものであれば、周辺環境とも馴染みやすい（写真16）。

また、予算は多少かかってしまうが、レンガやタイルも素朴な感じのものを選ぶと、ナチュラルデザインに馴染む。ただし、自然風に見せた物も多いので注意したい。

なお、詳しくは後述するが、外壁は目立ちすぎないことが重要である。植栽のじゃまにならず、調和するような色使いや素材の選択を心がけたい。

自分の建物だけではなく、街並や自然環境も意識して素材を選ぶと、より土地と馴染んだナチュラルデザインへと繋がるだろう。

写真15　板張りの外壁。格子や建具も含めて木材を多用している。漆喰壁との相性もよい（綾部工務店）

写真16　ガルバリウム鋼板の外壁は、木材、左官とも相性がよく、ダークグレーを選択すれば、周囲の植栽などとも馴染みがよい（ベガハウス）

ムクフローリングの種類と選び方

ざっくりとした存在感のナラの幅広材。床にはナラの幅広材を採用。ここではオスモのウォルナット色を塗装した（「外とつながる家」アートホーム）

明るい印象のバーチの床。オーディオルームの床にはバーチのムク材を採用。木肌を生かすためにオスモのクリア塗装とした（「木並みの家」アートホーム）

高級感のあるウォルナットの床。床と階段にウォルナットのムク材を採用。ここでもオスモのクリア塗装で木材本来の質感を生かしている（「こだわる家」アートホーム）

定番フローリングの選択のポイント

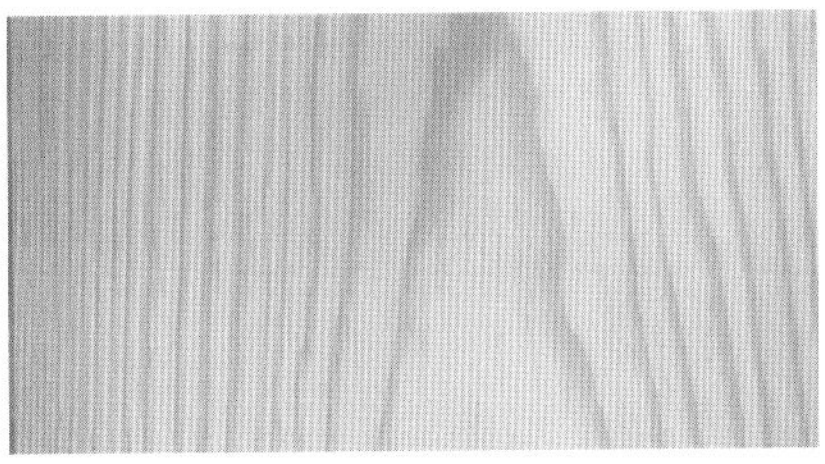

パイン

[表情]　黄色っぽいベージュ色で、木目は薄いが、節が入っているものが多い
[質感]　柔らかく、歩行感もよいが、寸法安定性があまり良くない
[塗装]　基本はワックス程度にするが、濃い色に染色するとワイルドな印象になる
[デザイン傾向]
　洋風でログハウス的な印象になりやすい
[施工性]★★★★★（節のちらばり具合に配慮する）
[耐久性]★★★★
[価格]　★★★★★（材工約9,000円／㎡程度）

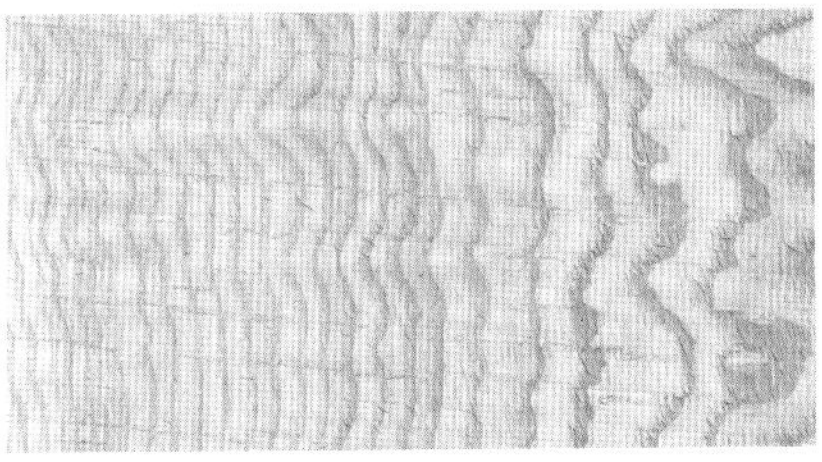

タモ

[表情]　オフホワイト～ベージュ色、はっきりした年輪が特徴で、木目が整っている
[質感]　硬く、傷はつきにくい
[塗装]　木の素地を活かしたクリアのオイル塗装が基本となる
[デザイン傾向]
　ナラと似ているが、より和風に合う。ナラより清楚な空間に向いている
[施工性]★★★★（硬くて若干加工しにくい）
[耐久性]★★★★
[価格]　★★★★★（材工約9,000円／㎡程度）

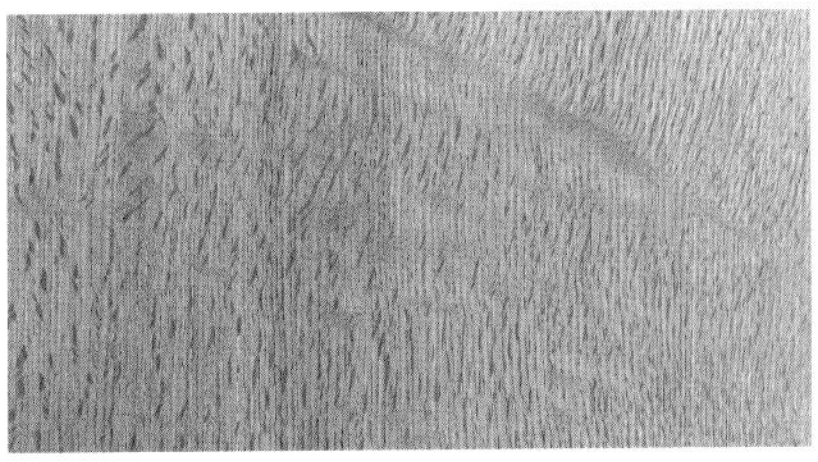

ナラ

[表情]　グレー～ベージュ色で、木目はくっきりしている。タモより若干ラフな印象
[質感]　硬さと滑らかさをもち、傷もつきにくい
[塗装]　濃い色を塗って高級感を出すほか、あえてグレーなどに塗って古びた印象にすることも
[デザイン傾向]
　和洋問わず空間に合う。あえてバラツキのあるものを入れるケースもある。ナチュラルデザインのベースとして世界的に流行している
[施工性]★★★★（硬くて若干加工しにくい）
[耐久性]★★★★★
[価格]　★★★★★（材工約8,000円／㎡程度）

ウォルナット

[表情]　深みのある赤茶色で、木目はそれほど目立たない。木目がおおらかで大人っぽい
[質感]　硬めで足触りも良い
[塗装]　オイルを塗ると深い焦げ茶になる
[デザイン傾向]
　和洋問わず空間に合う。落ち着いた高級感のある空間に適している
[施工性]★★★★★
[耐久性]★★★★★
[価格]　★★★（材工約15,000円／㎡程度）

カリン

[表情]　オレンジ～赤褐色、木目は様々
[質感]　硬質な印象で、歩行感は硬め
[塗装]　元が濃い色なので、塗装で変わるようなものでもない
[デザイン傾向]
　赤い木を好む人によく採用される。中国人がその傾向にあり現在品薄。コンクリートとの相性もよい
[施工性]★★★★
[耐久性]★★★★★
[価格]　★★★（材工約13,000円／㎡程度）

バーチ

[表情]　ベージュ～黄色で、木目は目立たない。節はある
[質感]　比較的柔らかめ
[塗装]　クリアで仕上げると明るめの印象になる
[デザイン傾向]
　北欧風や無印良品的インテリアに合う
[施工性]★★★★★（加工性は比較的よい）
[耐久性]★★★★
[価格]　★★★★★（材工約8,000円／㎡程度）

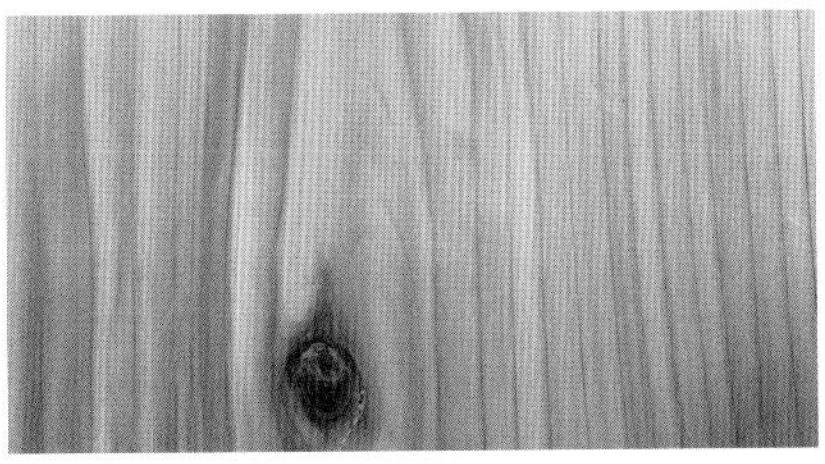

スギ

[表情]　赤味・白太・源平（赤白の混在）があり、木目ははっきりしている。節も多い
[質感]　柔らかく、歩行感もよいが、傷がつきやすい
[塗装]　基本はワックス程度にする。傷がつきやすいので色付けは不向き
[デザイン傾向]
　和風に合う。木目などもはっきりしているため、木の家らしい空間になる
[施工性]★★★★（色味が偏らないように配慮する。養生に注意）
[耐久性]★★★
[価格]　★★★★★（材工約9,000円／㎡程度。グレードによって価格帯が広い）

ヒノキ

[表情]　メギに似た表情をもち、木日ははっきりしているが、赤味と白太はくっきりと分かれない。節のない物は高価
[質感]　柔らかく滑らかで、歩行感もよい。スギほどではないが、傷はつきやすい
[塗装]　基本はワックス程度にする。塗装はのり難い
[デザイン傾向]
　和風な空間に合う
[施工性]★★★★★
[耐久性]★★★★
[価格]　★★★★（材工約10,000円／㎡程度～。グレードによって価格帯が広い）

チーク

[表情]　黄褐色で、木目はそれほど目立たない
[質感]　硬く、傷もつきにくい
[塗装]　オイルを塗ると飴色になり、高級感が出る。色を付ける物ではない
[デザイン傾向]
　洋風の高級物件に合うが、リゾート的な雰囲気にも合う。黄土色系がベースの空間に合わせるとよい
[施工性]★★★★
[耐久性]★★★★★
[価格]　★★★（材工約13,000円／㎡程度）

デッキ材の種類と選び方

デッキ材選びで最も重要な点は、耐久性の高い材料を選ぶということだ。上部に屋根を設けない場合は、耐候性、防腐性の高い材料を選ぶとよい。ただし、これらの性能の高い木材の多くは高価な南洋材になってしまうので、比較的安価なウェスタンレッドシダーなどを使い、定期的に張り替えが行えるようシンプルな施工納まりとする方法を選択してもよい。

メンテフリーにこだわれば再生木材（人工木材）という選択もある。かつては木材に見えないチープな製品が多かったが、この数年で質感や色味のよい製品が多く誕生しており、無垢材の代替品として十分選択肢として考えてよいものになっている。

バルコニー床のセランガンバツのデッキ

少々ささくれやすいが、程よい価格と耐久性のあるデッキ材。大規模修繕時に対応できるよう、スノコ状に分割できるようにしている

バルコニーに設置したサイプレスのデッキ

落ち着いた色合いで、長尺で張れるため、スッキリと大人っぽい雰囲気のデッキになる。ヒノキの仲間ではあるが、洋風な印象がある

定番デッキ材の選択のポイント

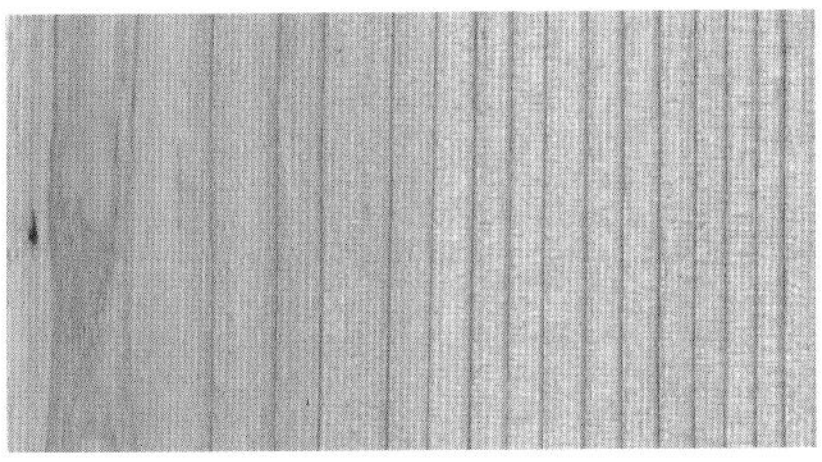

ウェスタンレッドシダー

[表情] 黄色っぽいベージュ色で、節がある
[質感] 柔らかく軽量で、ささくれが生じにくい
[塗装] 定期的に塗装をしないと早く腐る。着色することも多い
[デザイン傾向]
施工しやすく、DIYに向いている。屋外でよく使われる材
[施工性] ★★★★★(加工がしやすく、運搬も容易)
[耐久性] ★★(10年程度で張り替えが必要)
[価格] ★★★★★(約13,000円／㎡程度)

セランガンバツ

[表情] 赤味のあるベージュ色で、色の濃淡や木目はおとなしめ
[質感] 毛羽立ちやささくれが生じやすい
[塗装] 無塗装が基本となるが、オイルで仕上げた方が無難
[デザイン傾向]
室内のフローリングが明るめの色の場合に合わせやすい
[施工性] ★★★★(広葉樹で硬い木だが、イペやウリンほどは硬くない)
[耐久性] ★★★(基本的にメンテは不要だが、15年程度での張り替えが必要)
[価格] ★★★★(約16,000円／㎡程度)

イペ

[表情] 茶褐色～黄褐色で、木目がきれいだが、ばらつきが出やすい
[質感] 表面が滑らかで、ささくれは比較的生じにくい
[塗装] 耐久性が高く、無塗装が基本となる
[デザイン傾向]
室内のフローリングがどんな色味でも比較的合わせやすい
[施工性] ★★★(硬くて、施工しにくい)
[耐久性] ★★★★★(基本的にメンテ不要で、20年以上もつ)
[価格] ★★★(約18,000円／㎡程度)

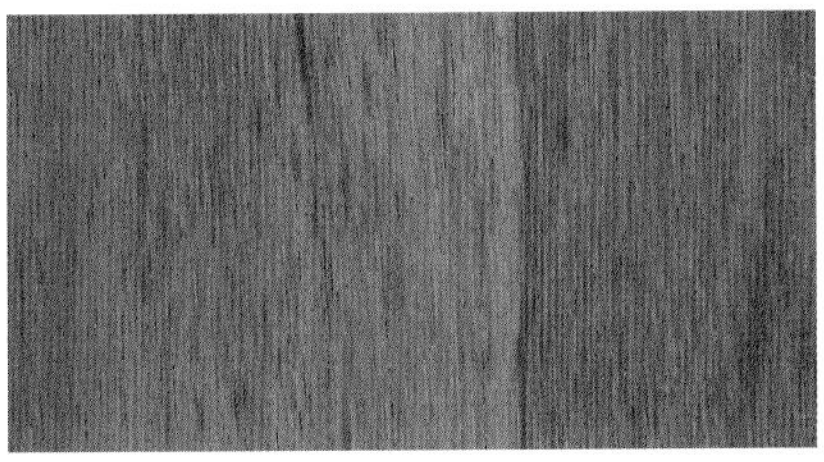

ウリン(アイアンウッド)

[表情] 赤茶褐色で、イペと似た表情だが、イペより濃い色味をしている
[質感] イペより表面が滑らかで、ささくれは比較的生じにくい
[塗装] 耐久性がきわめて高く、無塗装が基本
[デザイン傾向]
室内のフローリングが濃い色の場合に合わせやすい
[施工性] ★★★(硬くて、施工はしにくい。アクが出て周辺が汚れやすい)
[耐久性] ★★★★★(基本的にメンテ不要で、20年以上もつ)
[価格] ★★★(約18,000円／㎡程度)

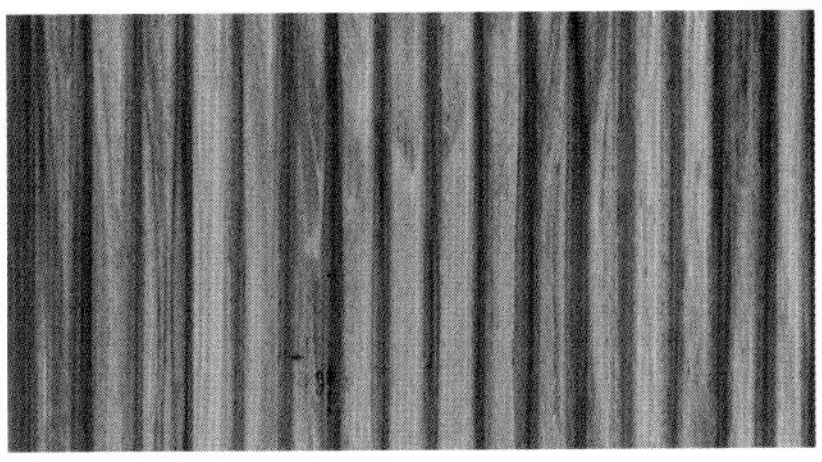

サイプレス(豪州ヒノキ)

[表情] 赤味のあるベージュ色で、節がある
[質感] 硬すぎない感触で、ひび割れるが、ささくれが生じにくい
[塗装] 耐久性が高く、無塗装が基本となる
[デザイン傾向]
節のあるフローリングと合わせやすい
[施工性] ★★★★(硬いわりに加工性にすぐれる)
[耐久性] ★★★★(基本的にメンテ不要で、20年以上もつ)
[価格] ★★★★(約14,000円／㎡程度)

チーク

[表情] 茶褐色～黄褐色で、樹脂分を多く含み、年数を経ると艶が増してくる
[質感] 表面が滑らかで、高級感も感じられる
[塗装] 無塗装が基本となるが、オイルで仕上げた方が無難
[デザイン傾向]
室内のチークフローリングと併せて使用すると床面がつながる
[施工性] ★★★★(硬いわりに加工性にすぐれる)
[耐久性] ★★★★(船舶のデッキ材としても使われている)
[価格] ★★★

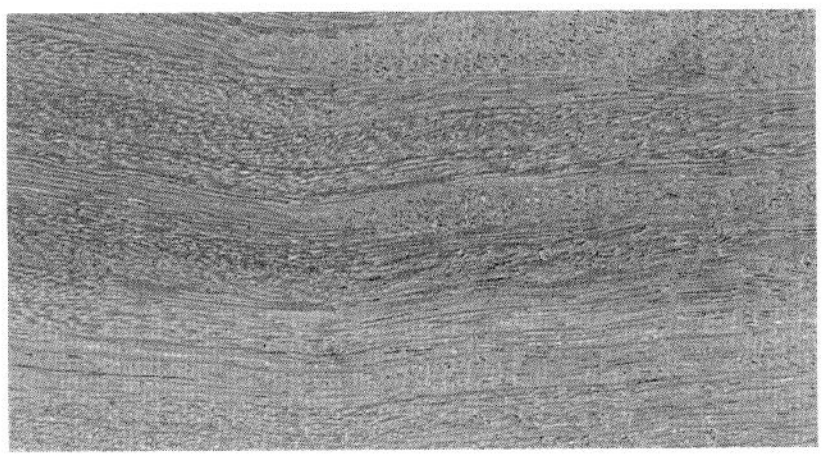

クマル

[表情] 赤褐色～黄褐色で、イペとよく似た表情をもち、イペの代用として使われることも多い。色目が色々ある
[質感] イペに比べて、毛羽立ちが生じやすい
[塗装] 耐久性が高く、無塗装が基本となる
[デザイン傾向]
室内のフローリングがどんな色味でも比較的合わせやすい
[施工性] ★★★(硬くて、施工はしにくい)
[耐久性] ★★★★★(基本的にメンテ不要で、20年以上もつ)
[価格] ★★★(約17,000円／㎡程度)

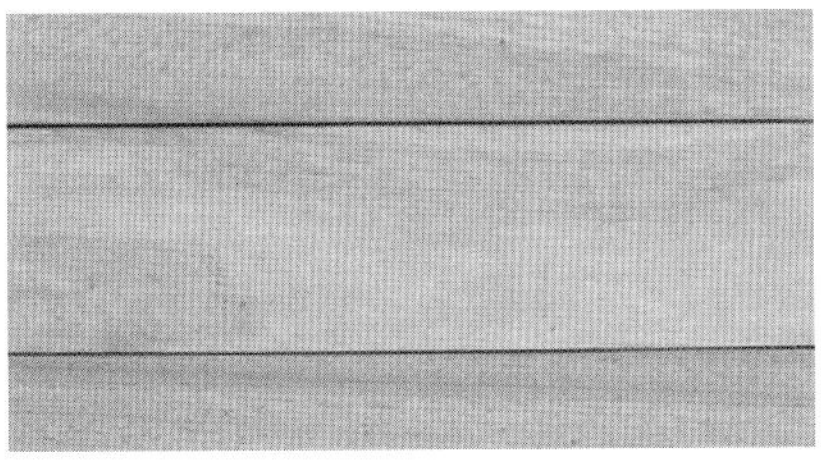

アフゼリア

[表情] ピンクがかったベージュ色で、木目はおとなしめ
[質感] すべすべの肌触りで、ささくれやひび割れが生じにくく、素足での歩行が可能
[塗装] 耐久性が高く、無塗装が基本となる
[デザイン傾向]
リビングからそのまま素足で出るような使い方のデッキに有効
[施工性] ★★★★(イペやウリンに比べると軟らかく、加工性はまあまあ)
[耐久性] ★★★★(基本的にメンテ不要で、15年以上もつ)
[価格] ★★★

再生木材

[表情] クリーム色から焦げ茶やグレーまで、各種ある。木目が感じられない物が多い
[質感] 若干樹脂っぽい
[塗装] 基本的に塗装不要
[デザイン傾向]
やや単調になりやすいので、なるべく自然なムラのあるものを選びたい。風情を楽しむ場所というよりは実用的な場所に適している
[施工性] ★★★★★(加工は比較的容易でアルミ型材にも似ている)
[耐久性] ★★★★★(基本的にメンテナンスは不要)
[価格] ★★★★★(約15,000円／㎡程度)

壁材・天井材の種類と選び方

壁や天井の仕上げといえばビニルクロス一択ということも多いと思うが、床や家具などに無垢の木材を使ったのであれば、できるだけ等しくエイジングが楽しめる自然素材由来の仕上げ材を選択したい。

コストを抑えるのであれば、ビニルクロスの替わりに紙クロスや布クロスを貼るとよい。表面の風合いのよさが部屋の印象を格段に向上させる。そして、可能であれば左官や塗装などの湿式仕上げがベストだ。「目地がない」だけで印象はだいぶ違う。天井は木質系の仕上げとすると、インテリアに高級感が出る。

壁に漆喰・天井に紙クロスを用いた空間

床はタモ材、上がり框はオーク材、和室は畳、家具はシナ合板、格子はスプルスにオスモ塗装。洋室から和室へと連続している空間

壁と天井に珪藻土を用いた空間

左は籐敷の床の和室。右はチークの床の洋室に用いた。こちらも和洋問わず合う。上の建具はシナ合板フラッシュに黒竹の手掛けを用いたもの

壁と天井に紙クロスを用いた空間

AEP塗装と似た雰囲気でナチュラルテイストに合うが、よりやわらかく暖かい感じがする。ただ、汚れはつきやすい

定番天井材・壁材の選択のポイント

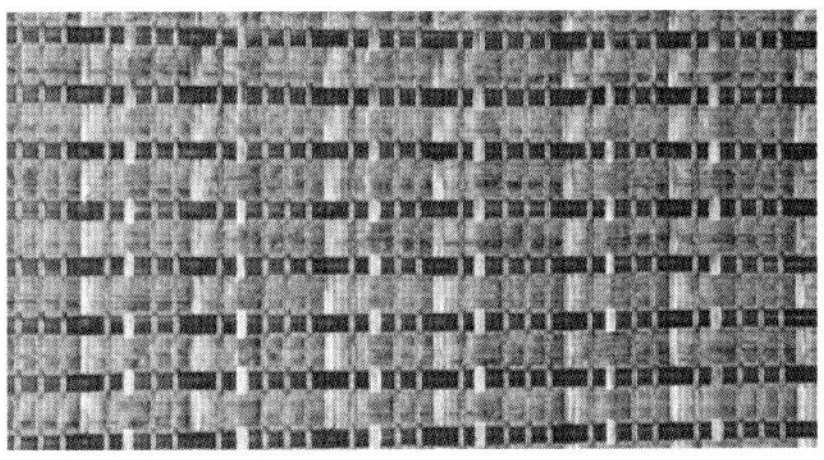

草クロス

[表情] 布クロスよりザックリした表情になる
[質感] ゴザのような雰囲気がある
[色] 草の色により各色あるが、白～焦げ茶系が多い
[デザイン傾向]
高級感があるが自然な印象も強いので、リゾート風になる
[施工性] ★★★（比較的固くて施工が難しい）
[価格] ★★★★（約1,500円／㎡程度～）

布クロス

[表情] 柔らかく、厚みを感じる。織り目により角度によって表情が変わる
[質感] 布ではあるが紙が裏打ちされていて、紙っぽい雰囲気もある
[色] 生地により、各種の色柄がある。柄物は洋風なものが多い
[デザイン傾向]
落ち着いた雰囲気や高級感を演出する時に効果が出やすい。レトロ調を演出する際にも便利。生地によっては面白くなる可能性がある
[施工性] ★★★（伸縮するため技術を要する）
[価格] ★★★（約1,500円／㎡程度～）

和紙・紙クロス

[表情] 基本はフラットだが配合物により凹凸が出る。やわらかい印象になる
[質感] 紙そのものの風合い
[色] 基本は白系だが、伝統的な物など各種の色柄がある。塗装がのりやすく好みの色にも仕上がるが、撥水加工された物に塗装は不向き
[デザイン傾向]
モダン空間にも伝統的空間にも、洋風にも和風にも対応できる
[施工性] ★★★★（ビニルクロスと同じだが、水分で伸縮するので若干難しい）
[価格] ★★★★★（約1,000円／㎡程度～）

珪藻土

[表情] 基本は土っぽいが、塗り厚や仕上げ方で表情が変わる
[質感] 表面には艶がなく、ぼそっとした素朴な印象を受ける
[色] クリーム色がベースだが、顔料により様々な色が出せる
[デザイン傾向]
和洋問わず空間に合う。土っぽい雰囲気を出す時に適している
[施工性] ★★★（それなりの職人技が必要）
[価格] ★★（約5,000円／㎡程度～）

漆喰

[表情] フラットで硬質な物からザックリした物まで左官の仕上げ方で表情が変わる
[質感] 珪藻土より石っぽい雰囲気もあり、艶が出やすい
[色] 白がベースだが、顔料によりさまざまな色が出せる
[デザイン傾向]
和洋問わず空間に合う。珪藻土より艶っぽい雰囲気を出す時に適している
[施工性] ★★★（それなりの職人技が必要）
[価格] ★★（約5,000円／㎡程度～）

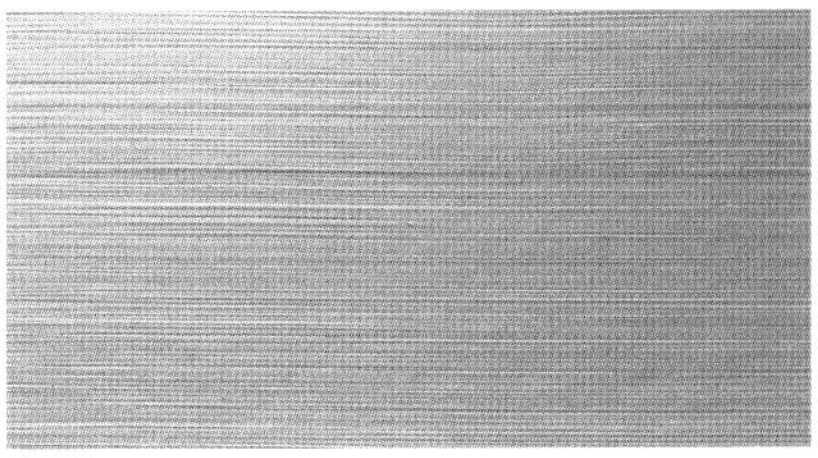

塗装

[表情] 平滑な仕上がり。仕上げ厚が薄いので、下地の表情が出る
[質感] 各種あるが、塗膜をつくる物は樹脂っぽく、染色する物は下地の雰囲気が出やすい
[色] さまざまな色に対応ができる
[デザイン傾向]
際立たせたり、調和させたり、影にしたり、インテリアの中での立ち位置が調整できる。耐久性を高めるなど機能を付加することもできる
[施工性] ★★★★★（DIYでも対応可能）
[価格] ★★★★★（約1,000円／㎡程度～）

シナ合板

[表情] 木目を主張しない優しい印象
[質感] フラットでサラッとしている
[色] そのままでは優しい北欧的な感じだが、オイルステインを施すと高級感が増す
[デザイン傾向]
木の印象を強く感じさせないで木質感を感じさせる時に有効
[施工性] ★★★★（養生や目透しの精度などで少々気を遣う）
[価格] ★★★★（約2,000円／㎡程度）

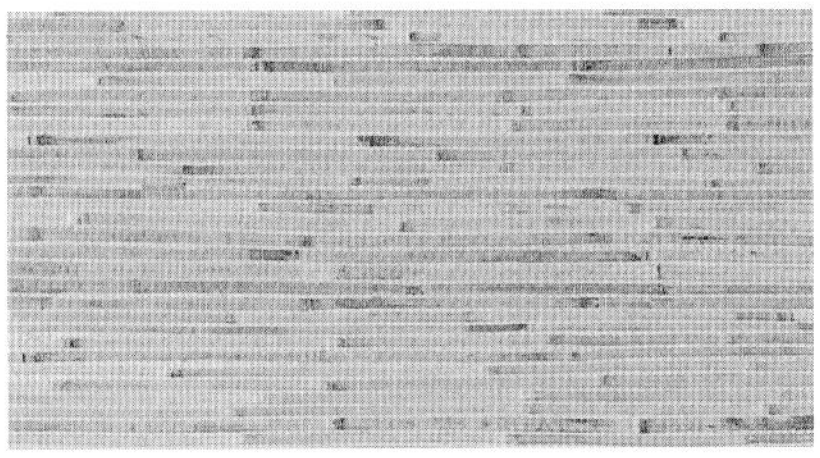

ヨシボード

[表情] 基本的に凹凸があるが、張られる素材により表情が大きく変わる
[質感] ヨシであればヨシズ。その他各種ある
[色] ベージュ～茶色系のものが多い
[デザイン傾向]
比較的和な感じだが、籐の敷物のようなサラッとしたものから、高級な網代天井までさまざまなものに対応する
[価格] ★★★★（約3,000円／㎡程度～素材によって価格帯が広い）

ムク板

[表情] 木の素材感と厚みを感じる。木目により印象も変わる
[質感] 木の質感だが、仕上げの程度も大きく影響する
[色] 木そのものの色が基本だが、塗装によっても変わる
[デザイン傾向]
最近は壁や天井にムク板を張ることが多くなってきた。あえて鋸目が残るような物も好まれる
[価格] ★★★（約5,000円／㎡程度～）

建具やサッシ・ドアは製作したい

安価なフラッシュ戸はさまざまなデザインに対応

フラッシュ戸を軽く見せるのであれば、シンプルなシナ合板を張ればよい。塗装をすることでさまざまなデザインにも合わせやすい。木目の強さや色味を楽しみたい場合には、練付合板もよい。この場合は、高級感を演出する場合にも効果がある。

重量が軽くなりすぎると違和感が出るので、芯材で重さを調節したい。

シナ合板フラッシュにオスモ塗装

製作することにより天井一杯までの引戸が可能になり、開けた時は建具の存在が見えなくなる。シナ合板も塗装することでさまざまな空間に馴染む

フラッシュの芯にムク板を張った引戸

フラッシュ戸の芯にタモの縁甲板を張った例。ムクの扉のような重厚感は出にくいが、重くなりすぎず、反りも少なくなる

襖·障子は和だけでなく洋にも使える

襖も表面に張る仕上げによって素材感が出やすく、いろいろなデザインに合わせやすい。

和紙が一般的だが、布やムク板を張るのも面白い。障子も、格子の感覚や張る素材にとって、和風にも洋風にも見せることができる。和紙以外にも簾を入れたものもある。

和紙を張った建具と壁

建具も壁も比較的容易に同じ材で仕上げることができ、建具は太鼓張りすることで大手も裏面も同じ仕上げに見せることができる。銀紙の仕上げも面白い

桟がゆったりとした吉村障子

外部開口の内側に障子組子の見付を統一した吉村障子を採用している（「胡坐の家」ベガハウス）

框戸ははめ込む材によって印象が変わる

框戸では、框に重厚感が出るため、空間に大きなアクセントを生む。一般的にはガラスをはめ込むと、ほどほどに軽快さが生まれて、さまざまな空間に合わせやすい。また、ムクの框にムクの板を落とし込むと、存在感の強い建具になる。これに対し、ムクの框に練付け合板を落とし込む場合には、素材の重量感の差異に違和感が生じないよう、濃い色に塗装するか、重厚感のある樹種を練付けたい。

型板ガラスのガラス框戸

枠を細めに、ガラスを大きめにして、光の印象を感じさせるガラス框戸にした。ガラスはサンゴバンのクラシカルな型板ガラスを使用した

大型のガラス框戸例

ベイマツの框戸にチェッカーガラス／エスアイガラス、カワジュンのハンドルを組み合わせた例（「LOHAS studio 熊谷」OKUTA）

枠を強調したガラス框戸

ベイマツの框戸にチェッカーガラス／エスアイガラスを組み合わせた例。框部分に濃い目の塗装を施すことで、枠を強調したデザインとした（「LOHAS studio 熊谷」OKUTA）

既製品の木製断熱ドア

コシヤマの木製断熱ドア。材種はピーラーで、ローズウッド色がメーカーで塗装されている（「LOHAS studio 熊谷」OKUTA）

サッシは枠を隠す

通常のアルミサッシや樹脂サッシの場合は、特に重要な開口部であれば、できるだけ隠すのが望ましい。特に使い勝手で隠すのが難しい場合は、上部の枠だけでも隠れるように工夫したい。

サッシをうまく隠した大開口

サッシが目立たないような工夫をしているため、すっきりとした開口部となっている（「胡坐の家」ベガハウス）

外部木製建具

外部の木製サッシは狂いが生じやすいため、既製品（キマド）を採用した。見た目だけでなく、断熱性や防音性などに優れる

玄関戸はできるだけ制作で

玄関は防犯や防火上の理由から、既製品が選択されることが多いが、その家の顔となる所であり最初に触れる所なので、できるだけ制作として、スチールドアやムクの板張り戸などとしたい。

フェロドール塗装をしたスチールドア

玄関の寸法に合わせて制作したスチールドアに、自然素材と馴染みのよいフェロドール（防食塗料）を塗装した

チークのムク板張り戸

チークのムク板を縦使いした重厚な開き戸。引き手も同じくチークのムク材を彫刻して制作した

自然で癒される空間を演出する照明

照明を当てるのに適した仕上げかを確認する

照明は仕上げそのものを目立たせてしまうため、きれいに仕上げられていないと、仕上げの醜さをかえって強調してしまうこともある。また、特徴がない・安っぽい仕上げも照明を当てるべきではない。見栄えのよい仕上げに効果的に照明を当てるように調整したい。

テクスチュアが美しく、面に歪みなどが見られない

チークのムクフローリングと左官仕上げの漆喰にユニバーサルダウンライトを当てている例。壁を上から照らすことで、テクスチュアが際立って見えてくる

木目が美しく、空間に自然素材の深みと落ち着きを与える

色にバラツキのあるカリンムクフローリングに、ハロゲンのスポットランプを当てている例。明暗があることでカリンの質感に深みが感じられる

演色性の高い照明を選ぶ

演色性は、あるものを照らした時の見え方に関する性能。仕上材を美しく見せるには、この演色性が重要な指標となる。演色性の高い光源としては、白熱灯と同じ系統のハロゲンランプ、ミニクリプトンランプなどが挙げられる。LEDも演色性に優れた製品が出てきている。

電球色の裸電球

リビングや寝室など、リラックスする場所は、暖色系のやわらかい光が好ましい。この寝室では自然素材とも馴染みのよい陶器のソケットに電球色の照明を採用し、調光も付けた

ハロゲンのスポットライト

キッチンは明るく、手暗がりになってはいけない。その点、照明ダクトにハロゲンのスポットライトを用いると、照明の向きや灯数が比較的自由に変えられ、演色性も高いため料理もおいしく見える。ただし熱が出るので、発熱が少なく演色性の高いLED電球を用いるのもよいだろう

ダウンライト･スポットライトを素材に直接当てる

インテリア上のポイントとなる仕上げを生かすために、
蛍光灯などによる全体照明を避け
（もしくは補助的に使える程度にする）、
ダウンライトやスポットライトなどで効果的に当てるようにしたい。
質感や表情に優れた仕上げであれば、空間がより豊かになる。

家具と床面を照らしたスポットライト

撮影時点では、カウンター収納とムクの床材にスポットを当てているが、壁にかけられる絵画や置き家具の配置より、照明の向きや灯数が変えられるようにしている

漆喰壁を照らすダウンライト

撮影時点では、漆喰のテクスチュアと天板の厚いムク板を見せているが、壁には絵画が飾られたり、天板の上には飾りが置かれたりするため、それらを照らすためでもある

建築化照明の活用は無闇に活用しない

インテリアを効果的に見せる間接照明の定番となってきた
建築化照明。しかし、設計の早い段階から照明の位置を
固定してしまうため、実は難易度が高い。
十分なシミュレーションや経験がない場合は、避けるのが
無難だ。ただし、効果的に使うことで、空間がより豊かになる。

モザイクタイルを照らした例

洗面収納の下に設置した電球色の照明により、モザイクタイルの壁と洗面ボウルを照らしている例。手掛けを兼ねて照明器具が見えないように扉を下に伸ばしている

大理石の玄関土間を照らした例

下駄箱収納の下に設置した電球色の照明により、玄関土間に貼った大理石の床を照らしている。大理石の質感を際立たせるほか、下駄箱収納の圧迫感の軽減や床面の広がりにも繋がっている。収納中央の扉は鏡張りにしている

ペンダントライト･スタンドライトは質感のよいものを活用

ペンダントライト・スタンドライトの場合、
そのもの自体の存在がインテリアに
大きな影響を与えるため、
器具の形状や素材に注意が必要である。
特に傘が付く場合は、傘の素材が質感の高いもの
（紙・ガラスなど）を選ぶのが望ましい。

ガラスのペンダントライト

軽食をとるキッチンカウンター上に吊られたクライアントお気に入りのペンダントライト。明るさの確保は天井のダウンライトでもまかなえるが、シンボル的な意味合いが強い照明といえる

浴室の仕上げを工夫する

浴室の仕上げには、耐水性や耐久性が必要とされる。

ナチュラルデザインに調和するものでは石やタイルが適しているだろう。

床材の場合は滑り難くするために目地が多く入るものや凹凸のある素材を用いたい。

木材を使用したい場合は、換気や水仕舞いに十分注意して腰から上の部分や天井に用いる。

青と白のタイルで仕上げた浴室

エプロンより下の部分を青いタイルにすることで、青過ぎずに青い印象の浴室ができた。タイル面の揺らぎがナチュラルな印象を与える

白いタイルとモスグリーン色の石の床で仕上げた浴室

白いタイルは上と同じく、整形されたままの物ではなく、手の跡が感じられるナチュラルな風合いのタイル。極力切らずに生のまま使用し、各部の配置も目地に合わせている

床をコルクタイルで仕上げた浴室

足触りがやわらかく、冷たくなりにくいのでヒートショックも少なく、脱衣室などのほかの部屋と仕上げをつなげることもできる。もちろん、コルクタイルとナチュラルデザインの相性はよい

坪庭を上手に利用した浴室

住宅地に設けられた浴室で、最小限の坪庭に竹を植えている。坪庭は奥行60cmだが、植栽は育ち、風は抜け、浴槽に入ると空に流れる雲が見える

自然を上手に取り込む

浴室の窓からの景色は、とにかく安らぎを得られるようなものでなくてはならない。窓を上手に切り取るとともに、どうしても上手い具合に窓を切り取れない場合は、坪庭や植栽を効果的に配置して、自然だけが見えるような工夫を行いたい。

周囲の景色を取り込んだ半露天風呂

露天風呂気分が味わえる、坪庭に対して全開放された浴室。浴槽の縁までのお湯に外の景色がお湯の揺らぎとともに映り込み、より自然と一体化した気分になれる

水をきれいに見せる

浴室では水の見え方にも気を配りたい。水の見え方次第では、安らぎの面で非常に効果的だ。

特に入浴は夜間に行われるため、照明が重要になる。お勧めは、ハロゲンランプ。

水面のゆらめきをキレイに映し出してくれる。ほかにも演色性の高い照明であれば、同様の効果が得られる。

**日光で水面を
キレイに見せる**

外のデッキに置かれた陶器の露天風呂。日光により水の揺らぎが非常に美しい。また夜空の下で星を眺めながらの入浴も癒される。部分的にでも住宅に取り入れたい

**ハロゲンランプで
水面をキレイに見せる**

演色性の高いハロゲンのスポットライトを当てると、建材がきれいに見えるが、水も同様に綺麗に見える。入浴時の水面の揺らぎは見ていて心が癒される

室内からの見え方の工夫

景色の見せ方の工夫

窓の切り取り方で景色は大きく変わる。外観との兼ね合いや機能的な面もあるが、
特にリビングや浴室などであれば、できるだけ内部からの見え方で窓の位置を決めるようにしたい。
都市部などではいっそのこと、地窓や高窓中心にして、
掃き出しなどは坪庭や小さな庭などに開くのもよいかもしれない。

**街路樹を室内に
取り込む縦長の窓**

ちょうどいい高さに街路樹の葉が茂っていたので、室内に取り込むべく縦長の窓を設置した

**吹抜け上部に設けた
空だけが見えるハイサイドライト**

排煙窓として吹抜けの天井際にハイサイドライトを設けた例。都市部に立地していますが、空しか見えない。夏場の換気にも有効

廊下の先に設けた地窓

通常の位置に窓を設けると、来訪者から室内や余計な景色まで見えてしまう。ここでは庭の一部とデッキしか見せていない

建物や塀は目立たないほうがいい

基本的には建物を目立たせないように
設計するほうが自然と「調和」する。
基本的には目立たない色、グレーや黒、
こげ茶などの色の外壁や塀を採用するとよい。
色を付けたり明るくしたい場合は、
明度や彩度を落とし気味にすると、
自然に馴染みやすくなるだろう。

**塀は闇に近い色に塗って
目立つのを避ける**

ダークグレーの塗装をした板を設置した塀。メインである植栽が際立つ背景になるため、暗い色で極力目立たないようにした

chapter

3

[部屋別]インテリアの実践テクニック

住宅の部屋にはさまざまな用途があり、インテリアも見た目だけではなく、
その用途に合わせたデザインをしなくてはならない。
本章では、部屋ごとのインテリアをよりよくまとめる、
プランや仕上げ、造作、家具、照明、設備の工夫を解説する。

お客はLDKに何を求めているのか

インテリアデザインを考えるにあたって、LDKの各スペースに対する最近のお客の要望の傾向を知っておく必要がある。

リビングはごろごろするスペースである。主に夫の関心が高いスペースであり、妻の関心は低い。大きなソファやAV機器を設置する収納などが主な要望となる。場所や予算がなければ小さな畳スペースを設けるだけでもある程度機能は満たせる。

キッチンは主に妻のスペースである。調理に加えてパソコン利用など個室的な機能を要求されることも多い。このスペースへの夫の関心は総じて低い。このように夫と妻の関心がくっきり分かれるので、両者のパワーバランスにより、リビングとキッチンの広さやコスト配分が決まる。

ダイニングは上記2つのスペースの中間領域だ。夫と妻の両方が使用し、子どもの勉強場所になる。家族の利用頻度が最も高く、滞在時間が最も長いスペースである。

したがってLDKのプランを考える際には、最も利用率の高いダイニングを中心に組み立てていくとまとまりやすい。食事のためのスペースに限定して考えるのではなく、食後のくつろぎやちょっとしたパソコン作業など多目的に使えるスペースとして考えるとよい。小さな家の場合、リビングを兼ねることも可能だ。

具体的には、まず庭とのつながりを大事にすることである。大きな掃出し窓を設けてテラスにつなげるなど、外部を取り込むことを考えたい。視線が外に抜けることでよりくつろげる場所になるし、外に開放することで内外一体で使える場所になる。加えて大きなテーブルを用いることもお勧めしたい。多目的に使えるし、家のシンボルとなるからだ。

これらの要求を押さえたうえでインテリアの機能や意匠をまとめていくと、お客のツボを外さないはずである。

キッチンには奥様専用の書斎スペースを設けることが多い。インターネットでレシピを見るのにも便利

デッキとつながったリビングダイニングは広がりを感じられるうえ、外での食事も楽しめる

キッチンは奥様の、リビング～AV機器はご主人のこだわりの場所。ダイニングは家族が集う場として、テーブルは大きめの物を置き、食事以外にも作業や勉強などに使える、家の中心として考える

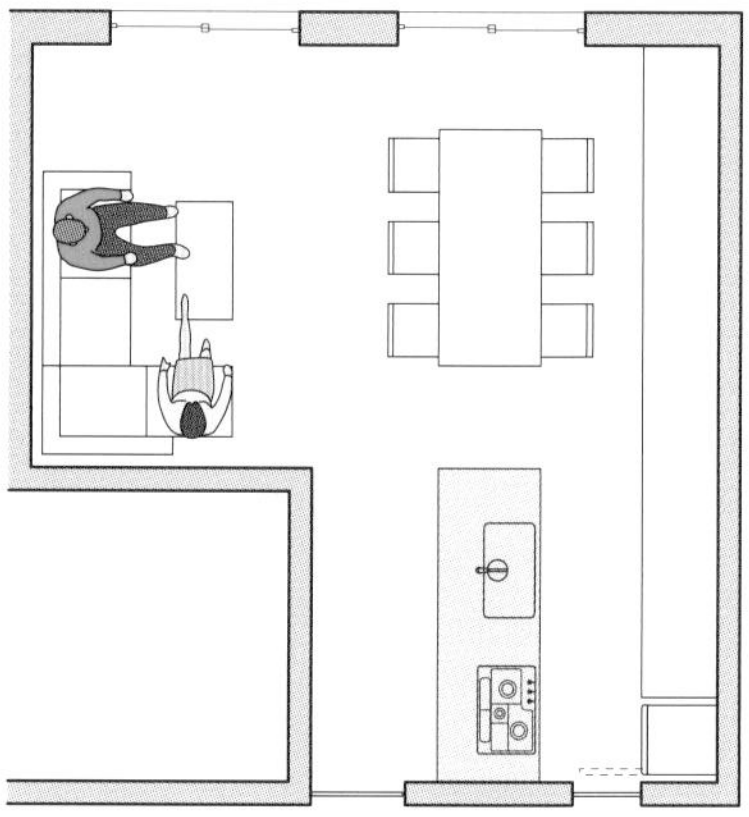

キッチンとリビングの間にダイニングスペースが納まる配置を基本とする。リビングからは、キッチンが丸見えにならないほうが落ち着いた空間になる

ＬＤＫのインテリアは一体で考えて広がりをもたせる

ＬＤＫがつながったプランの場合、異なる用途の部屋を上手にまとめるように設計を心がけたい。

重要なのはキッチンの配置だ。Ｉ型キッチンは最もオープンな形式で、ダイニングと完全に一体化する。キッチン収納をダイニングまで伸ばすことで、両スペースのつながりが強調され、機能的にも収納の融通性が生じて使いやすく、散らかりにくい。アイランドキッチンも一体感を生みやすい。カウンターとキッチンユニットを一体にすることで機能的にもダイニングとつながる。これらに比べ、Ⅱ型キッチンはダイニングとの一体感が弱くなる。

一体感を強調するには仕上材も大切だ。基本は各室の仕上げを共材で連続させることだ。コストなどの理由で一部素材を変える際は、色をそろえて同面で納める。壁が漆喰で天井がＡＥＰ、壁がＡＥＰで天井が塗装風壁紙などは違和感がない。なお、フローリングの張り方向は、隣接する廊下があるときは廊下に合わせ、かつデッキともそろえる。

Ｉ型キッチン

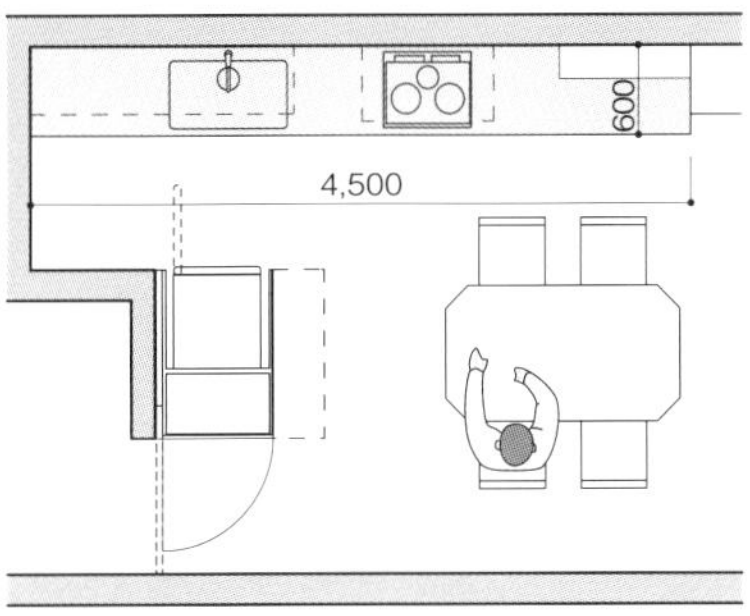

ダイニングの脇にあるI型キッチン。背後からキッチンがよく見えてしまうが、コンパクトに納まる。ダイニングテーブルとの距離も近く設定できる

アイランドキッチン

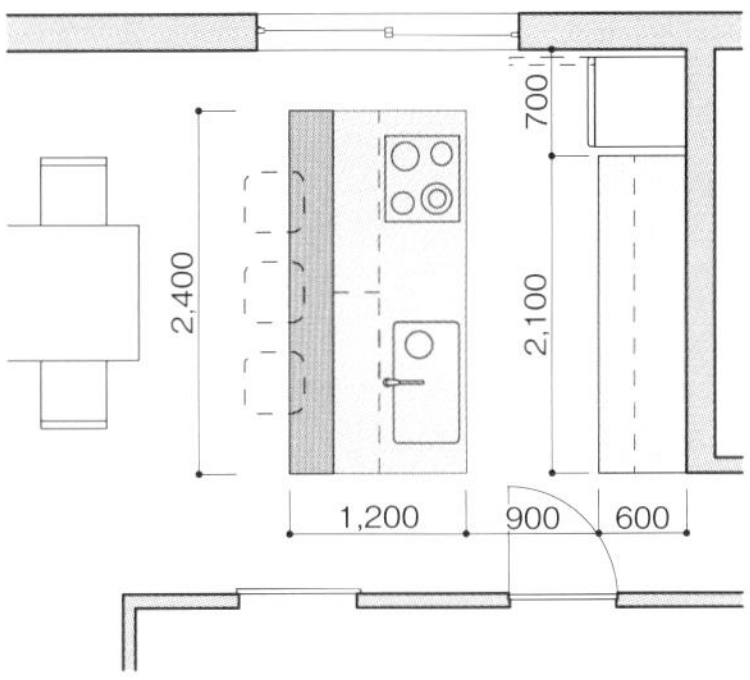

軽食カウンターもあるアイランドキッチン。調理中も常にリビングダイニングが見渡せるので、家族の様子がよく分かる。キッチンはきれいに保たないとインテリアに悪影響を及ぼす

Ⅱ型キッチン

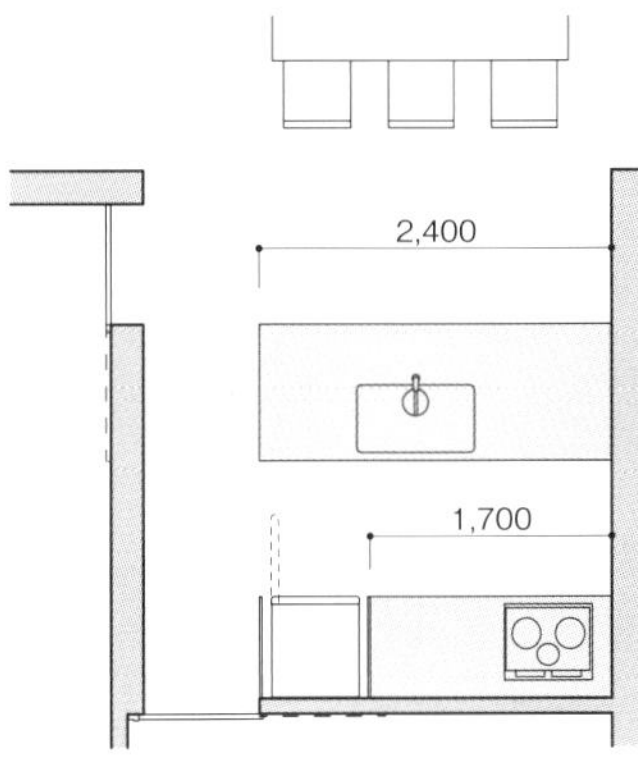

吹抜けのあるリビングダイニングに面したキッチン。吹抜けは上階の寝室へもつながるため、家族の一体感はより高まる

ＬＤＫの有効活用には行為別の照明計画が欠かせない

ピンスポットのダウンライト

収納とニッチの間接照明、ピンスポットのダウンライトのみ点灯させ、主照明を落としたリビングダイニング。通常は天井のハロゲンスポットライトで照らし、作業をする時は蛍光灯の間接照明で部屋全体を明るくすることが可能になっている

スポットライト

ホームシアターも楽しむこのリビングでは、背面の間接照明と、手元を照らす天井のスポットライトを設け、調光により適度の明るさになるようにしている

ダウンライト

リビングには落ち着いたダウンライト。ダイニングキッチンには演色性の高いハロゲンのスポットライト。手前の仕事をするスペースには、天井に蛍光灯の間接照明を設けている。必要な場所のみを照らすことにより、陰影ができてインテリアに奥行き感が増す

ＬＤＫと一口にいってもスペースごとに住まい手の行為は異なる。また、最近では1つの場所が多目的に使われることも多い。こうしたスペースの有効活用に際しては、スペースごとの行為を把握して明かりを設置することが不可欠である。

ＬＤＫの灯りは細やかに

キッチンから見ていこう。まずはまな板の上だ。この上には吊戸棚が設けられることが多い。包丁仕事は作業面全体を明るく照らすとやりやすいので、吊戸棚の下にＬＥＤや蛍光灯をつけるとよい。これらは熱が少ないのも利点だ。吊戸棚を設けないときは天井からスポットライトで照らす。食材がきれいに見えるので、ハロゲンランプがお薦めだ。

コンロ上を照らすにはレンジフード内に防湿型のダウンライトを設ける。鍋のなかがよく見えるので、ここもハロゲンランプがお薦めだ。ちなみにＬＥＤは熱に弱いので、レンジフード内には推奨できない。

キッチンは奥様がパソコンでネットサーフィンをしたり、携帯電話のメールをやりとりする場所でもある。作業台やカウンターがそうした場所を兼ねることが多いので、直上にダウンライトを仕込んでおく。また吊戸棚をダイニングまで伸ばすときは、吊戸棚にこれらＬＥＤや蛍光灯の

リビングの照明

設置場所	目的	適した器具・光源	採用上の注意点	その他
天井	・落ち着いた感じで部屋の要所を明るくする	・ダウンライト	・天井裏に照明が入るスペースがあること ・天井面がうるさくならないよう、位置を整理してレイアウトする ・吹抜けなど、天井が高い場合は向かない	・煙感知器などとも配置をそろえたい ・天井に照明を設けないのも手である ・防犯のために留守番用スイッチとLED照明を設けることもある
壁際	・空間を広く明るく見せる ・絵画などを照らす	・間接照明（電球色のLED・蛍光灯） ・ウォールウォッシャーのダウンライト	・間接照明は、表から壁の隅や照明器具を見せず、ランプイメージが出ないよう配慮し、電球交換しやすい納まりとする ・壁の不陸やテクスチャーが際立つので、壁の施工を丁寧に	・風合いのある左官壁など、仕上げの質感の高いほど照らしがいがある ・調光があると、明るさや雰囲気を調節できる
床	・気分に応じて部屋の雰囲気を変える	・フロアスタンドライト	・あらかじめ照明を置く場所を想定し、コンセントを設けておく	・器具自体をインテリアの一部として楽しむこともできる
テーブル上 ソファ付近	・手元や顔を照らす	・テーブルスタンドライト ・スポットライト	・設計時に家具の配置を読み込んでおく ・付近に壁がない場合は、フロアコンセントや家具用コンセントを検討する	・調光があると、テレビ・AV鑑賞時、読書時、くつろいでいる時など、さまざまな場面に応じた雰囲気がつくれて便利

ダイニングテーブル上の照明

設置場所	目的	適した器具・光源	採用上の注意点	その他
天井	・器具の存在を感じさせずに空間を明るくする	・ダウンライト	・天井裏に照明が入るスペースがあること ・吹抜けなど、天井が高い場合は向かない	・リビングやキッチンと空間がつながる場合は連続感を大切にする
テーブル上	・料理や顔を照らす	・ペンダントライト ・スポットライト	・設計時にテーブルの配置を読み込んでおく ・ペンダントは照明とテーブルの相性を考え、大きさや設置高さ、形状のバランスを図る ・重量のあるシャンデリアなどを設置する場合は、天井の下地を補強する	・料理が美味しそうに見えるハロゲンランプは食卓上にお勧め

キッチン廻りの照明

設置場所	目的	適した器具・光源	採用上の注意点	その他
天井	・手元や食器棚の中など、明るさの必要な場所を照らす	・ダウンライト ・シーリングライト ・スポットライト	・まな板の上で手暗がりにならないようにする ・シーリングライトなど天井面から突出する器具は、家具の扉があたらないよう注意する ・食器棚の内部にも光が届くよう、配置を工夫する	・ダウンライトは収納扉のピッチに合わせて配灯すると、空間がすっきり納まりやすい ・照らしたい場所に向きを変えたり、数を変えたりできるスポットライトは便利
吊戸棚の下・作業台の壁	・手元を照らす	・手元灯（スリムなLED・蛍光灯など）	・器具の存在が目立たないよう、スリムな器具を選び、吊戸棚の扉の裏側に隠すようにする	・吊戸棚の下の手元灯は、調理をする手元が明るくなるよう、手前側に設置するとよい
換気フード内	・コンロ上の調理中の食材を照らす	・防湿形ダウンライト	・熱に弱い器具や、汚れがおとしにくい器具は避ける	・既製のレンジフードには照明が内蔵されていることが多い

ブラケットを仕込み、その下に作業用のカウンターを設ける方法もある。

ダイニングは家族の利用頻度が最も多いスペースである。キッチンとつながるカウンターで食事をする家庭なら、カウンター上はスポットライトがよい。カウンター廻りは作業スペースが隣接することも多いので、目的に応じてライトの方向を変えられるスポットライトは便利である。

ダイニングテーブルで食事をする家ではダウンライトでもよいが、テーブルの位置は住んでいるうちに変わりやすい。ライティングダクトとスポットライトの組み合わせはその点で便利だが、スポットライトはコントラストが強く部屋の掃除がしづらい。そこで、天井面を照らす間接照明をお薦めしたい。広い範囲を柔らかい光で照らすので、テーブルの位置が多少ずれても対応できる。なお、ペンダント照明はどちらというとインテリアエレメントである。機能的には特別必要ではない。

リビングはAV鑑賞や読書を行う場所である。手元が明るければよいので、ダウンライト＋間接照明が基本になる。リラックスできるように光源が見えないように配慮する。落ち着ける光環境をつくる意味から、どちらの器具にも調光器をかませる。光量を絞ったときの低めの色温度が、落ち着きを増してくれる。

キッチンの照明は細部のこだわりが大事

キッチン廻りの照明事例

換気フード内に設けたダウンライト。防湿型で光源はハロゲンを使用している

フード内に電球、吊戸棚下に手元灯を設けた。LEDや蛍光灯は高温にならないので、調理台上にも適している

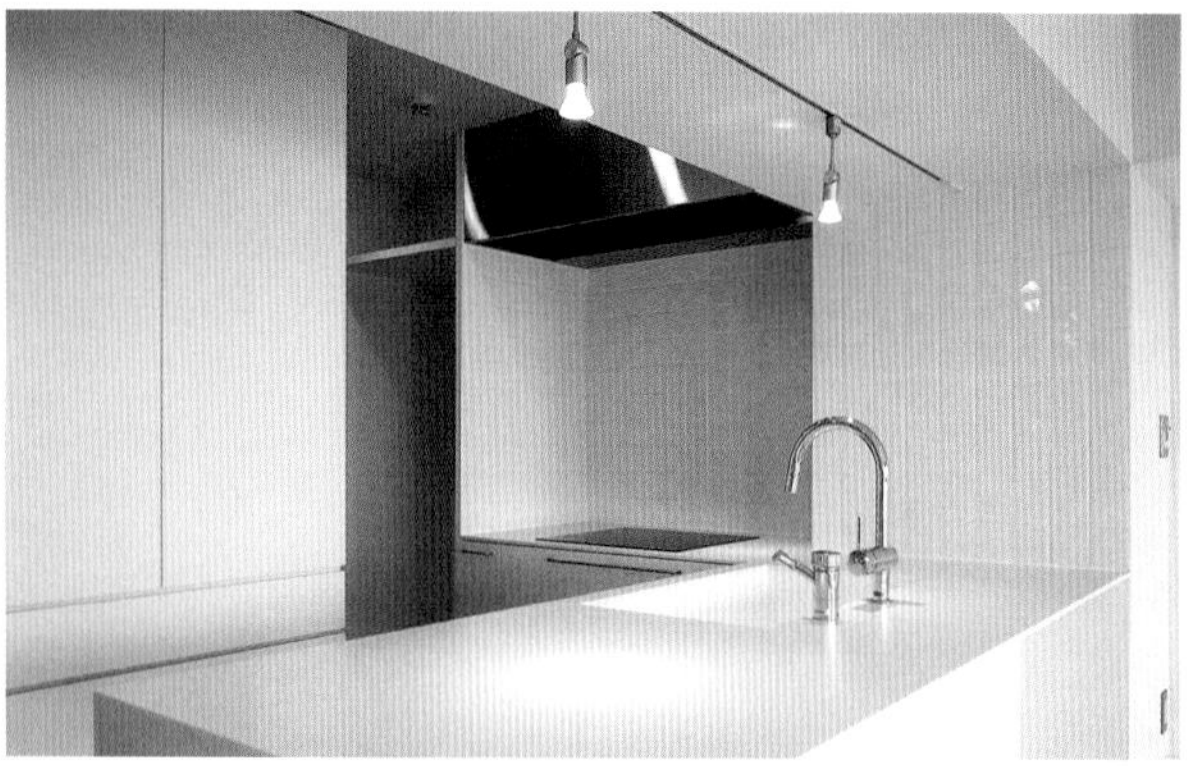

ダイクロハロゲンのスポットライト。演色性が高く、光の向きも変えられるので、キッチン・ダイニングに適している

壁のタイルやキッチンツールを照らすことも考慮している

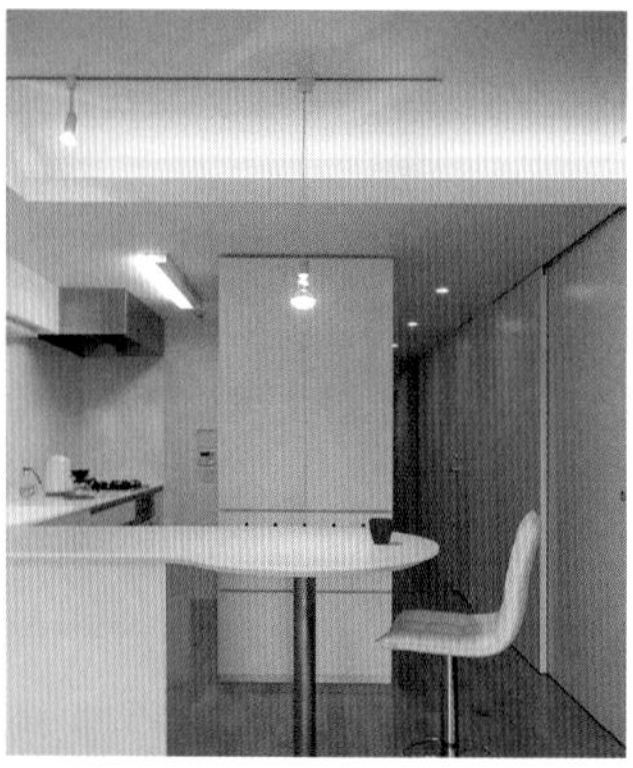

テーブル上にレフ球のペンダント照明を吊るしている。補助として間接照明も設けた

キッチンにはLEDのダウンライト。ダイニングテーブル上には、ペンダントライトを設けている

キッチンの照明について補足する。まずレンジフード内に設置する防湿型ダウンライトだが、廉価でかたちがよいものとなると選択肢が少ないが、コンロ廻り全体を照らせる広角タイプを選ぶとよい。光源はハロゲンランプもしくはハロゲンランプ型のＬＥＤの60型40Wが適する。

作業スペースにダウンライトは不適である。真上から照らすので、手元に影が落ちる。斜めから当てたほうがよい。スポットライトで角度調整もできて、利き手に合わせられる。明暗差があまり出ない広角タイプがよい。光源はダイクロハロゲン。注意すべきは光源の熱の問題だ。天井高が低い場合には特に注意を要する。ただし、現在はＬＥＤの代替商品が普及しているので、熱の問題は解消されるだろう。

棚下に用いる照明は、スリムタイプの24W、電球色を用いる。このようにキッチンはスポットライトとダウンライトの組み合わせが基本となる。

なお、ペニンシュラ型やアイランド型キッチンのカウンター上の照明は、スポットライトという手もあるが、ダウンライトやレフ球のペンダントもお薦めだ。レフ球は明かりがやわらかく、広がりがある。天井面も少し照らせる。光源が大きいので眩しさがないし、器具も安価だ。

キッチン廻りの仕上材を自然に切り替えて一体感を

キッチン廻りの壁の切替え例

強化ガラス仕上げのキッチンの壁とAEP塗装の壁を、木製の棚板を緩衝地帯としてつなげている

ダイニングとキッチンの仕上げは食器棚で見切り、食器棚からは間仕切の引戸も出てくるようになっている

ダイニングから奥まったところにキッチンを配置し、透けた曇りガラスで仕切ることにで仕上げと空間を緩やかにつなげている

この場合、壁面に施工した草クロスとメラミン不燃化粧板の異素材を、見切るのではなく、似たような色に仕上げて同面納まりとして同化させている

キッチン廻りの床の切替え例

キッチン床に艶消しのウレタンを施した例。ほかのオイルフィニッシュの部分とはキッチンカウンターの位置で見切っている

アイランドキッチンの工夫

アイランドキッチンの場合、壁仕上げはないが、周囲にスペースを設ける必要が出てくる

キッチン廻りは水や火、油などを頻繁に用いるために、居室部分の仕上材よりもハードな性能が求められる。そのため、シンク前やコンロ前だけは壁の素材を切り替える必要が生じる。

ただし、インテリアデザイン的には、素材の切替えを意識させないほうが好ましい。そのための手法をいくつか紹介する。

1つめが上段写真のように家具を介して切替えを曖昧にする方法だ。間に別の機能的な要素が挟まることで、切替え部分が曖昧になる。

2つめが中段左の写真のようにキッチンを奥にレイアウトする方法だ。ダイニングから切替え部分が見えなければ意識されることはない。

3つめが下段の写真のようにアイランド型にして壁の要素を減らすことだ。ただしキッチンユニット周辺にスペースが必要になる。

4つめが中段右写真のように同色の素材を同面で切り替える手法だ。

フローリングについては、リビングやダイニングの材料をそのまま延ばすとよい。ただし白木は汚れが目立つので、不精なお客の場合は、作業スペースのみウレタン塗装を施す。塗膜の違いは案外目立たない。チークやカリンなど濃い色の樹種は汚れが目立たないので特別な処理は不要だ。

キッチンは製作してインテリアに調和させる

製作キッチンの設計ポイント

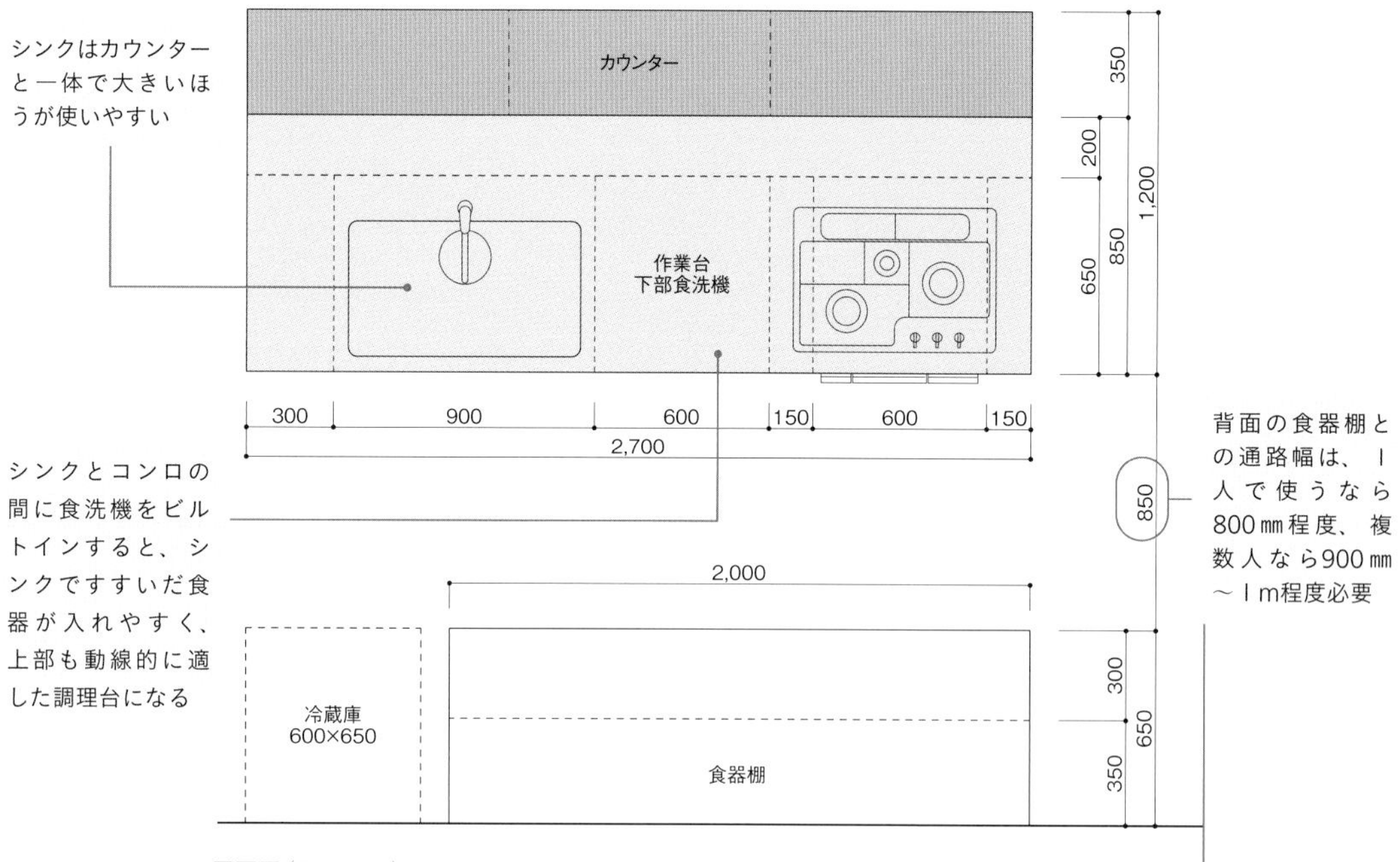
シンクはカウンターと一体で大きいほうが使いやすい
カウンター
作業台
下部食洗機
350
200
850
1,200
650
300
900
600
150
600
150
2,700
シンクとコンロの間に食洗機をビルトインすると、シンクですすいだ食器が入れやすく、上部も動線的に適した調理台になる
背面の食器棚との通路幅は、1人で使うなら800㎜程度、複数人なら900㎜～1m程度必要
850
2,000
冷蔵庫
600×650
食器棚
300
350
650

平面図（S＝1：50）

軽い食事がとれるカウンターもあるアイランドキッチン。背後には食器・家電収納棚を設けている。このタイプはリビングダイニングに対して特に開放的になるため、汚くならないように配慮する必要があるが、一体感はより強くなる

キッチンにはシステムキッチンを採用するケースが多いだろう。ただし、インテリアで差別化を図るなら製作をお勧めする。1つはコストである。製作もののキッチンはシステムキッチンと比べてもコスト競争力が高い。本特集で紹介しているキッチンは、100～150万円程度で、中級のシステムキッチンと同等だ。オーダーメードという付加価値やインテリアとの一体化を図れることを考えると、お客の高い満足度を得やすい部分なので、各図を参考にしていただき製作にトライされることをお勧めしたい。

天板はステンレスとコーリアンを標準に

製作ものを始めるにあたってお勧めしたいのが、まず天板の素材を決めてしまうことである。個人的にはコーリアンのミルキーホワイトとステンレスのヘアライン仕上げをお勧めしたい。お客のウケもよく、機能性や意匠性も高いからである。

人造大理石は白系以外の色でもよいし、コーリアン以外の製品でもよいが、メタクリル樹脂系の製品とする点にはこだわりたい。ポリエステル系の人造大理石は見た目と性能の両面からお勧めできない。また、ステンレスは1.2㎜以上の厚みのものとしたい。叩いたときの感触がぐっと

キッチンの断面図（S＝1:50）

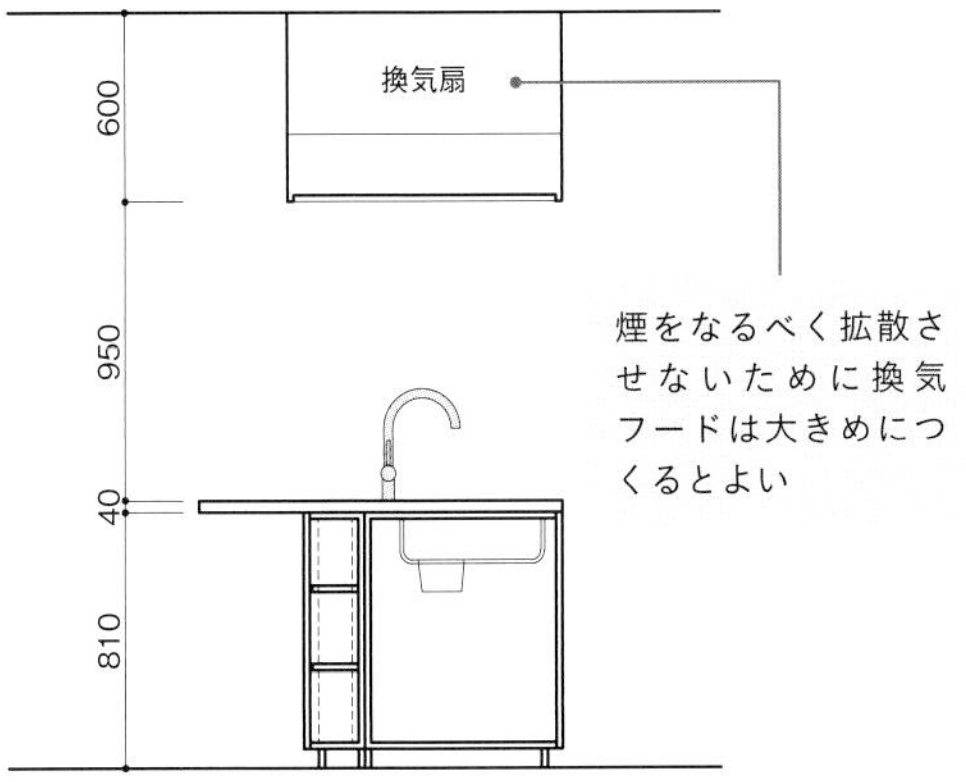
換気扇
600
950
40
810
煙をなるべく拡散させないために換気フードは大きめにつくるとよい

調理側の展開図（S＝1:50）

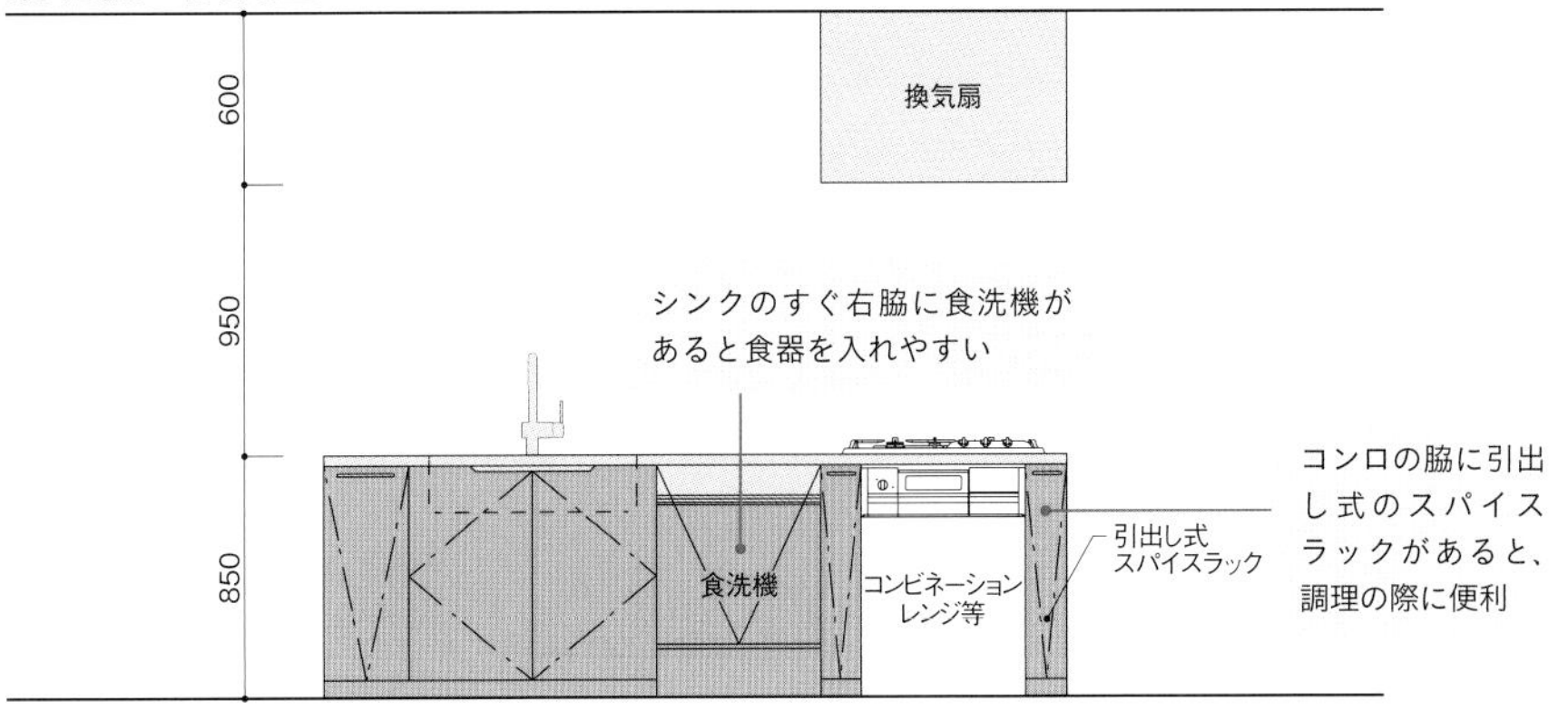
換気扇
600
950
850
シンクのすぐ右脇に食洗機があると食器を入れやすい
食洗機
コンビネーションレンジ等
引出し式スパイスラック
コンロの脇に引出し式のスパイスラックがあると、調理の際に便利

収納側の断面図（S＝1:50）

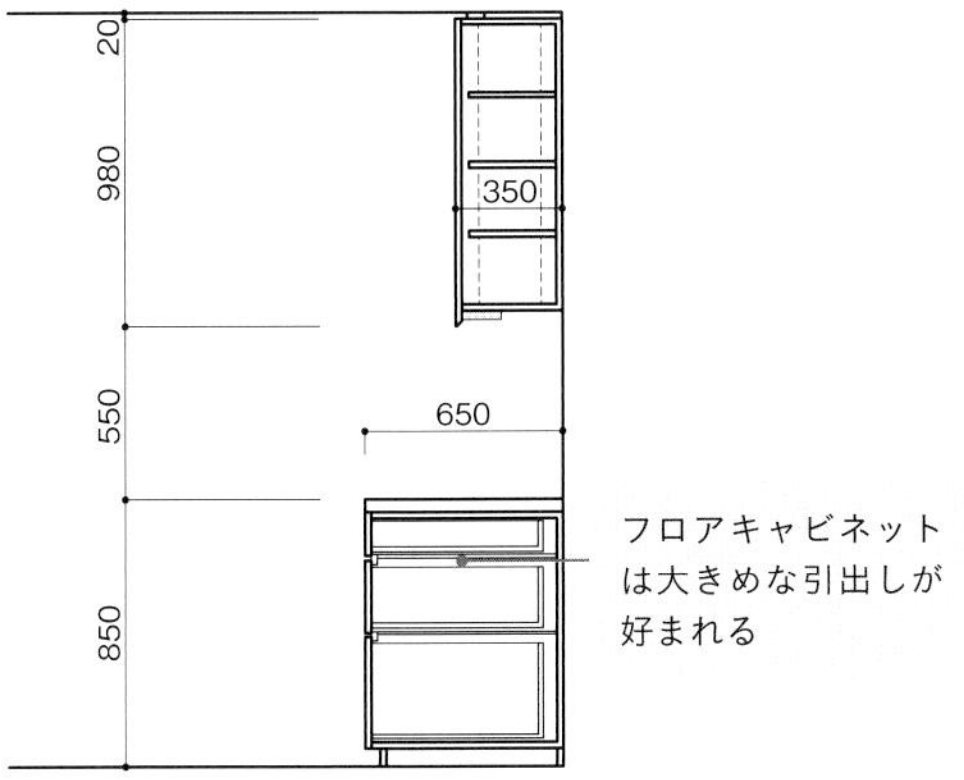
20
980
550
850
350
650
フロアキャビネットは大きめな引出しが好まれる

収納側の展開図（S＝1:50）

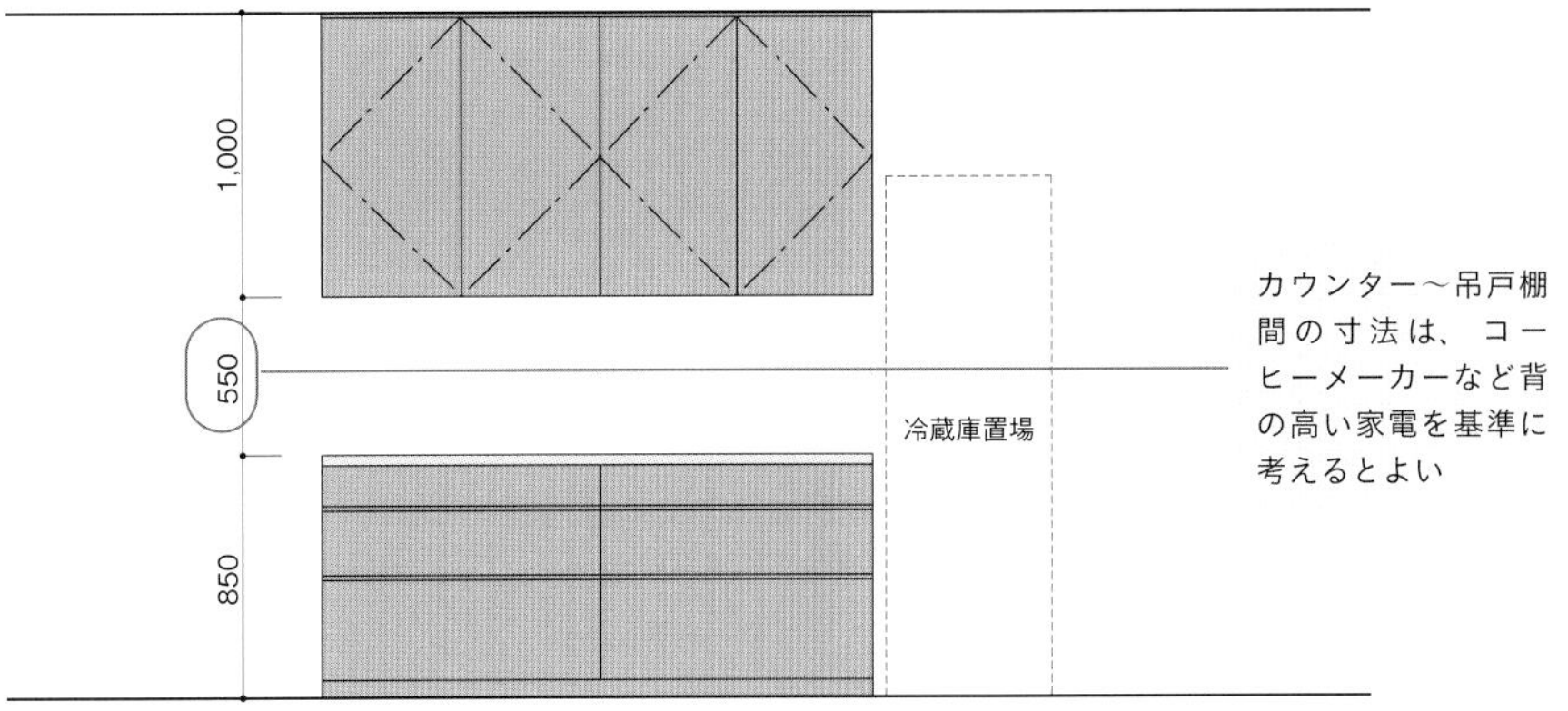
1,000
550
850
冷蔵庫置場
カウンター～吊戸棚間の寸法は、コーヒーメーカーなど背の高い家電を基準に考えるとよい

キッチン側面の展開図（S＝1:50）

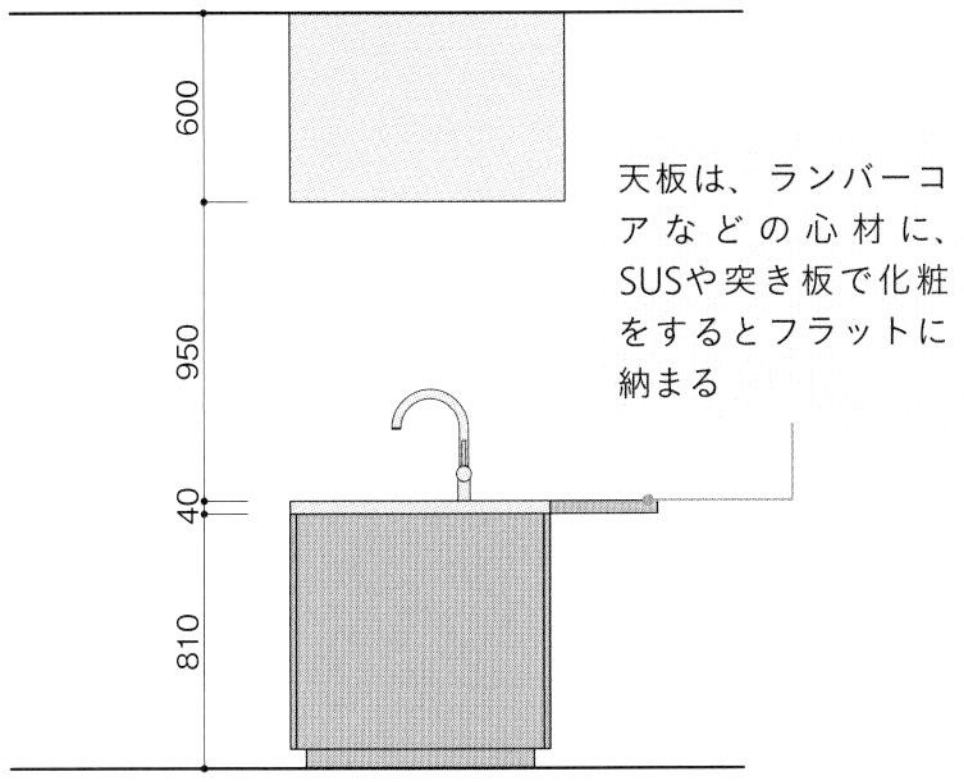
600
950
40
810
天板は、ランバーコアなどの心材に、SUSや突き板で化粧をするとフラットに納まる

カウンター側の展開図（S＝1:50）

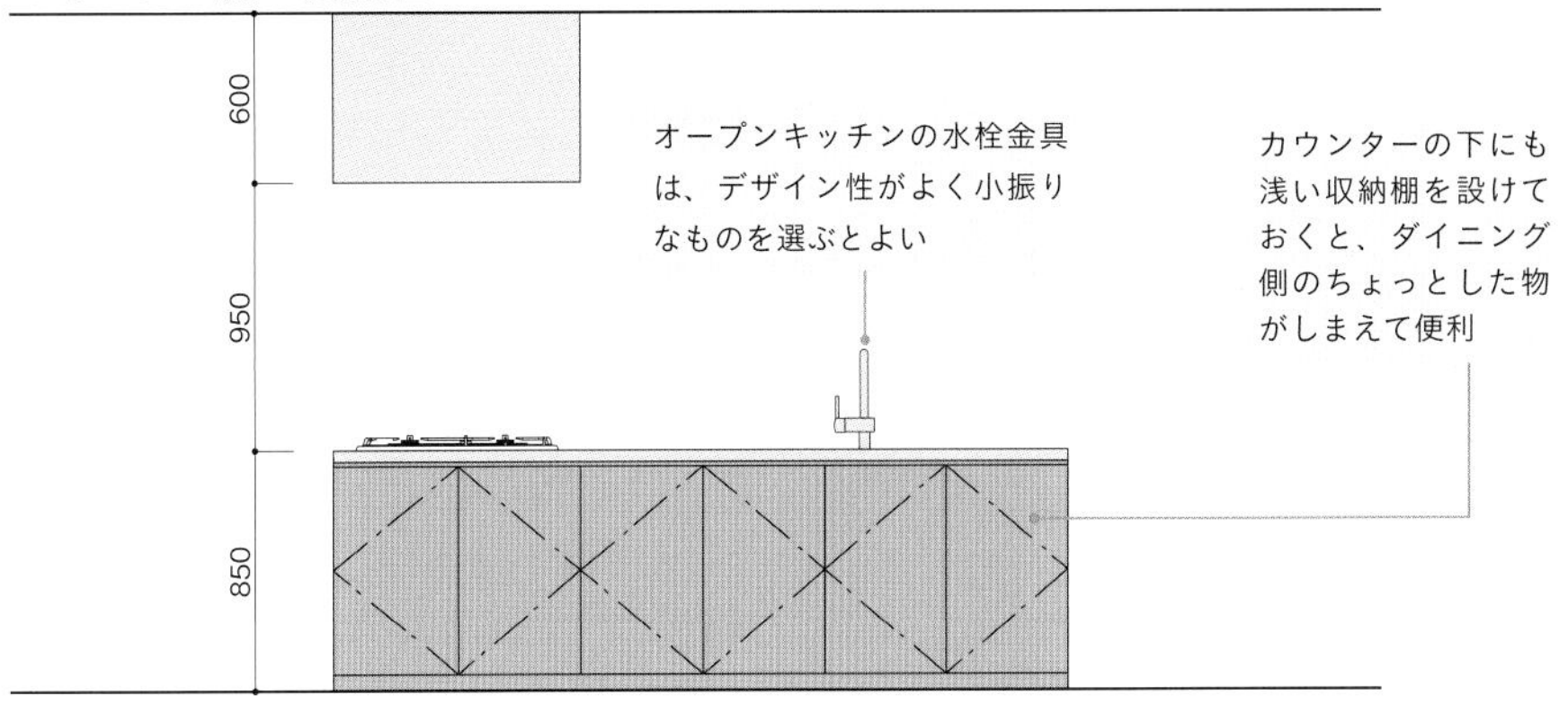
600
950
850
オープンキッチンの水栓金具は、デザイン性がよく小振りなものを選ぶとよい
カウンターの下にも浅い収納棚を設けておくと、ダイニング側のちょっとした物がしまえて便利

よくなり、高級感が出る。

コーリアンのミルキーホワイトとステンレスの天板では空間の雰囲気が変わる。コーリアンは比較的オールマイティな素材で、どんな雰囲気の空間にも調和しやすい。デザインにもよるが、女性的なやさしい雰囲気になりやすい。ただし、床材がカリンやウォルナットなど重厚な場合は存在感の軽さが災いして、少々不釣り合いになる。重厚な空間の場合は天然石のほうがよいだろう。

ステンレス天板は男性的な雰囲気となりやすい。特にパイン材やスギ材などのカジュアルな雰囲気の床材の場合、ぐっと機能性重視の雰囲気になる。逆にカリンやウォルナットなどの重厚な床材に合わせると、対照的に硬質な印象が強調される。ステンレス3㎜厚などを用いると空間そのものに高級感が醸し出される。

次にキッチン収納の面材だ。基本は家具や建具とそろえることである。また、床材の色と扉の色はそろえるか、くっきり差をつけるかのどちらかになる。

ただし、最近の傾向としては、色の差をつける度合いが少なくなっている（印象がボケない範囲で）。たとえばナラやタモ系統の色で面材を仕上げるケースが増えてきているが、その場合も少し使い込んだ感じの色合いが選ばれる傾向にある。

ワンランクアップのための造作キッチンのコツ

造作キッチンのデザインをワンランクアップするうえで重要なのは、天板の端部の納まりである。下図のように人造大理石の場合は天板の厚みをそのまま見せる。またステンレスならびに木の場合は20㎜厚程度に薄く納める。

人造大理石の場合、材料特性を生かしてデザイン性を高めるテクニックがある。接着性を生かして一体化することだ。写真のように天板とシンクさらに側板を一体化すると効果が高い。側板はそのまま床とじかに取り合うようにして納めるのも1つの手だ。

なお、キッチンユニットにカウンターを設ける場合の持出し長さは、座って食事をするためには最小でも30㎝は必要である。

収納部分は要素を減らしてシンプルにまとめていく。たとえば吊戸棚は手掛け・つまみを省略し、扉の下端に手が差し込める形状として代用する。またキッチンユニットの扉については、ステンレス製のシンプルな形状のハンドルを使用し、タオル掛けを兼ねることも多い。

ステンレスの天板

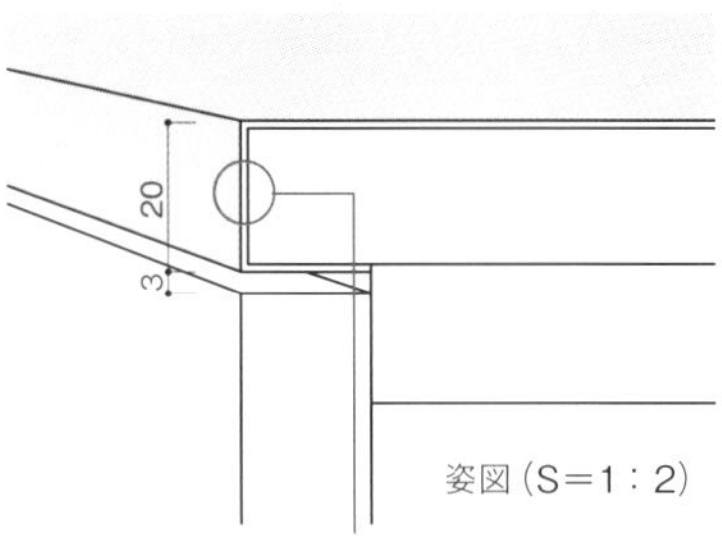

SUS-HL（ステンレス・ヘアライン仕上げ）は20㎜の厚さに曲げて18㎜厚の合板に被せる。3㎜ほど目地をとって建具を納める。Rの面取りや立上りはつくらないほうがスッキリする

20㎜厚のSUS-HLの天板と、ウレタン全艶塗装の家具によるキッチン。天板が厚ぼったくなく、シャープな印象を与える

人造大理石の天板

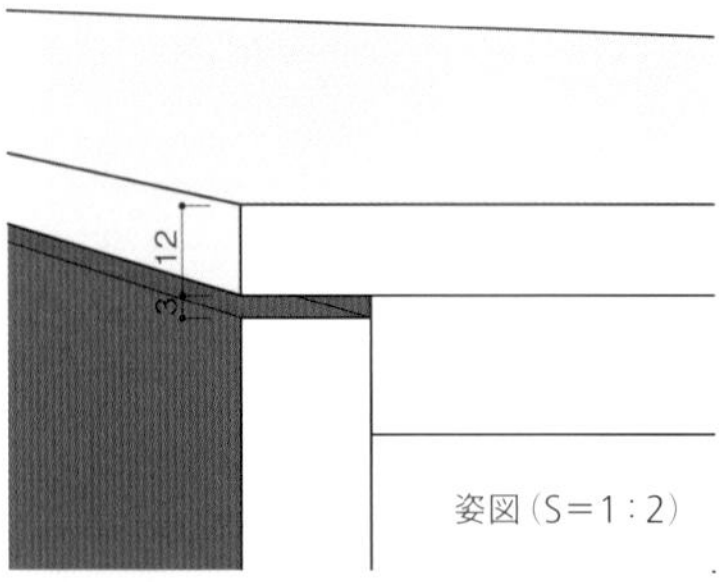

人造大理石は12㎜の厚さをそのまま見せ、3㎜ほど目地をとって建具を納める。端部にはRの面取りや立上りはつくらないほうがよい

12㎜厚の人造大理石の天板と、シナ合板にオスモ塗装を施した家具によるキッチン。側板も人造大理石でかなりのボリュームがあるが、繊細さも感じられる納まりになっている

立上りと天板、シンクを人造大理石で一体化すると、オブジェのような印象を与えることができる

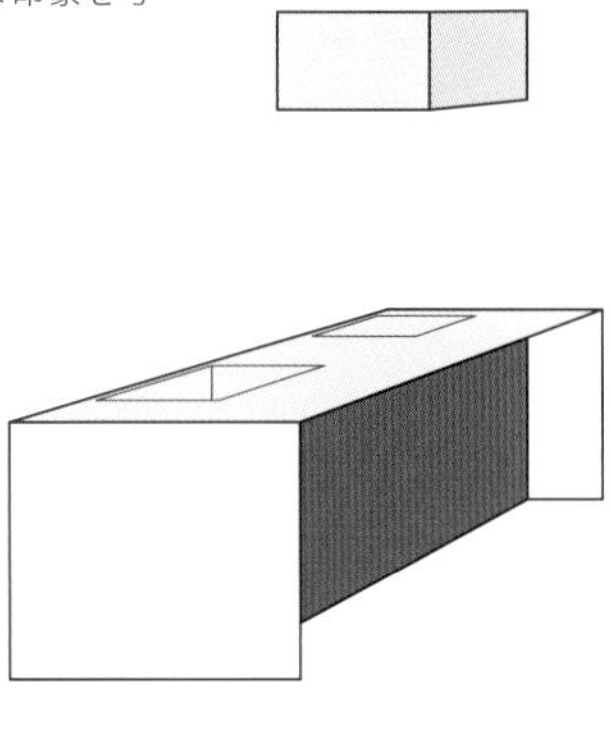

人造大理石は接着や加工が比較的容易。その点を生かして機能に合わせた造形をつくり出すと面白い

U型ペニンシュラのキッチンに書斎スペースを設けた例

平面図（S＝1：100）

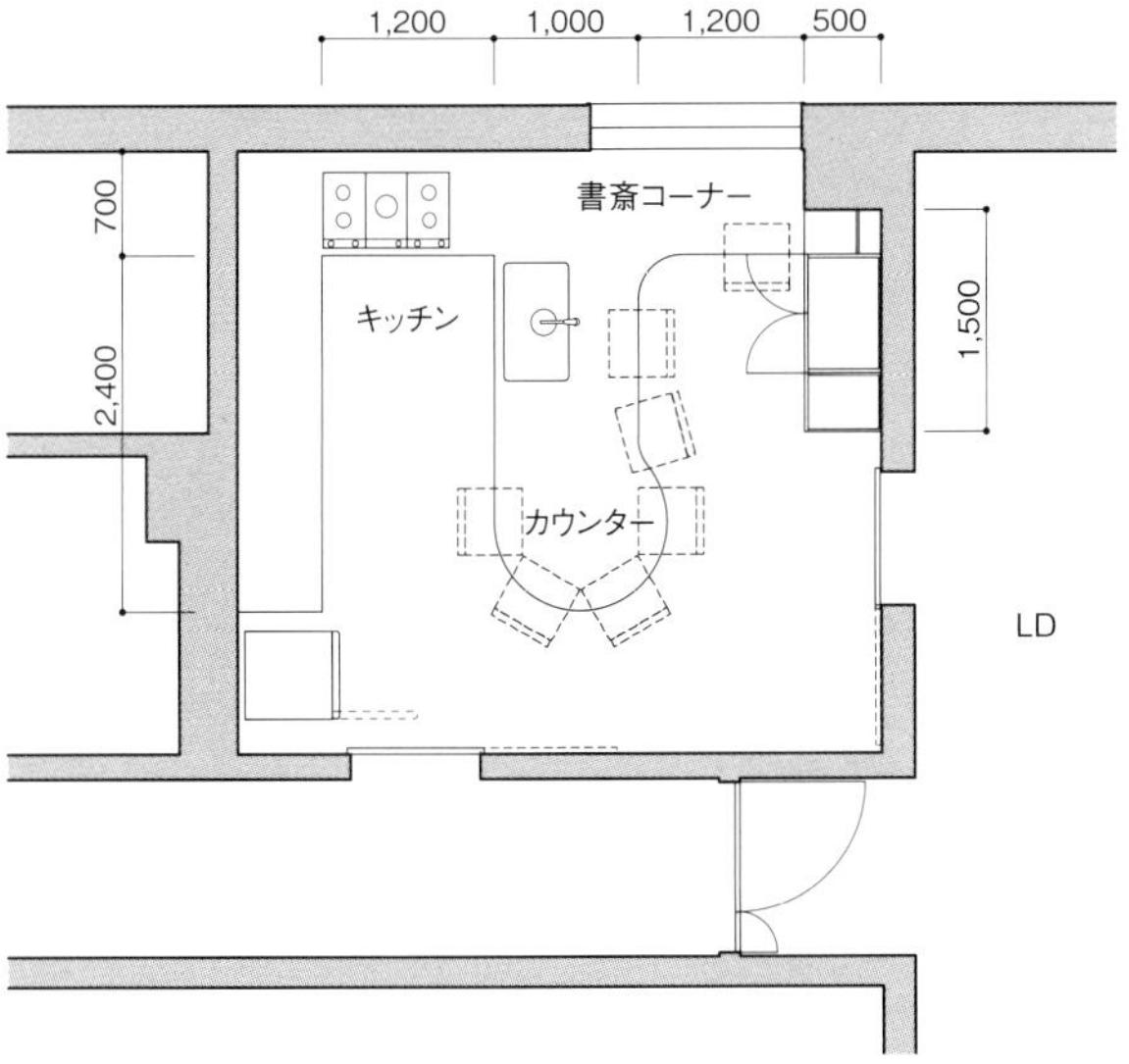

カウンターは人造大理石で一体につくっている。ほかにダイニングスペースがあるが、カウンターには軽く食事がとれるテーブルを設け、先端を円形にすることで人数の変化にも対応しやすくした

I型キッチンにダイニングテーブルをペニンシュラ型に設けた例

平面図（S＝1：100）

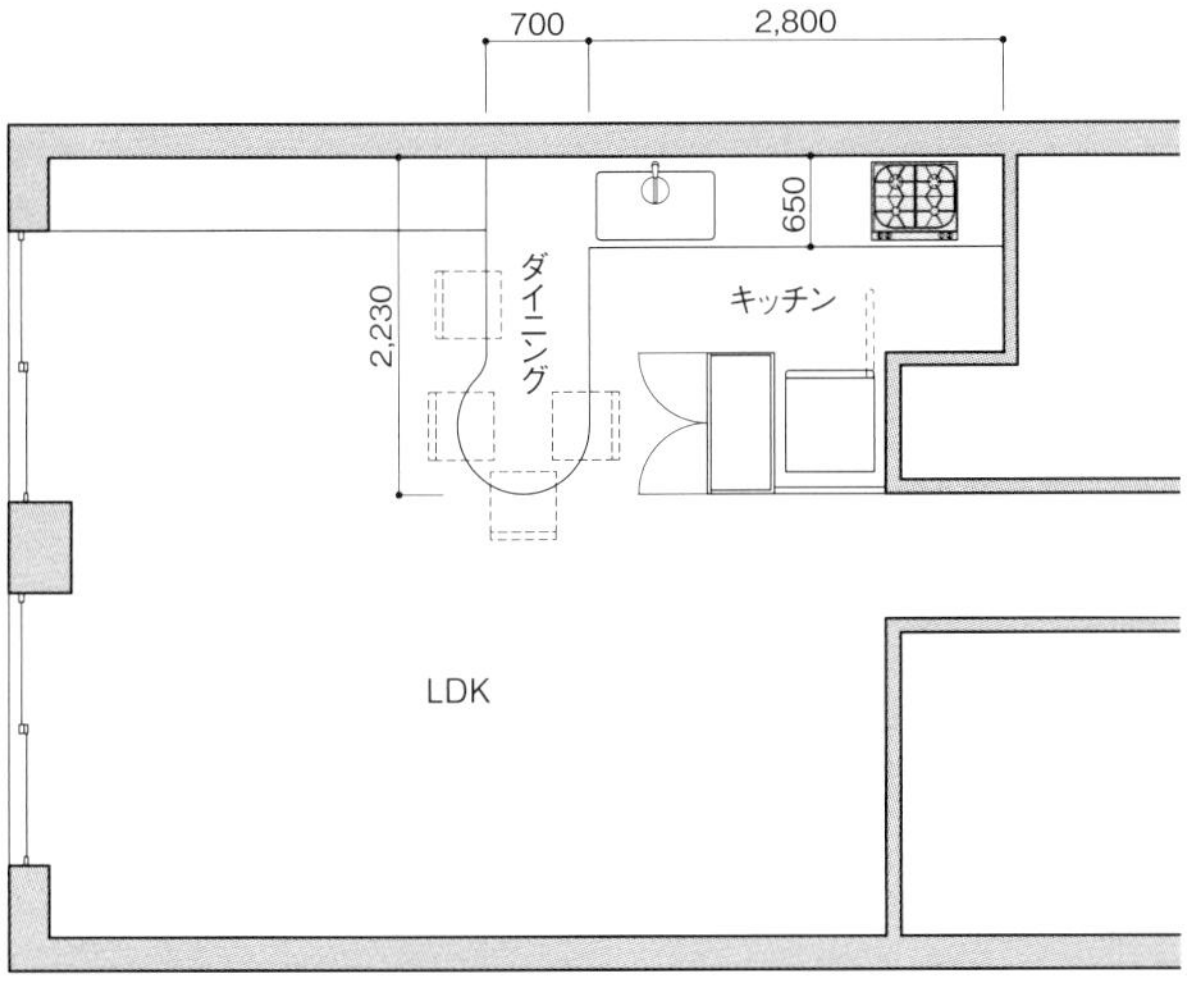

配膳台も兼ねるので機能的であり、ほかにダイニングテーブルを置かなくてもよいので、かなりコンパクトにまとめることができる

ちなみに、コンセントは壁や幕板につけるのが基本である。調理器具の電源を差しっぱなしにはしないので、せいぜい2口程度となる。

水洗金具はグースネックの製品を採用することが多いようだが、最近、グースネック型水栓の水はねクレームが多い。吐水口の位置が高いぶん水はねしやすくなっているようだ。特にやや外側に吐水口が向いた製品は水はねしやすい。そのため、アイランドキッチンでは小さめで吐水口が下に向いた水栓を使うようにしている。たとえばAVAのキッチン用湯水混合栓は、吐水口が低めで下に向いているのでお薦めである。

主張するキッチンにはペニンシュラ型

次にキッチンのレイアウトを見ていく。「見せるキッチン」とする場合、完全なアイランド型は周辺に場所を食うので、ペニンシュラ（半島）型の2列キッチンがよい。この場合のキッチンの最小サイズは幅2400×奥行き750（コンロ・食洗機600×2㎜、シンク900㎜、スパイスラック150×2㎜、かつ上に吊戸棚）となる。事例のようにカウンターを取り込んだキッチンユニットの場合などは、カウンターの形状を工夫することで、空間のアクセントとして存在感を強調することができる。

リビングの家具は低く抑えて広がり感をキープ

収納は低く抑えて、長さで収納量を稼ぐ

高さ650㎜にしたリビング収納。天板は床に似せてヒノキの集成材にしている。一部には床置きのエアコンも入る。家具の建具は同じ大きさにして、連続性が空間に秩序を与えている

↓

収納力不足の場合は、吊戸棚を加える

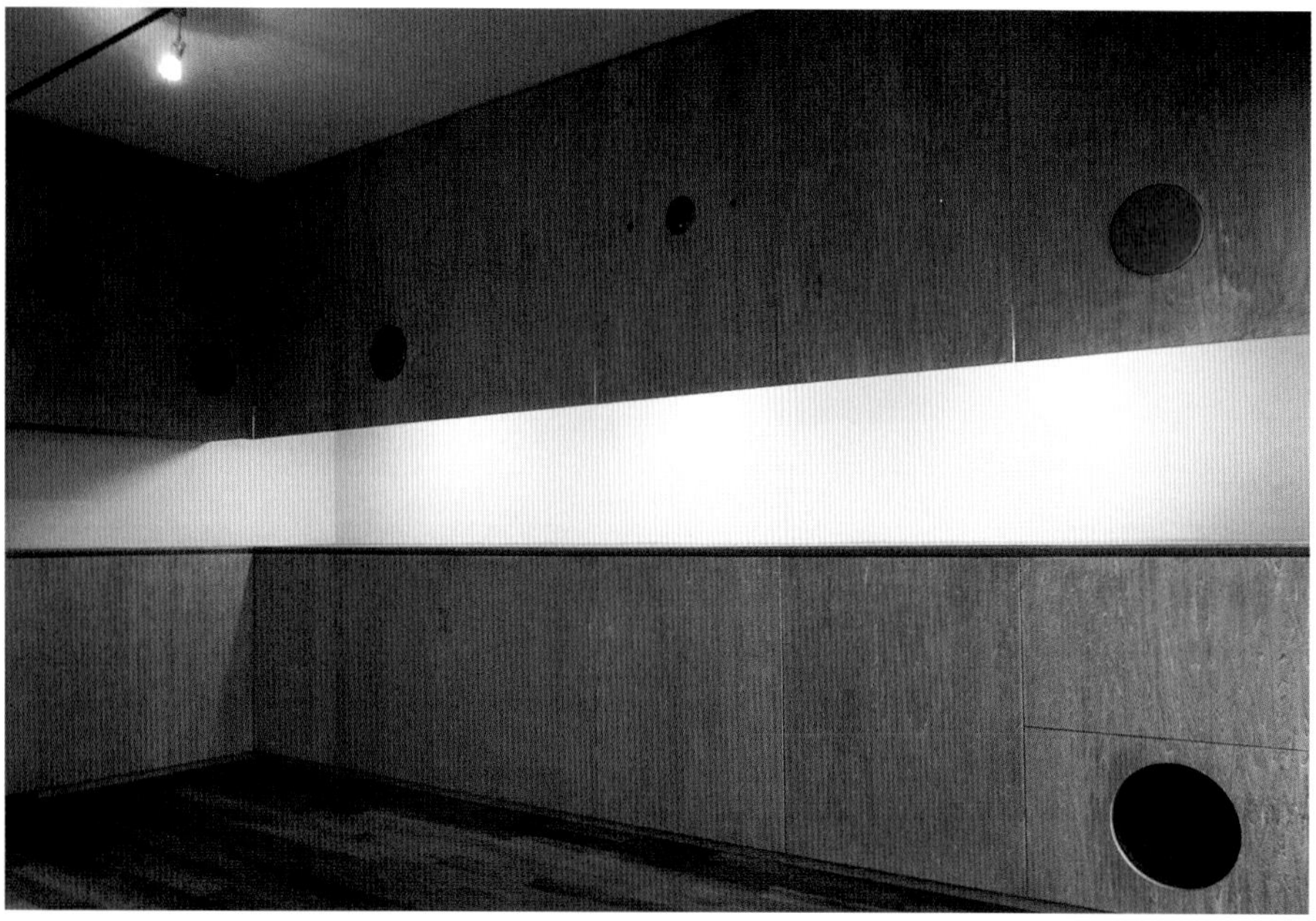

カウンター収納の上部に吊戸棚を設け、その間を間接照明にしている例。壁の行き止まり感がなくなるため、吊戸棚があるにもかかわらず広がりを感じることができる。家具にはホームシアター用の機器が内蔵されている

リビングを、ＡＶ鑑賞などができるくつろぎ空間とする場合、窮屈さを感じさせない配慮がほしい。造付け家具にＡＶ機器やソフトを効率的に収納し、家具には圧迫感を感じさせない工夫が必要だ。

間接照明の重要性

基本は上写真のように、高さを低く抑えること。こうすることで、テレビボードを兼ねることもできる。収納量が不足する場合は吊戸棚を加える。吊戸棚は天地を60㎝以下に抑え、下写真のように中央部をオープンにすると狭さを感じさせない。

吊戸棚の扉の下部の正面から見えない位置には間接照明を設置するとよい。照明の効果により、視覚的に壁の行き止まり感が曖昧になる。間接照明の光源は、値段は高いが蛍光灯やＬＥＤのシームレスラインがお勧めだ。光が連続し、調光が利くので演出効果が得やすい。または、高輝度電球色ＬＥＤのテープライトもよいだろう。

なお、ＡＶ機器を納める場合、その部分に扉は設けてはいけない。リモコンが作動しなくなるのを避けるためだ。リモコン用のキャッチセンサーを付ければ扉を設けても問題なく、デザインもまとめやすいが、こうした技術に通じた電気工事業者は少ない。

カウンター+吊戸棚の収納例

キッチンからリビングダイニングにかけて一体化した収納を設けた例

左側はAV機器などの収納物が多く、右へ行くほど食器関係の収納物が多くなる。中央は書斎的に使われ、文房具などの日用雑貨も多い

オープン収納とする場合、配線が目立たないように収納内部はダークグレーのポリ合板で仕上げるか、面材と同じ色で仕上げる。この際、横方向にも配線を通せるように孔を開けておく。また、台輪にコンセントを設けておく。造付け家具で壁がふさがれるので、これを忘れると掃除機などの使い勝手が悪くなる。

最後に扉の面材について述べる。塗り潰しとする場合はＭＤＦが選択されるが、この材料は吸込みムラが激しいので溶剤系シーラーで吸い込み止めを行う。ただし住宅の現場で臭気の強い溶剤系シーラーは使用できず、ほこりの舞う環境も塗装向きではないので、工場塗装となる。逆に、木地を生かす染色仕上げを採用し、家具の扉と建具の扉の色をそろえる場合は現場塗装が望ましい。塗装環境はよくないが、家具と建具のベニヤや突き板の入手ルートが異なるので、現場で調整しながらそろえていくしかないためだ。

このほか、収納一体型のカウンターの処理やエアコンカバーについては、この頁の写真と図にまとめた。

手掛けをすっきりと納める

ハンドルや天板の厚みを感じさせずに、家具の手掛けを設けている

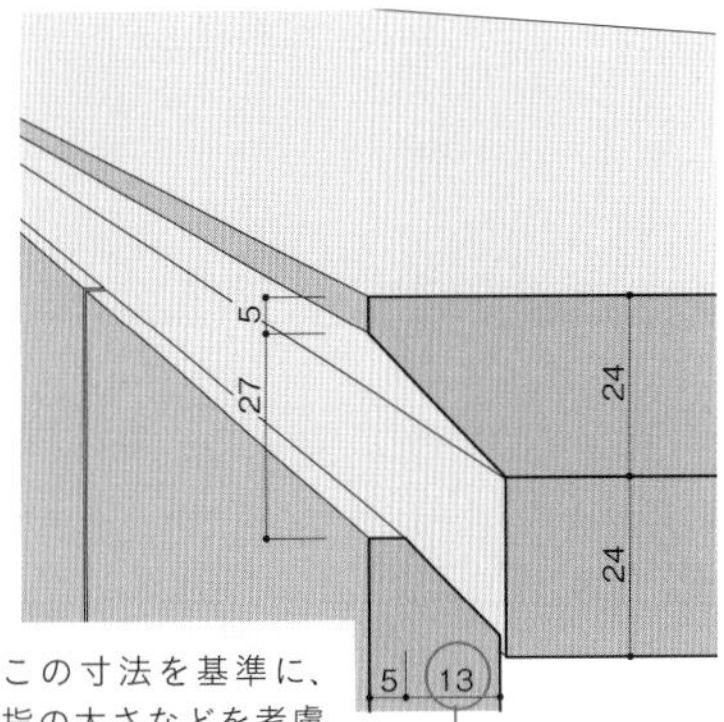
この寸法を基準に、指の太さなどを考慮して調整するとよい

ガラリの塗装テクニック

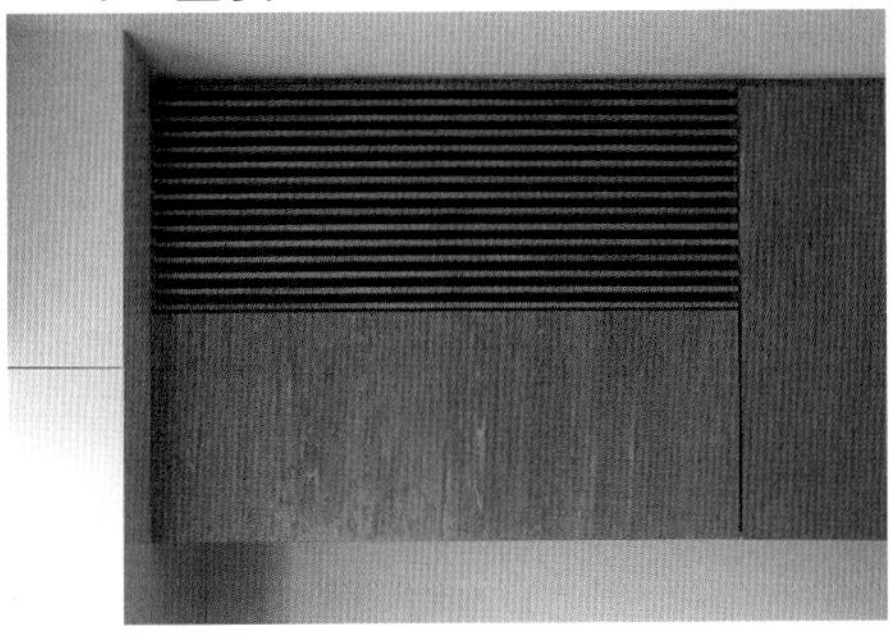

吊戸棚の一部にエアコンのガラリがある例。下部は収納になっている

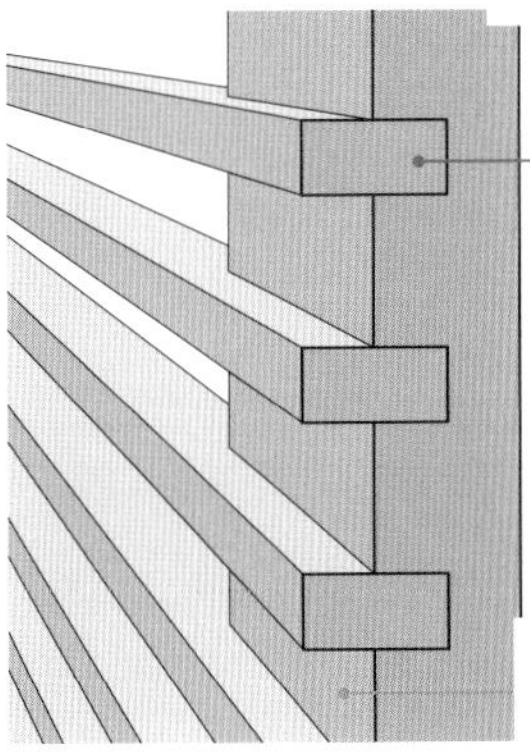
桟は組む前に塗る
20
10
20
奥にくる桟はダークグレーにする

台輪にコンセントを隠す

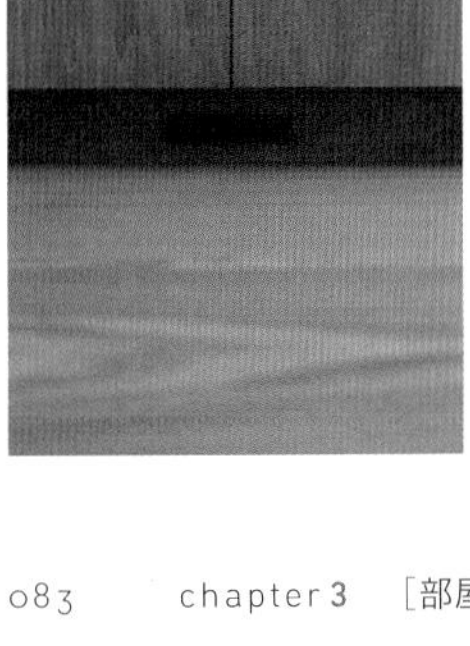

家具の台輪に家具用コンセントを設けている。あまり目立たず多くの場所に設置できる

白い塗装でよりすっきりと見せる

白いOPで塗装をした例。艶を落してキッチンの人造大理石と馴染ませている

インテリアの印象を左右する窓

インテリアの要素として見逃せないのが窓である。どんな景色を切り取るかという配置の問題もさることながら、サッシ廻りのディテールも空間の印象を大きく左右する大切な要素である。

デザインの方向性にもよるが、窓枠やサッシ框によって床や壁・天井などの要素が分断されると、そこで空間が切り分けられた印象となり、広がり感が損なわれる。それらの要素を室内側から見えないように処理するのが設計の基本となる。

一般的なのは、図や写真のように天井や床を彫り込んで、そこに枠や框を飲み込ませるという手法だ。掃き出し窓で外部にデッキがつながる場合などは、床とデッキのレベルをそろえることでも連続性を演出でき、広がり感が得られる

同様に大きなサイズの引込み戸を特注アルミサッシないし木製建具で製作して、サッシの障子の縦の線を減らしていくのも効果がある。ただし、木製建具で製作するのは比較的容易だが、大きなサイズの場合は長期にわたり気密性と開閉操作を維持できるか否かの検討が、戸袋の構成を含めて必要になるだろう。

また、サッシと合わせる網戸は、埋込み型のプリーツ網戸としたい。一般的な網戸だと横桟が入り、うるさくなってしまうためだ。

サッシの枠を隠す工夫

サッシ廻り平面図

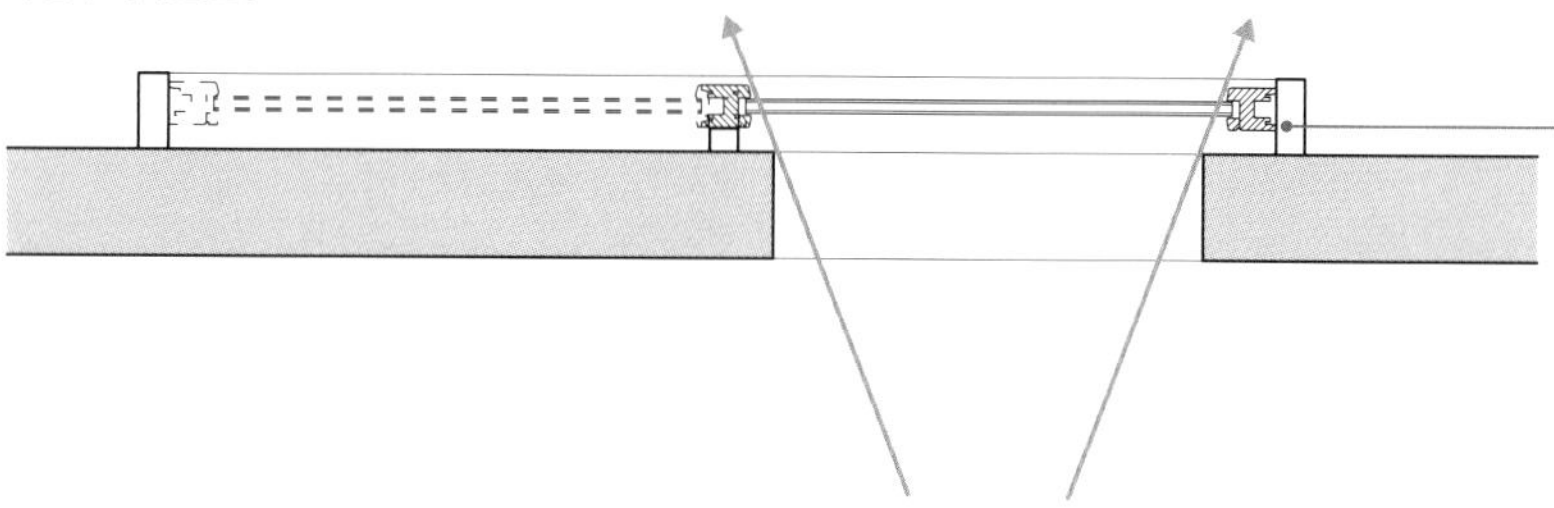

窓の縦框を隠す場合は、開いた状態でも閉じた状態でも框が壁に隠れる位置にくるように、開口部より大きめにサッシをつくる

サッシ廻り断面図

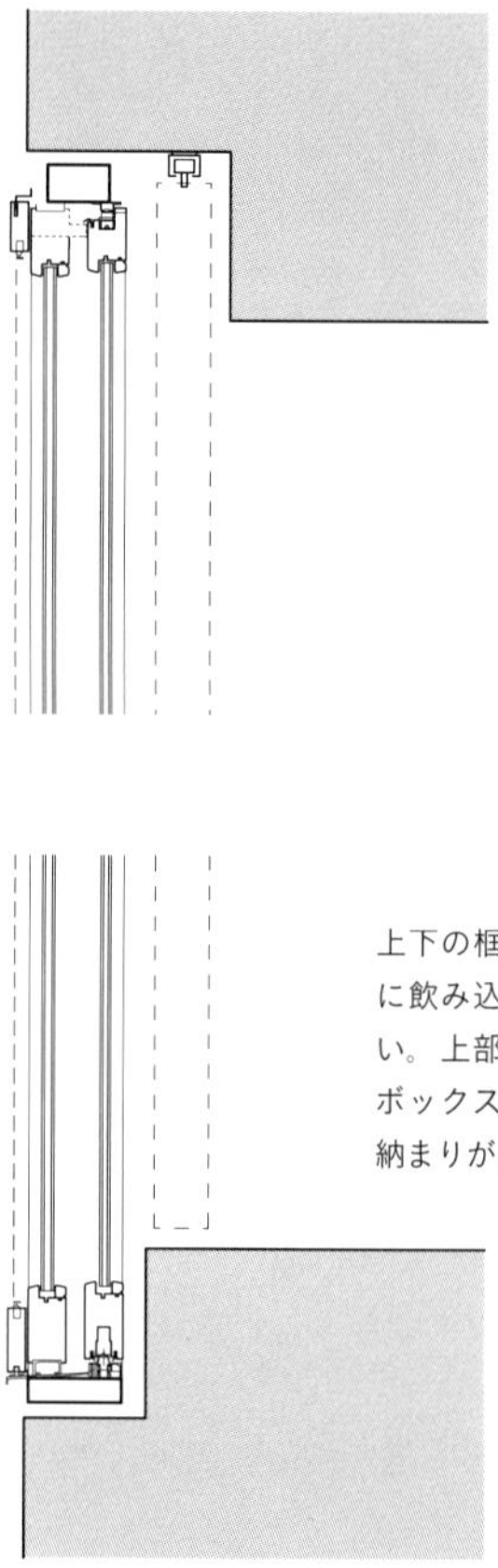

上下の框も床や天井に飲み込ませるとよい。上部はカーテンボックスと兼ねると納まりがよくなる

上框を天井に飲み込ませている例。天井と空がつながり、天井面も明るい印象になっている。夏の熱気も排出しやすい

枠をすべて飲み込ませている例。床も壁もつながった印象になり、インテリアにも広がりが生まれる

プライベートゾーンの間取りはホテルを手本に

次に浴室や洗面、寝室などのプライベートスペースについて解説していく。これらのスペースに関しては、シティホテルの機能性を取り入れることをお勧めしたい。

近年、各国で誕生しているシティホテルは、簡潔な動線やプライバシーの保持といったプランニングの面からも、また、浴室や洗面の使用時にくつろぎ感をもたらすインテリアデザインの面からも、よく練られていて参考になることがとても多い。

お客側も旅行先などでこうした空間を体験していることが多いので、初期の打ち合わせにおいて、デザインモチーフとしてこれらのホテル事例が上がることも日常になってきている。そうした意味からもシティホテルの傾向を掴み、設計の持ち札としておくことは意味がある。

また差別化ということを考えると、こうしたホテルに見られる要素を取り入れることで、浴室や洗面を積極的に見せ場として提案することができるのは利点である。

ユニットバスや洗面ユニットの価格情報がお客支給サイトの発達などによってお客に筒抜けになり、工務店にとって「抜ける」要素ではなくなった昨今の状況を考えると、それらのスペースを製作ものへとシフトして、差別化要素とすることを検討してもよい時期に入っている。

洗面室と浴室をガラスで仕切る

浴室、洗面、トイレがまとまった水廻り。強化ガラスで仕切る場合、壁や天井、床を同じ仕上げにすると、より部屋の一体感が増す。左写真は腰壁や強化ガラスで仕切ることで、洗面空間を取り込んだ広々した浴室空間になる。ガラスドアを付けなくても、配置の工夫で対応でき、ローコストにつながる

洗面室と浴室を腰壁で仕切る

洗面室とバスルームを腰壁で緩やかにつなげている例。ほかにも強化ガラスで仕切るなど、洗面空間を取り込んだ広々した浴室空間が多い。住空間でも広く明るく、洗面と一体になったバスルームを望む声は多い

大きな洗面台に洗面ボウルを2つ設ける

朝忙しいときに同時に顔を洗えるようにしたい。主人と同じなのは嫌だから個人専用の洗面ボウルが欲しいなど、このタイプの洗面台のリクエストは多い

プライベートゾーンの照明は演出が大切

洗面・脱衣室

洗面台の三面鏡の上下に設置された間接照明と、それによって照らされる空間のアクセントになるモザイクタイル

トイレ

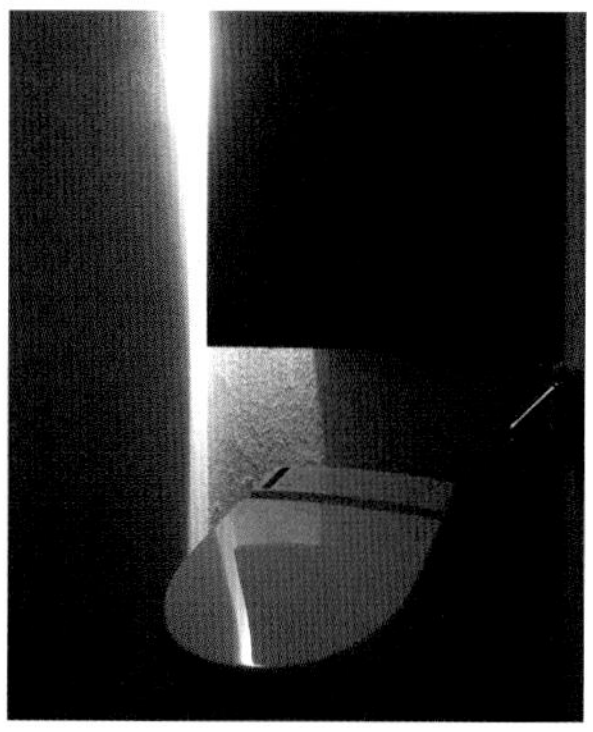

引戸の引き込み代を利用したトイレ収納側面のスリットに設けられた間接照明

浴室

浴室照明はハロゲンランプで床と浴槽を照らしている。ハロゲンランプで白いバスタブに入る水を照らすと水の揺らぎがきれいに表現される

廊下

等間隔に並べられた廊下の照明。ダウンライトのピッチに配慮することで天井面もデザインされる

寝室

天井にはダウンライト、ヘッドボードの裏には間接照明、ほかにスタンドライトと読書灯、カーテンの間接照明がある寝室

ウォークインクロゼット

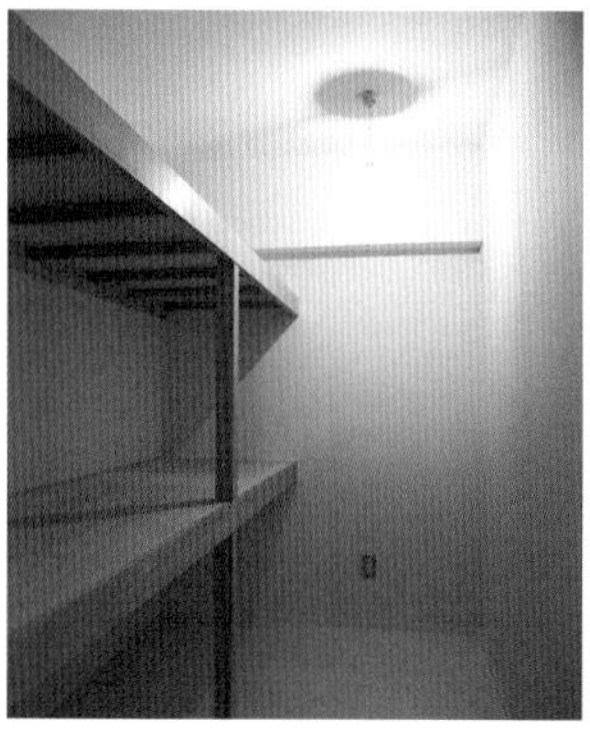

ウォークインクロゼット内の照明。裸電球のペンダントライトだが割れにくく、全方向に明るい

シティホテルの心地よさは、プランが整理されていることや設備機器が充実していること、そして明かりの演出が行き届いていることである。リラックスすることが第一となるプライベートゾーンにおいては、くつろぎの演出も大事な「機能」だ。

まず洗面の照明だが、主照明はダウンライトになる。60〜100㎝ピッチで入れる。顔の両側に1つずつつくると理想だ。明るくしたいほどピッチを細かくするとよい。洗面前と洗濯機の前と経路を分けると使い勝手がよい。三面鏡を設けるときは、ミニボール球による間接照明で鏡の前を照らすと顔がきれいにみえる。

トイレの照明は50Wのダウンライトを1つと、収納下にミニボール球による間接照明が定番だ。後者は演出用だが、雰囲気がかなりよくなるのでお客の評判がよい。

寝室もダウンライトが主となる。8〜12畳の部屋だと60Wの電球2灯で十分だ。加えてベッドのそばに間接照明を設けると、本や時計を見やすくなる。実用性を重視すれば、首振りライトやスタンドライトを設置してもよいだろう。

浴室の照明は、壁付けのブラケットライトは使わずに、浴槽の上と洗い場の上にハロゲンランプなどを用いた防湿ダウンライトを設ける。水面がキラキラしてきれいだ。

洗面の照明

設置場所	目的	適した器具・光源	採用上の注意点	その他
天井	・収納や洗濯機の中など、明るさの必要な場所を照らす	・ダウンライト ・シーリングライト	・換気扇の位置と調整する ・後から設置される乾燥機などと位置がかぶらないようにする	・洗濯機の内部も見やすいよう、照明の位置に配慮する
鏡の両側	・顔を照らす	・ブラケット （電球色～昼白色）	・鏡とのバランスを見ながら、顔に陰が出にくいよう位置や数を検討する ・昼白色だけでは顔が青白く見えてしまう	・LEDや蛍光灯は演色性のよいものを選ぶ
吊戸棚の下	・顔や手元を照らす	・家具用ダウンライト ・直付け照明	・吊戸棚の下に隠すように器具を設置したつもりでも、鏡に映って見えてしまうことがあるので、実際の目線を考えながら検討する	・壁がライトアップされるので、仕上げに配慮する

浴室の照明

設置場所	目的	適した器具・光源	採用上の注意点	その他
天井	・器具の存在を感じさせずに空間を明るくする	・防湿形ダウンライト （ハロゲンランプ）	・天井裏に照明が入るスペースがあること ・換気扇や浴室暖房乾燥機などの設備と位置を調整する	・バスタブの真上にハロゲンランプの照明を設けると、ゆらいだ光が美しく見える
壁	・顔や身体を照らし、空間を明るくする	・防湿形ブラケット	・タイル割りに照明の位置を合わせると、空間がすっきり納まりやすい ・シャワーや扉にあたらないように注意する	・バスルームでひげを剃ったり体型をチェックしたりする人には、鏡と共に設置すると喜ばれる ・台座が隠れるように施工するときれいに見える

トイレの照明

設置場所	目的	適した器具・光源	採用上の注意点	その他
天井	・器具の存在を感じさせずに空間を明るくする	・ダウンライト	・天井裏に照明が入るスペースがあること ・換気扇の位置との調整が必要 ・深夜に明るすぎると目が覚めてしまう ・掃除の際に部屋の隅まで見えるよう配慮する	・手洗カウンター付近は、化粧直しができる程度の明るさを確保 ・新聞や本を読む場合は照度を確保する ・自動で入切する人感センサースイッチにするケースもある
壁	・空間のアクセントとしたり、天井照明の代わりに空間を明るくしたりする	・ブラケット	・狭い部屋なので、人の頭にぶつからないか、扉があたらないかなどを確認する	・天井面に照明が設置できない場合は、壁に設けることを検討する
造作収納など	・来客時や夜間の常夜灯として、長時間ほのかに灯す	・間接照明 （電球色LED）	・トイレットペーパー収納と併せて計画するとよい ・間違えて入切しないよう、主照明とは別の位置にスイッチを設ける	・主照明のほかに常時つけておける補助照明があると、来客時、スイッチの位置が分からず壁をベタベタ触られるのを防げる

寝室の照明

設置場所	目的	適した器具・光源	採用上の注意点	その他
天井	・器具の存在を感じさせずに部屋の要所を明るくする	・ダウンライト	・天井裏に照明が入るスペースがあること ・天井面がうるさくならないよう、位置を整理してレイアウトする ・ベッドに横たわった状態で光源が目に入らないよう配慮する	・天井に照明を設けないのも手である ・クロゼットがある場合は、その付近に洋服を選べるだけの明るさを確保しておく
壁	・空間のアクセントとする	・ブラケット	・設計時にベッドやタンスなどの家具の配置を読み込んでおく	・常夜灯など、ほのかにつけておく補助照明としても有効
床	・気分に応じて部屋の雰囲気を変える	・フロアスタンドライト	・あらかじめ照明を置く場所を想定し、コンセントを設けておく	・器具自体をインテリアの一部として楽しむこともできる
ベッド付近	・手元を照らす ・常夜灯として	・テーブルスタンドライト ・ブラケット	・設計時にベッドの配置を読み込んでおく ・ベッド付近で入切できるようにする	・常夜灯とするほか、ベッドで本を読む時などにも対応できると便利 ・壁にニッチを設けて、間接照明とするのも有効

水廻りは浴室と洗面を一体化させて気持ちのよい空間に

浴室と洗面をつなぐプラン例

洗濯機、洗面台、浴槽が1列に並び、突き当たりが坪庭になっている例

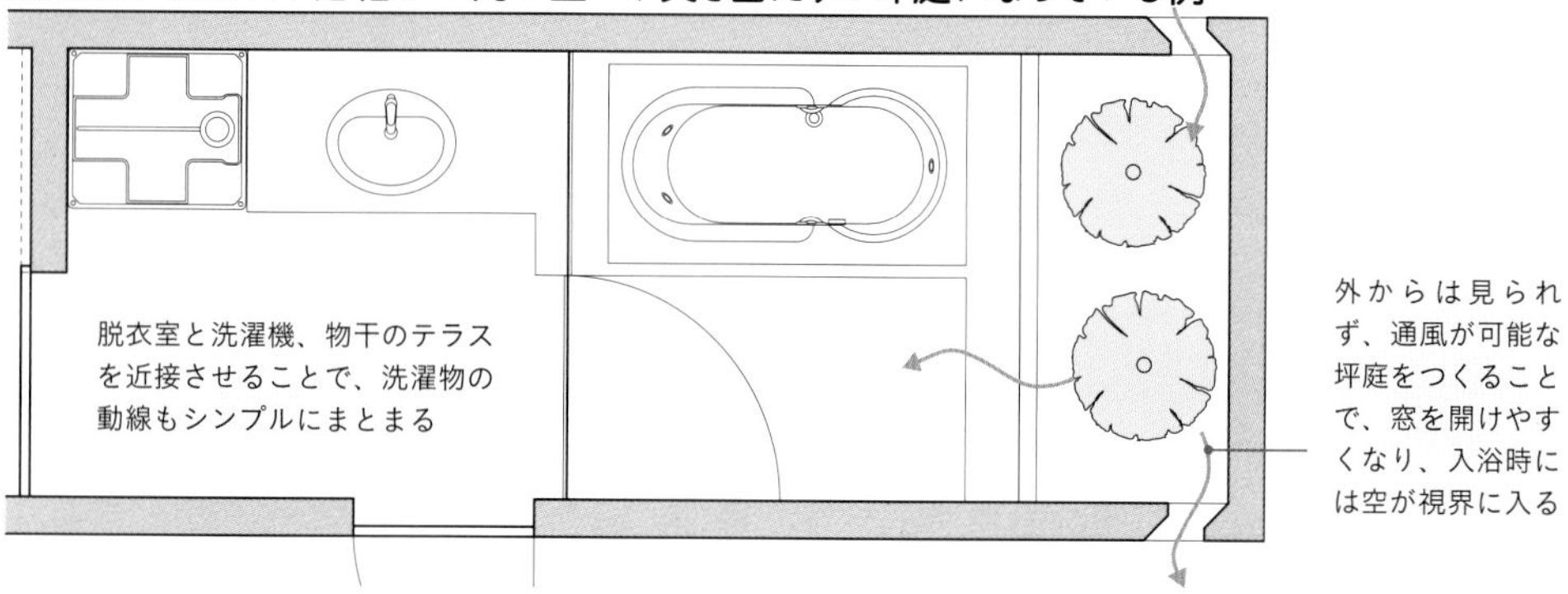
脱衣室と洗濯機、物干のテラスを近接させることで、洗濯物の動線もシンプルにまとまる
外からは見られず、通風が可能な坪庭をつくることで、窓を開けやすくなり、入浴時には空が視界に入る

マンションの居室をバスルームに変更した例

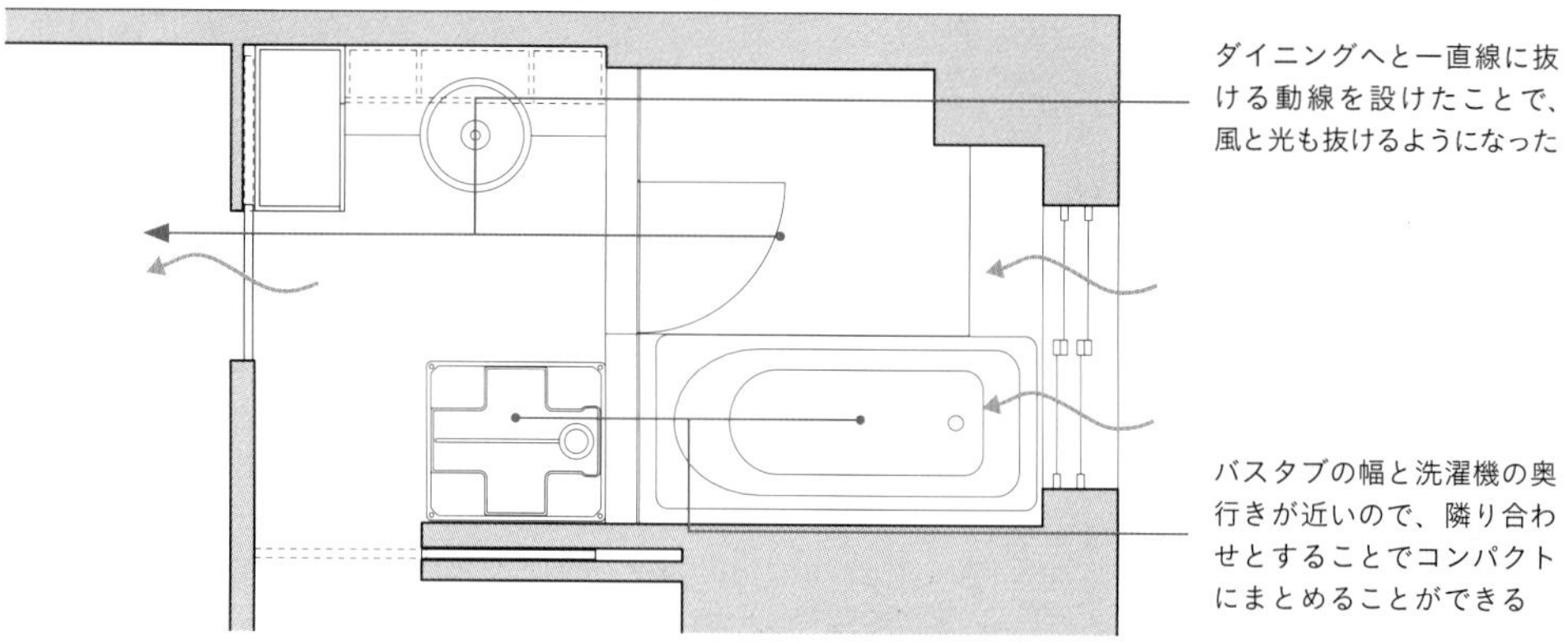
ダイニングへと一直線に抜ける動線を設けたことで、風と光も抜けるようになった
バスタブの幅と洗濯機の奥行きが近いので、隣り合わせとすることでコンパクトにまとめることができる

洗面台、トイレ、バスルームをコンパクトにまとめた例

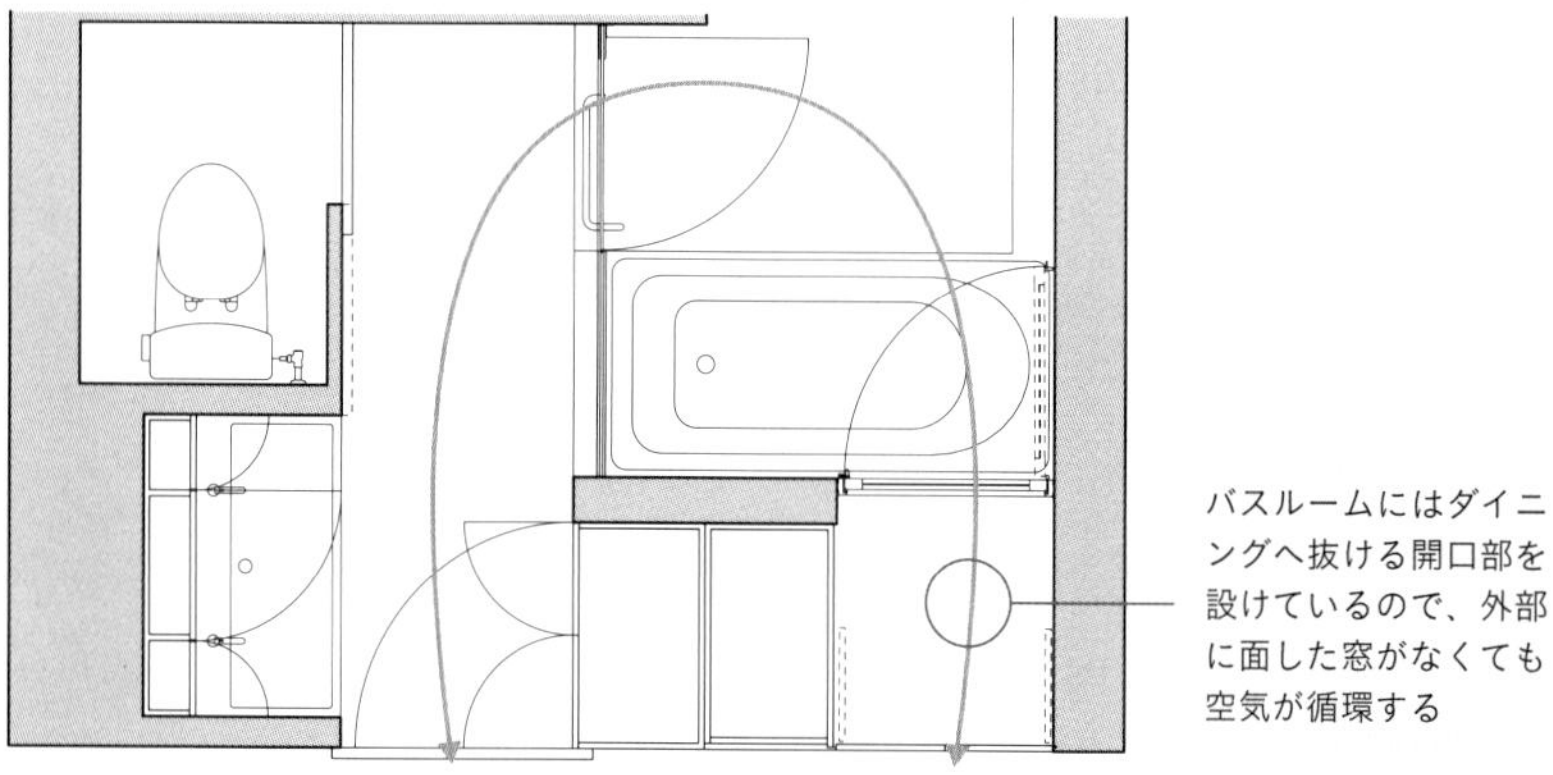
バスルームにはダイニングへ抜ける開口部を設けているので、外部に面した窓がなくても空気が循環する

ホテルライクな水廻りの特徴の1つが、洗面と浴室が一体となった開放感だ。住宅に応用する場合、洗濯機の置き場所や水掛かりスペースが広がることで掃除の大変さが気になる。そこで、上図のようにつなぎ方を工夫することになる。

仕上材のつなげ方

プランは上図を見ていただくこととし、ここでは洗面と浴室を1室として扱う際の仕上材のつなげ方について解説する。まずは下地となる防水についてだ。浴室の防水はFRP防水とすることが多いが、洗面スペースと一体でFRP防水を施すことをお勧めする。念のために天井際まで壁を全面塗布すると、漏水のリスクは格段に減る。

次に壁についてだが、一番簡単なのが浴室の仕上材に洗面を合わせることだ。ただし浴室の仕上材はタイルや石など値段が張るものが多い。予算調整をする場合はガラス扉を境に素材を切り替える。この場合、色をそろえて一体感を損なわないようにする。洗面側は塗装とすると異種材料の取合い処理も楽である。

床材は切り替えることが多い。例外的に浴室の床に水廻り用のコルクタイルを使うときは洗面スペースもコルクタイルで仕上げる（洗面スペースは居室用コルクタイル）。浴室の床が石

洗面と浴室の床仕上げ

玄晶石のみ

洗面～バスルームの床は玄晶石、壁は大理石によって仕上げられている。突き当たりには換気と採光を兼ねた坪庭が設けられている

コルクタイル×スレート

洗面の床はコルクタイル、バスルームの床から立上りはグレーのスレートで仕上げ。コルクは異素材との相性もよい

コルクタイルのみ

バスルーム～洗面室までコルクタイルで仕上げた例。ワインの栓にも使われるコルクは、耐水性もあり、冬冷たくなく足触りもやわらかく、評判がよい

やタイルの場合、洗面スペースの床に床暖房を入れられれば共材でよいが、そうでない場合は居室の床や廊下のフローリングを洗面スペースまで延ばして処理する。

天井については、浴室の天井をフレキシブルボードかケイ酸カルシウム板に塗装とすることが多いので、洗面もそれに合わせる。浴室の塗装仕様は弾性タイルのフラット仕上げが防水性に優れ仕上がりもよいのでお勧めだ。こうした仕上げに慣れていない工事業者の場合は、弱溶剤系のVPが無難だろう。ボードの継ぎ目はシール処理をする。シールは塗装工事の後に打つほうが確実だ。

なおガラス扉の価格は30万円程度だ。運搬や吊り込み時の破損の「保険」もかかっているようで、割高な部材だ。それでも視覚的な効果は魅力だ。また比較的条件の過酷なホテルでも採用されているし、車用ガラスコート材を塗ればメンテナンスも楽なので、お薦めできる。

浴室・洗面のガラス仕切り

強化ガラスの袖壁に丁番をつけたガラスドアの例

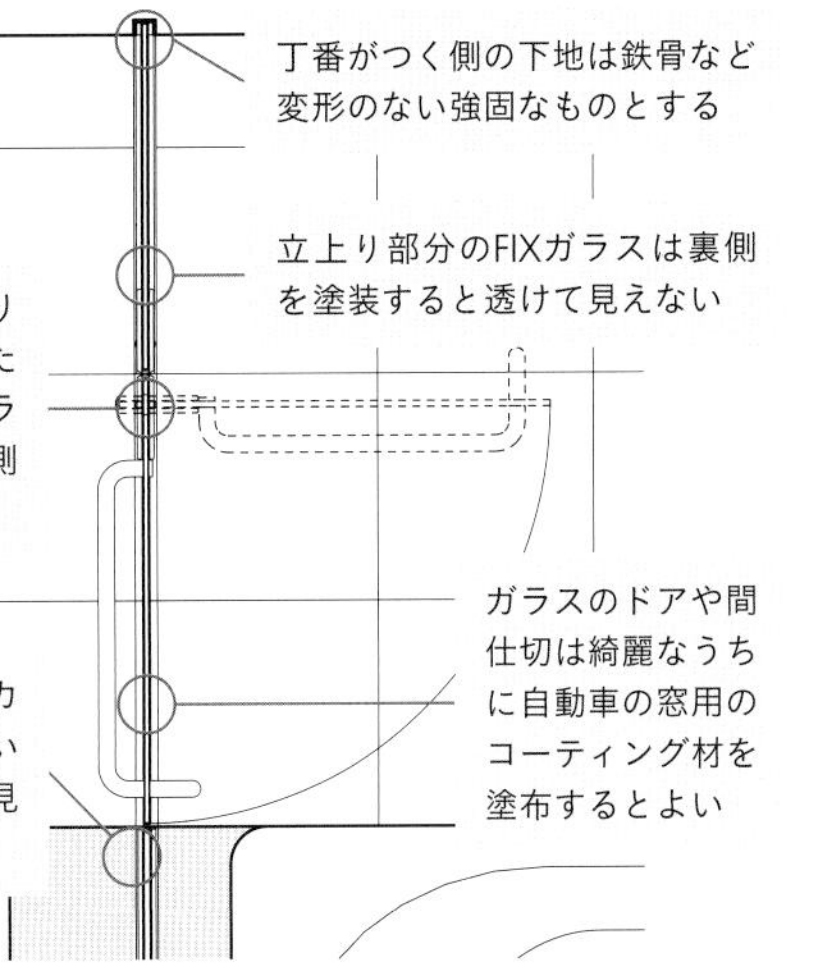
開けたとき立上り部分にドアが当たらないようにガラスドアの吊り元側下部を加工する
ガラスの小口はカバーなどをしないほうがきれいに見える

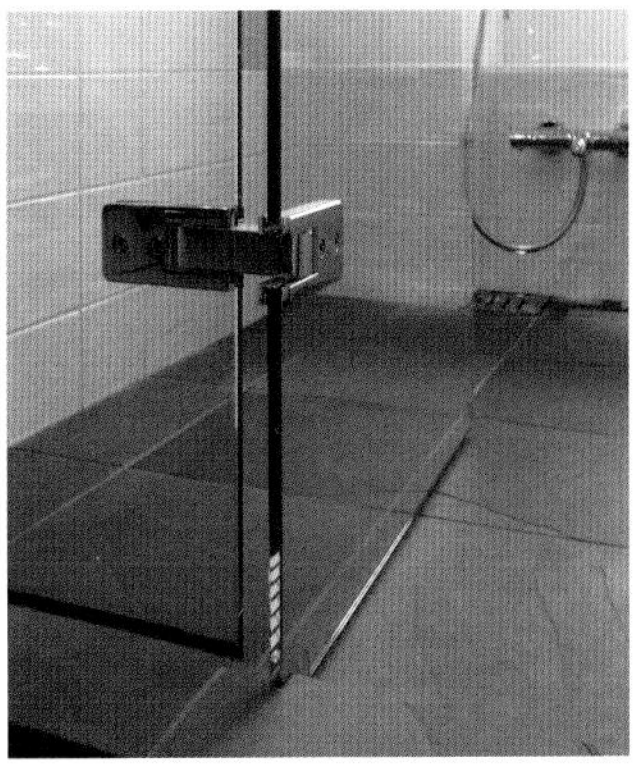

強化ガラスの袖壁につけられた強化ガラスドアの丁番。ドアの吊り元側の下部は開いた時に当たらないように、あらかじめ形状を検討しておく

バスタブのデッキ部分と壁にFIXの強化ガラスを納めた例

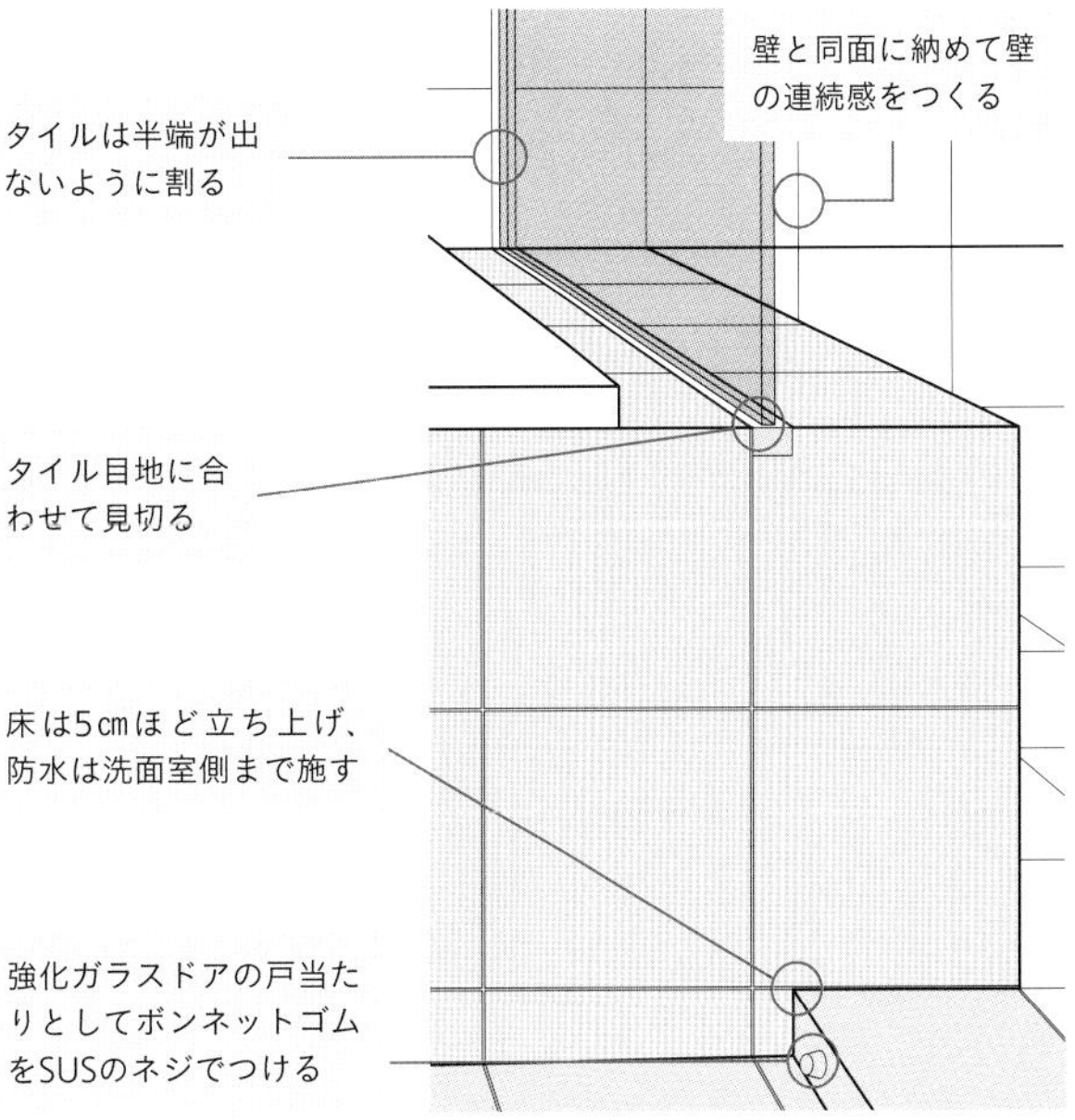

バスタブのデッキ部分に納めたFIXの強化ガラス。タイル目地に合わせて埋め込むとスッキリ納まる

洗面室とバスルームを強化ガラスによって仕切っている

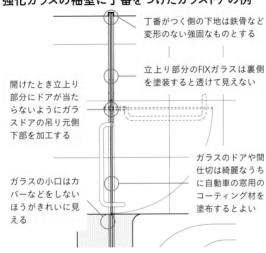

ホテルライクな洗面は鏡・照明・洗面ボウルで演出

正面を全面鏡仕上げにした例

鏡が壁や天井に接しているので、空間がつながった印象になる。この際、鏡に枠や継目などは設けないことが重要

1m幅の洗面ボウルに水洗金具を2つ付けた例

2人並んで使用できる洗面の要望は多いが、水栓2つを同時に使う洗面ボウルの場合、最小寸法は1mである

少し細身の鏡の両脇にリネストラランプを設置

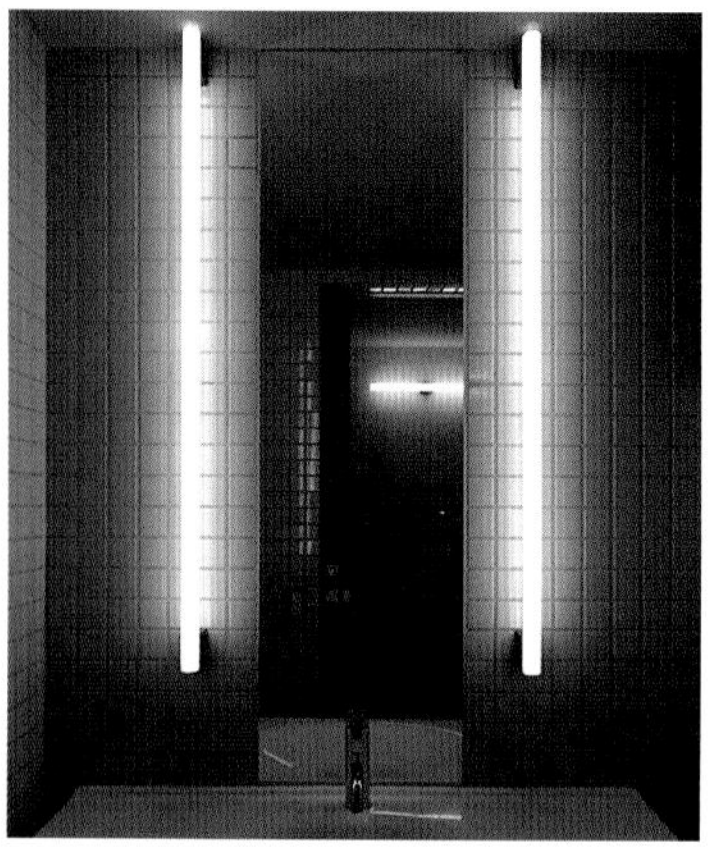

鏡の幅は15cm以上あれば、ちゃんと顔が映るので、あえて鏡を細くしてデザイン性を向上させるのもよい

ガラス製の洗面ボウルの裏に照明を付けた例

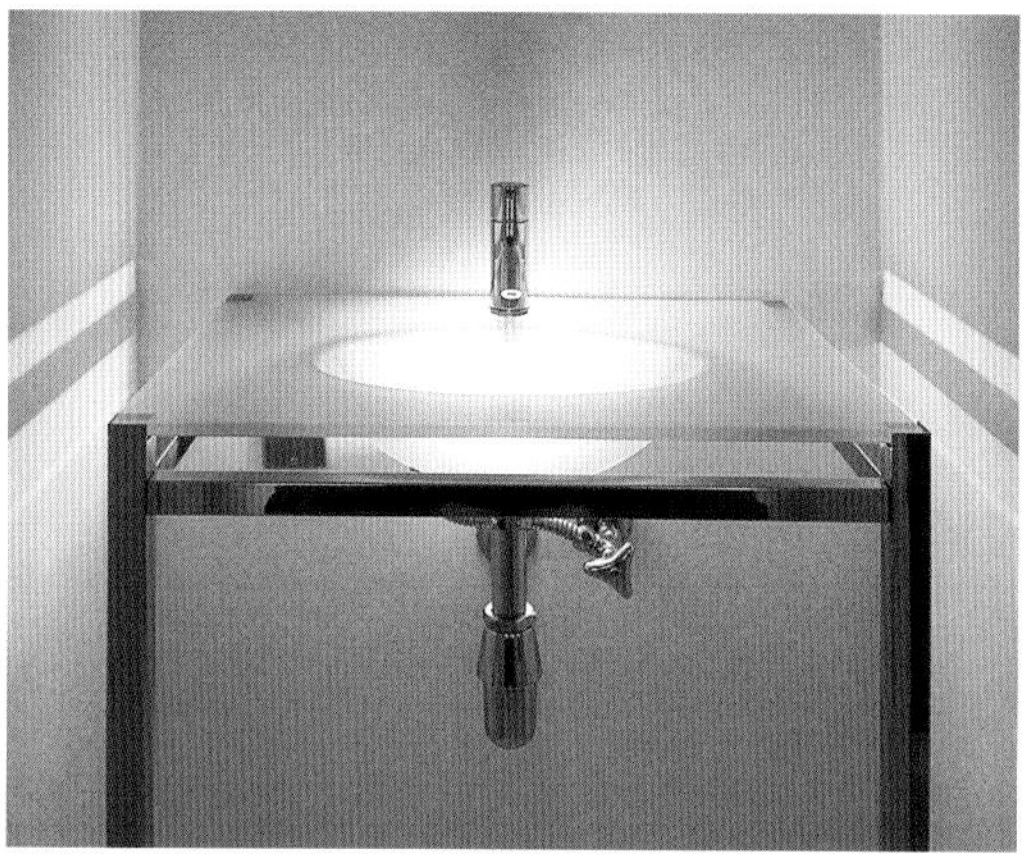

ガラスなど透過性のある洗面ボウルであれば、裏側などから照らすことで照明器具にすることもでき、演出効果も高い

開き勝手を工夫した洗面収納

洗面器側は小物収納、その奥はタオルなどの収納、下はバケツなどの掃除道具収納など、用途に応じて建具の開き勝手を変えると便利

洗面台脇の大収納

ドライヤーやバスタオルなど比較的大きなものを収納できる家具を、洗面台の脇に設けることもある

シティホテルの洗面スペースは、機能性とデザインを両立している。そのよい点を取り入れたい。まず洗面ボウル。これは2つほしい。若い世帯では朝の時間帯に効率よく使えるし、60歳前後の2人世帯では、「自分専用の洗面ボウルが欲しい（配偶者と一緒は嫌）」という要望もある。もちろん演出上も高級感が出る。

洗面ボウルを2つ並べたカウンターの最小寸法は、小さめの洗面ボウルが直径30cmなので、30cm×2＝60cm。壁と洗面ボウルないし洗面ボウルどうしのクリアランスが20cmなので、20cm×3＝60cm。60cm＋60cmで合計幅120cmは必要になる。ちなみに幅1m以上の洗面ボウルだと2人並んで使える。これに蛇口を2つ付け、洗面ボウル2つに近い利便性を廉価で得る方法もある。

洗面台のデザインは、コーリアンをカウンター材に用いてコーリアン製の洗面ボウルと一体にする手法や、木製カウンターに載せる、埋め込むという方法がよくとられる。この場合、カウンターは合板に突き板張りをしてウレタン塗装、もしくは幅接ぎ材のウレタン塗装が一般的だ。

洗面ボウルの数にこだわらなければ、カウンター・洗面ボウル一体の陶製洗面ボウルを壁から持ち出す方法が簡単だ。陶製なので水はねに強く、寸法も豊富で廉価なので、コス

人造大理石のカウンターに3面鏡の収納を設けた例

カウンターと一体の洗面ボウルを2つ設けている。正面は3面鏡のキャビネットで、下部は間接照明になっている

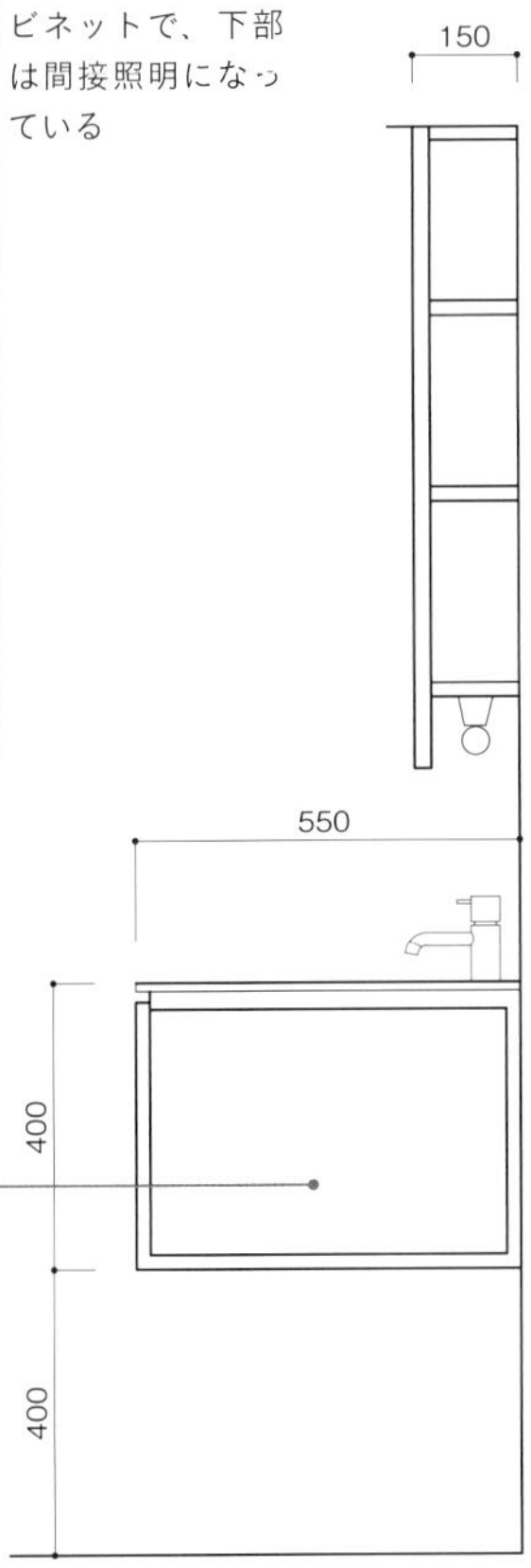

洗面収納の下をオープンにすると、狭い洗面室でも圧迫感が軽減され、バスケットや体重計などを置くスペースにもなる

カウンターに半埋め込み式の洗面ボウルを入れた例

間接照明でアクセントとなるガラスモザイクタイルを照らしている。トイレはほかの部屋と分かれていることが多いので、ほかとの調和を気にせず遊んでも面白い

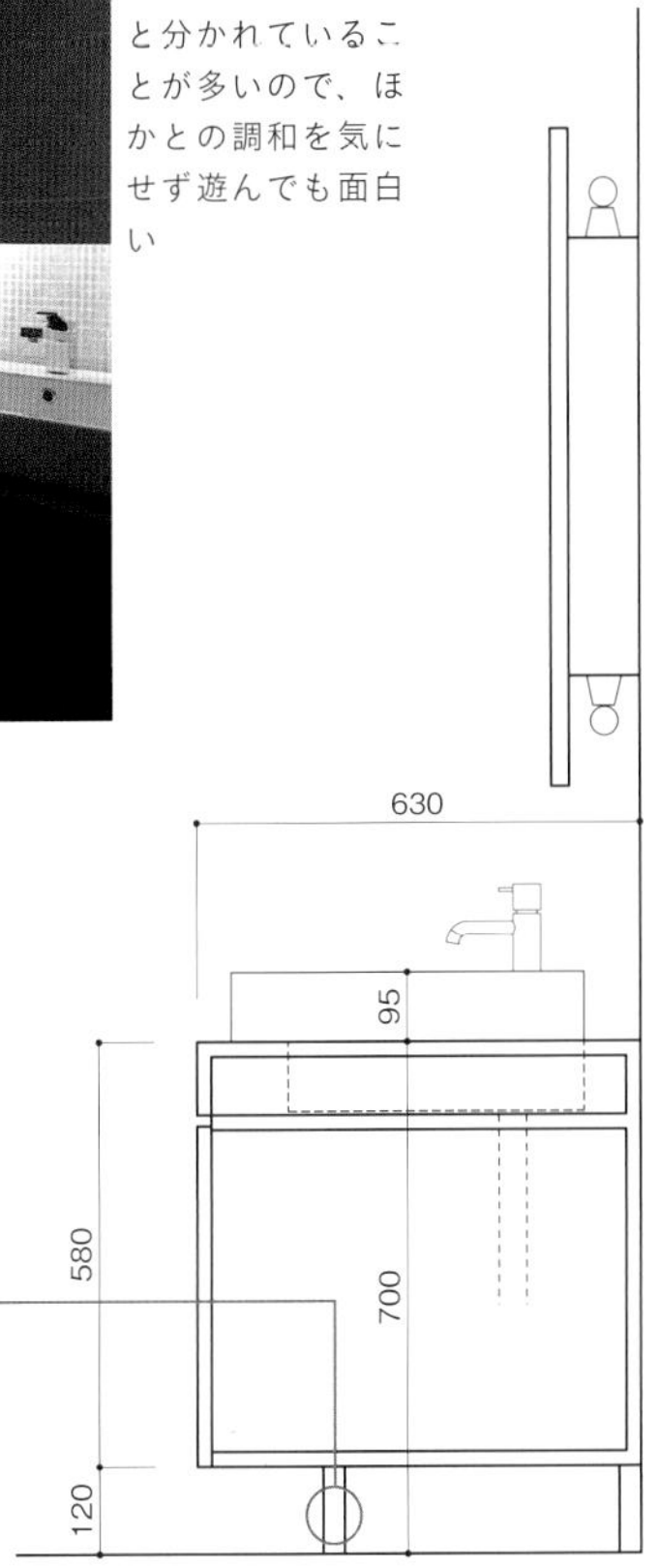

収納は床から少しでも上げて床を飲み込ませると、狭い洗面空間にも広がりが生まれる

カウンター付きの陶器の洗面ボウルを壁につけた例

間接照明によって照らされる面は、浴室と形状の異なるモザイクタイル張りとした

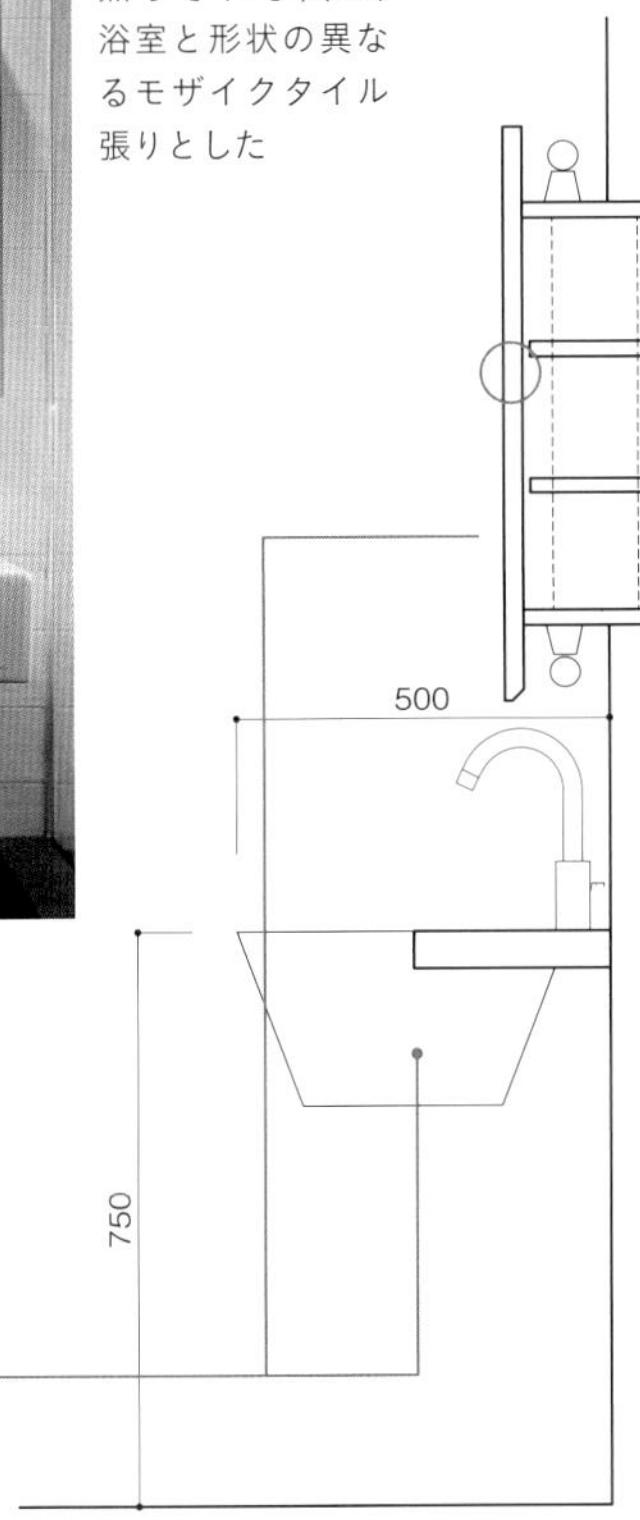

洗面ボウル、上部の間接照明・3面鏡付きのキャビネットのどちらも壁に付ければよいので、取合いは少なく、デザインが容易

トに余裕がなくても採用しやすい。

なお洗面台の下部は開けたほうがすっきりして見える。ただし完全にオープンにすると配管などが露出するのでハードな印象になりすぎるきらいがある。床から20～30㎝上がったところに天地40～50㎝程度の収納を設けるとバランスがよいようだ。

顔がよく見える鏡で信頼を

鏡もポイントだ。1つは壁全面の鏡とする手法だ。大きなサイズでも広がりにつながるので躊躇なく採用したい。ガラス製の鏡は幅1m×高さ1.2mまでなら簡単に入手できる。また鏡の厚さは5㎜で内装タイルと同じなので、洗面の壁をタイル仕上げとした場合でもタイルと面ゾロで納められる。固定方法は、専用接着剤を団子状に壁に仮付けしたうえで鏡を押し付け、接着剤を伸ばすように張る。これでかなり強力に固定される。なお、鏡と壁や天井との取合いはシールで処理している。

逆に幅150㎜程度のスリット鏡で演出するのもよい。30㎝離れれば幅15㎝でも顔全体は写る。右頁中段左の写真のように、スリット鏡の脇をハリウッドランプ風に照らすのも、化粧時などに重宝する。

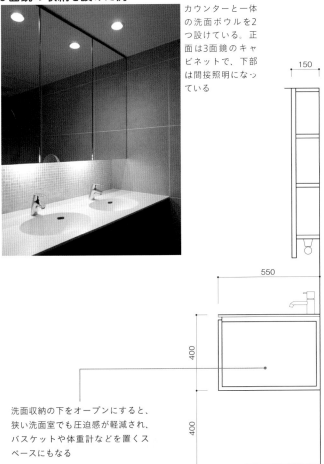

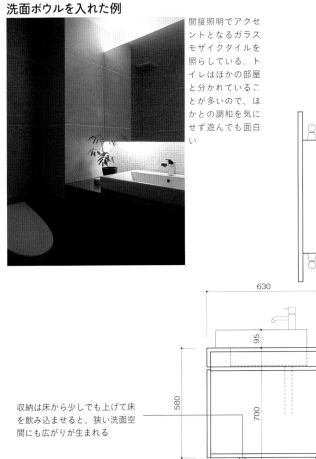

ホテルライクなトイレのつくり方

コンパクトなトイレ空間の工夫

平面図（S＝1：50）

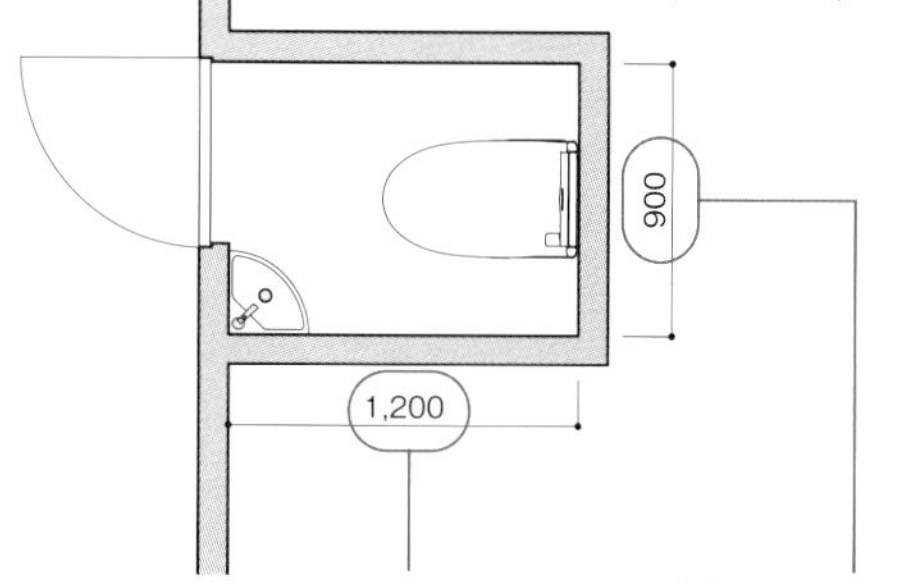

タンクレストイレが小型化したことにより、必要な室内寸法は幅800～900㎜、奥行1200㎜～程度で納まるようになった。ただし手洗器が必要になるケースが多い

コーナーの手洗器は邪魔になりにくくてよい。間接照明は来客者が使用したときに好感度が高まる

手摺が必要になる場合も、配置や質感に配慮する

タオルや小物が置けるカウンターに設けられたコンパクトな手洗器

断面図（S＝1：50）

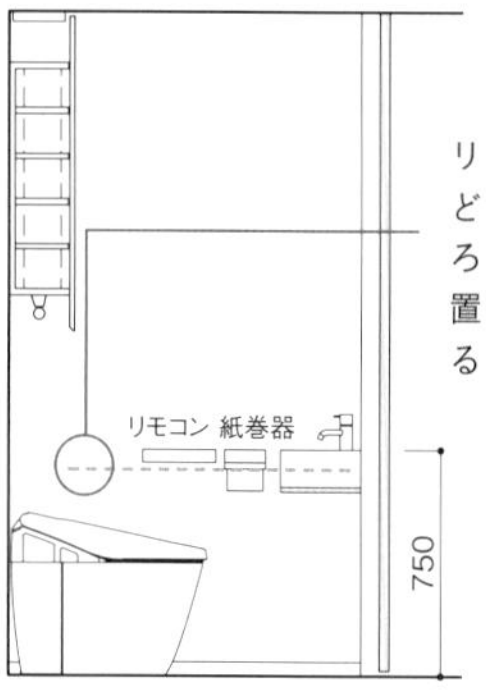

リモコンや紙巻器などは手洗器の上端そろえにするなど、配置を整理して設置するとよい

断面図（S＝1：50）

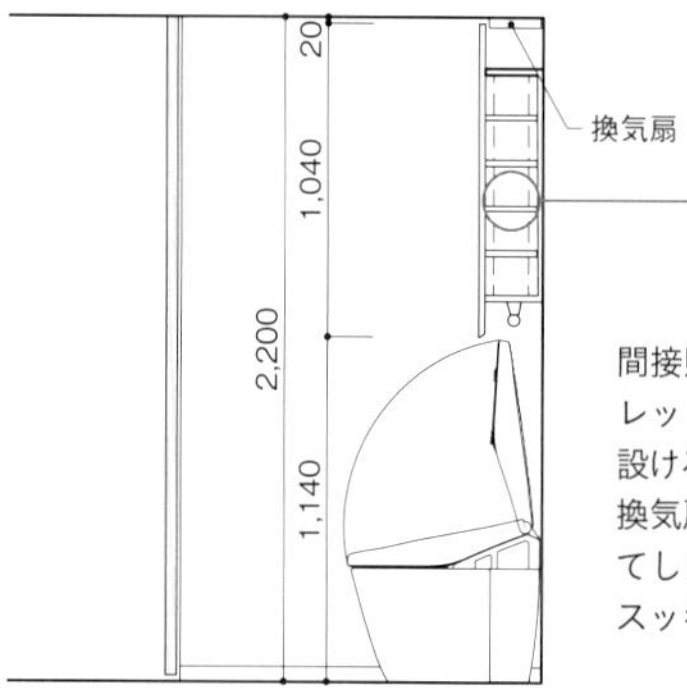

間接照明を兼ねたトイレットペーパー収納を設けるとよい。その際、換気扇も収納扉で隠してしまうとより空間がスッキリする

トイレは遊べる空間である。狭いので少々凝った仕上げを採用してもコストにあまり響かないし、完全に個室なのでほかの部屋との統一感をさほど気にしなくてよいためだ。トイレだけ色を使うのもいいし、演出照明の効果を試してもよい。「お客さんをもてなす空間として考えましょう」というと、凝った設計がお客に承認されやすい。

まず壁・天井仕上げだが、塗装やベニヤ張りでもよいが、臭いの問題を考慮するなら珪藻土などの左官仕上げがお勧めだ。照明との相性もよい。床はフローリングでよいが、子どもが粗相をするならメンテナンス重視で石やタイル、コルクタイルなどもよいだろう。

最近のトイレはタンクレスタイプが主流なので、手洗いが必要になる。設置位置は便器の前方で、出入口の扉が干渉しない位置になる。リモコンやペーパーホルダー、タオル掛けは手洗いの手前にまとめるとよい。設置高さは手洗い天端そろえが基本となる。

また、換気扇パイプファンは極力見えないように収納で隠すのが鉄則だ。扉と天井の間に隙間を2cm程度開ければ換気は働く。収納の下部には扉などで隠れる位置に電球色LEDを入れて間接照明とすると雰囲気をつくりやすい。

くつろげる寝室の仕上材・収納のまとめ方

寝室はいろいろな使い方がされる部屋である。人によっては個室を兼ねるが、個人的にはゆっくりと休むための部屋とすべきだと考える。

寝室の仕上材を決める際には2つの考え方がある。1つはLDKの延長としてとらえる考え方、もう1つは締め切っている部屋なのでほかの部屋とがらっと雰囲気を変えるという考え方である。いずれの場合も、布団などに湿気が移らないように調湿性の高い建材とする。砂漆喰や珪藻土などはほこりに対する吸着性や吸音効果もあり、喘息持ちの方を含めて総じてお客の評価は高い。

演出的な手法としては、ホテルで見られるように、ベッドのヘッドボードの背後の壁のみにアクセントカラーを用いるやり方もある。ベッドルームのみ雰囲気を変える場合などは効果的だ。なお、寝るためだけのスペースとする場合は、天井高さは低めでも構わない。

寝室でもう1つポイントとなるのはウォークインクロゼットのつなぎ方である。基本的には、化学薬品で防虫をするお客の場合は扉を設けて寝室と縁を切るようにする。そうでないときは扉は省略してオープンにしたほうが使い勝手はよい。たまに金庫を兼ねるお客もいるので、その場合は金庫に錠がかけられるようにする。

くつろげる寝室の工夫

寝室にはあまり家具を置かない

寝室にはタンスなどの家具をあまり置かず、チェスト程度に留めて、ウォークインクロゼットを設けたほうがスッキリする

調湿・消臭効果をもつ仕上材を使う

寝室の仕上材には、調湿効果と消臭効果の高い漆喰などの左官材を用いることが望ましい

窓際のカウンターとベッドの間に設けた収納

ベッドサイド収納の反対側の下部は引出しになっていて、書斎用に書類がたくさん収納できる

ベッドサイドの収納には、目覚まし時計や本などを置く。適度な採光が可能なように抜けもつくっている

寝室の中にウォークインクロゼットを設けた例

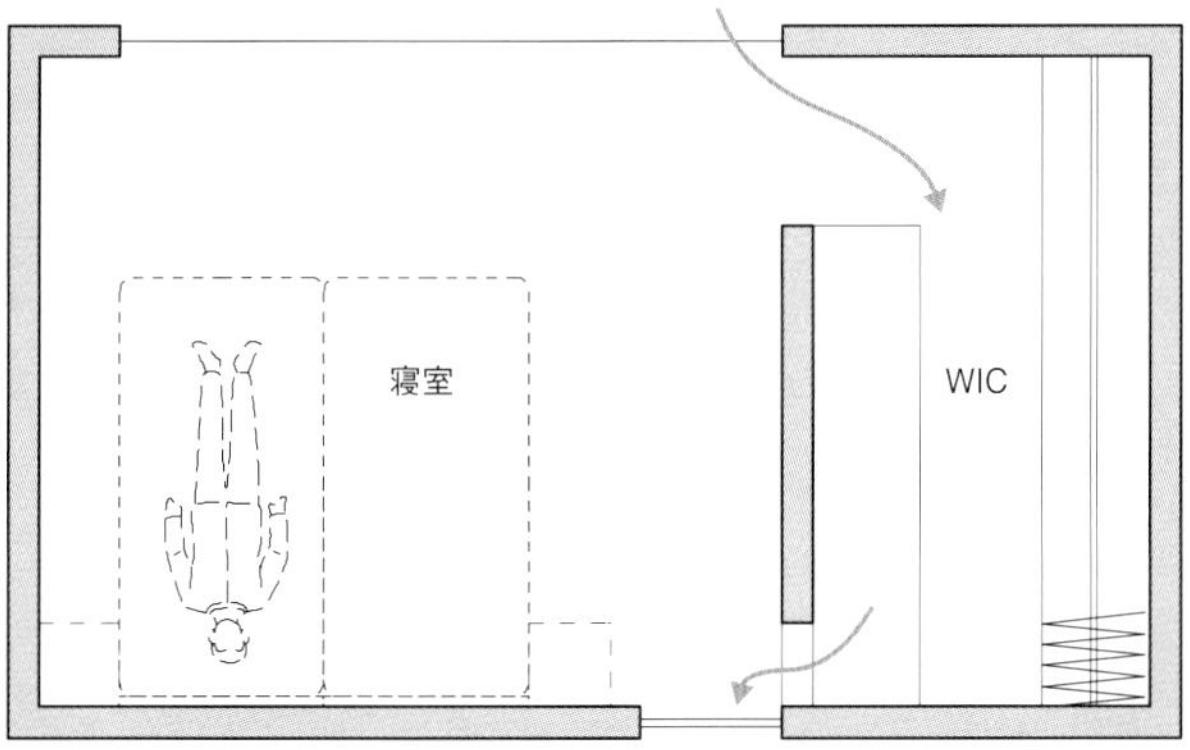

風通しをよくするか、気密性を高めて防虫するかの方針によってつくり方が変わる。入口に玄関錠をつけて、旅行中などの金庫代わりにすることもある

感じのよい玄関は「引き」がポイント

大通り沿いで引きがとれない玄関アプローチ

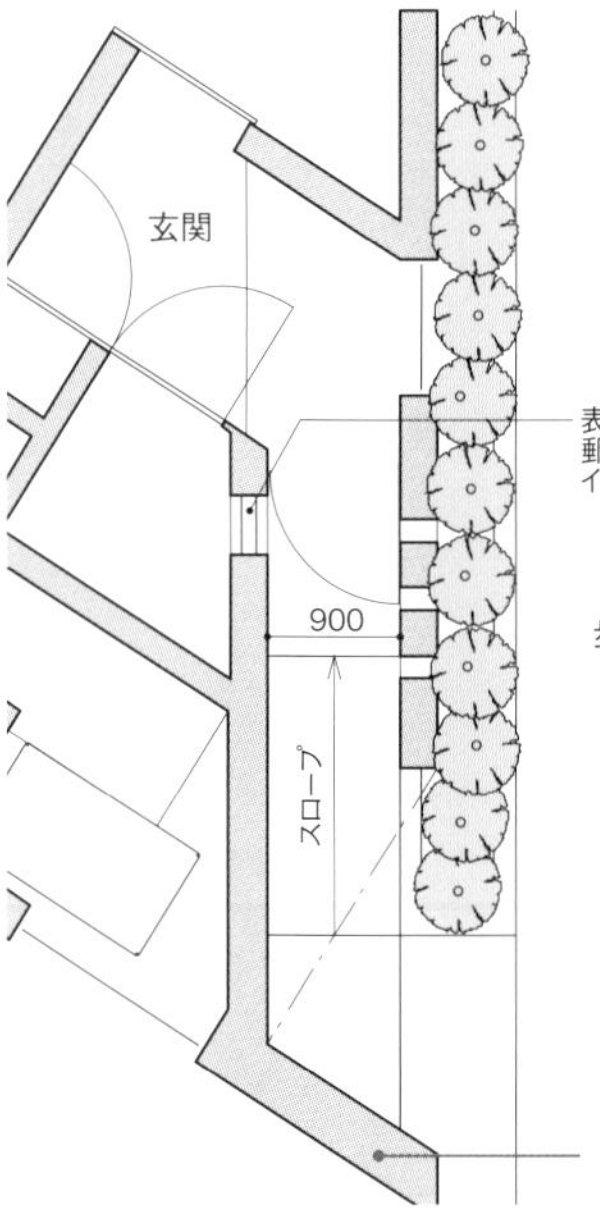

引きがとれない場合は、斜めに入るとアプローチがとれる。植栽を植える場所は150㎜程度の幅があれば緑が育つ

歩道との間に少しでも緑地帯を設けると、豊かな印象になる

比較的引きがとれる場合の玄関アプローチ

塀などは立てずに開放することで、歩道も取り込んだアプローチ空間に

外からは家の内部が見えないように。玄関前にいる泥棒は外から見えるように工夫する

車の場合、駐車場から玄関・収納へと、雨に濡れず土足のまま移動し、収納できる

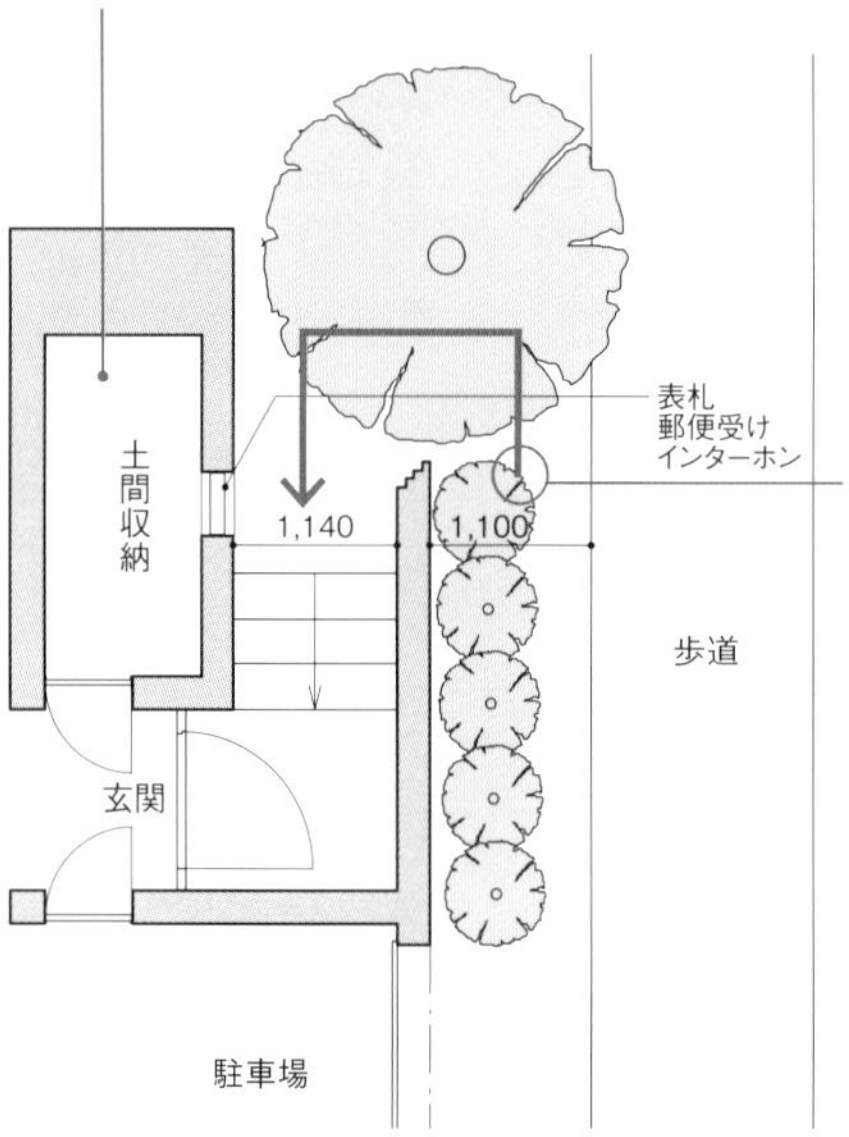

外部から玄関へは袖壁などで回り込むような動線にすると見た目にも心理的にも落ち着いた印象になる

住宅を部位や部屋で分けたとき、玄関は、外観の次に人目に多く触れる場所である。また、外部との接点であるので、昨今のライフスタイルの多様化を受けて、一時収納スペースや作業場を兼ねる場合もある。

感じのよい玄関は「引き」が重要

どちらにしても玄関はアプローチとの関係で考える。まずは道路との関係だが、「引き」が取れるときは敷地境界に塀をつくらないのが基本。中段の写真のように歩道と一体化するくらいにゆったり構えたい。

「引き」の取れないときは、15㎝でもよいので道路境界から後退させる。15㎝あればぎりぎり植物が植えられる。植栽によって道路と建物の間にバッファーができて、街との関係がぐっとよくなる。アプローチは上図と写真のように折り返すように歩かせ、玄関に斜めにアクセスさせると省スペース化が可能になる。

玄関スペースと居室との関係で考えることは、家の奥が見えないように配慮することである。プラン上の工夫でもよいし、下駄箱で視線を遮蔽するのも手である。

このようにアプローチや玄関は公と私の境界であり、「開きつつ閉じる」ということが上手にできると、使い勝手がよく、感じのよい場所となる。

玄関の雰囲気をよくする土間・框の工夫

大理石の玄関土間

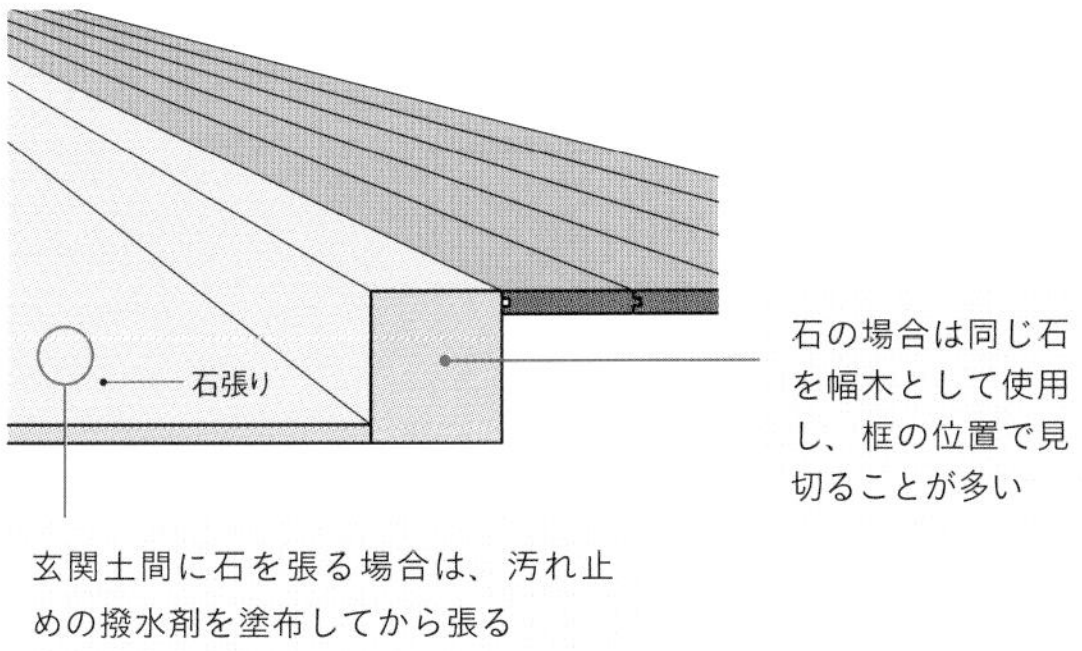
石張り
石の場合は同じ石を幅木として使用し、框の位置で見切ることが多い
玄関土間に石を張る場合は、汚れ止めの撥水剤を塗布してから張る

大理石の玄関土間には、同じ大理石の玄関框を入れることが多い。床の仕上材はバルサモという深い赤褐色の香木

テラコッタタイルの玄関土間

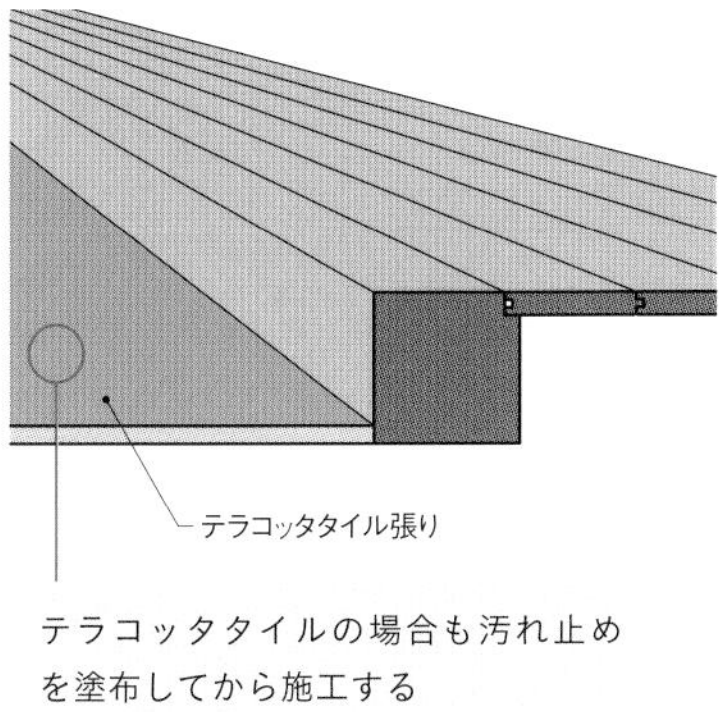
テラコッタタイル張り
テラコッタタイルの場合も汚れ止めを塗布してから施工する

テラコッタタイルの玄関土間と、パイン材の框とフローリングを合わせた例。パイン材のほか、カバザクラなどの明るい色のフローリングと合わせることが多い

豆砂利洗い出しの土間

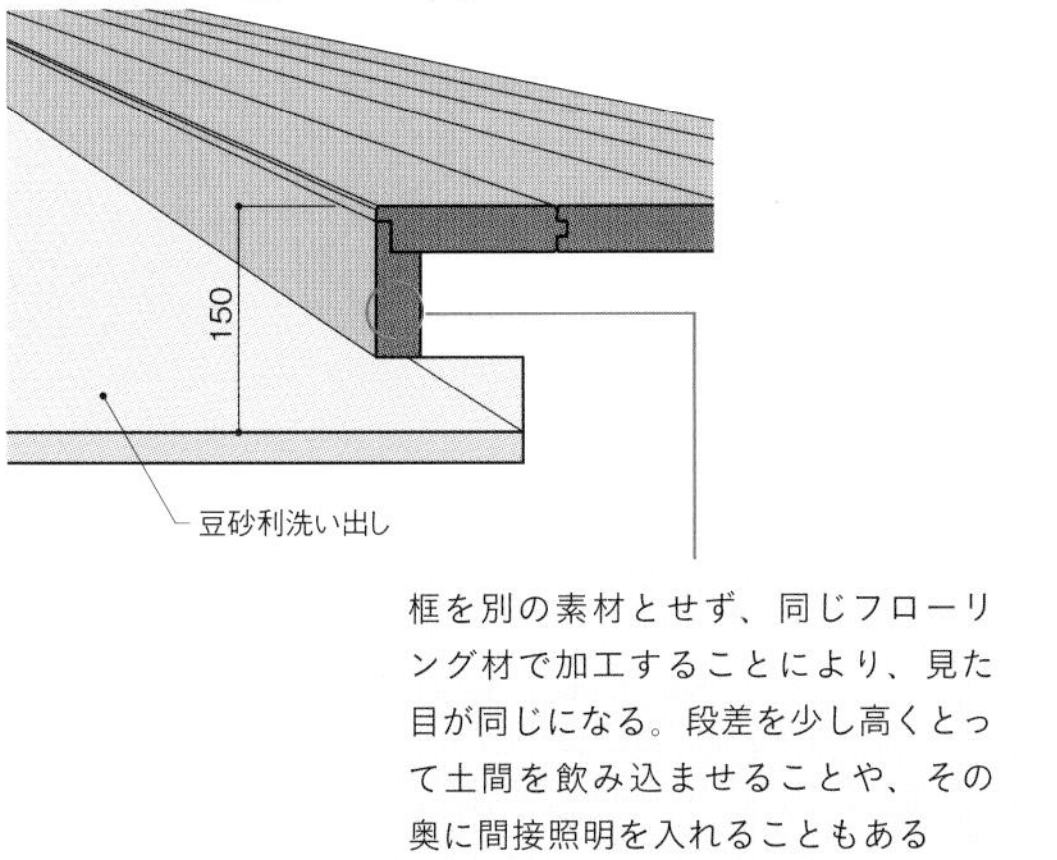
150
豆砂利洗い出し
框を別の素材とせず、同じフローリング材で加工することにより、見た目が同じになる。段差を少し高くとって土間を飲み込ませることや、その奥に間接照明を入れることもある

スギの厚板と豆砂利洗い出しの土間の例。フローリング材を連続させ、上がり框が主張しないデザインとした

玄関は公と私の境界であり、外部の延長である土間から上がり框を介して家のなかとつながる場所となる。土間と上がり框、床の仕上材は、外部と家のなかを緩やかにつなぐように選定したい。

土間と上がり框は一体で考える

床材は先行して決まっている場合が多く、土間の仕上げと上がり框の素材は同時に決まる。よくある組み合わせを上の写真と図に示した。

上段の写真と図にあるように大理石で土間を仕上げる場合、ここでは上がり框も大理石とするのが望ましい。大理石の上がり框と取り合う床材は、木材とするならばカリンなどの重厚な素材でないと釣り合わないだろう。

このほかスレートや玉砂利、テラコッタなどの素材で土間を仕上げる場合は、上がり框は床材と共材で仕上げるとよい。テラコッタなどの風合いのある材料は、パイン材やカバザクラなどの明るい雰囲気の床材と相性がよく、カジュアルな雰囲気を醸し出せる。玉砂利は和の雰囲気になり、スギやカラマツなどの床材と相性がよい。この場合、材の節が多いためくだけた雰囲気になりやすいので、一番下の図のように上がり框を省略したように納めるとすっきりとした現代的な雰囲気になる。

狭さを感じさせない玄関収納デザイン術

飾り棚と間接照明で狭さを感じさせない玄関収納

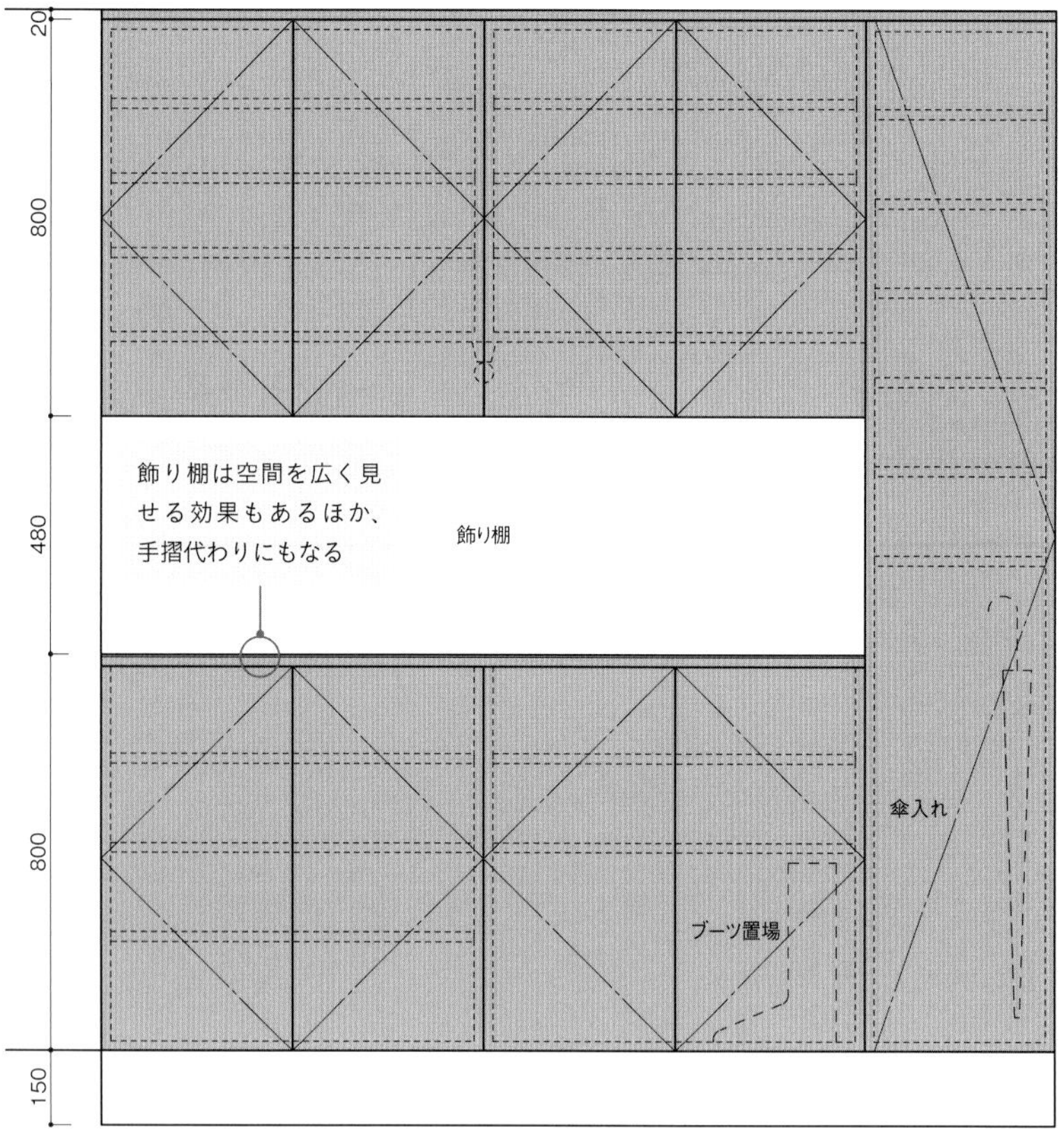

下駄箱には通常の靴のほかブーツや傘など背の高い物が入る場合もある。長ものが入る可動棚があると便利。また、印鑑や小銭などをおくニーズに対応して一部を引出しにする場合もある

ここでは玄関の圧迫感を抑えるため、建具も含めて白く塗装をしている

基本的に玄関収納の仕上げは、家のなかの印象と異ならないよう、ほかの家具や建具と同様の仕上げで考えてよい。ただし、狭い玄関スペースの場合は圧迫感を感じさせないように、壁と同化させて白くすることもある。姿見などは枠を設けず床などに接して張ると空間に広がりが生まれる。その際は接着張りで対応する

玄関は外部との接点だけに、収納物の種類が多く、求められる収納量も多い。メインは履物だが、ブーツからサンダル、子供靴までさまざまなサイズがある。これに傘やゴルフバッグなどの長ものやおもちゃなどが加わってくる。

これらを要領よく収納できるように配慮するのは当然だが、同時に、玄関は来訪者をもてなすためのスペースでもあるので、大きな収納を設けることで圧迫感が強くなっても印象がよくない。

間接照明と鏡の効果

これらの2つの要求を満たすための手法として、よく採用されるのが**図**のような収納である。収納の中央をくり抜いたようなかたちとして、同時に下部も床から20㎝程度上げる（上がり框と同じ高さ）のがポイントである。いずれの場所にも間接照明を仕込むことで、圧迫感を緩和することができる。間接照明の光源は電球のLEDを使うことが多い。

中央のくり抜いたようなスペースは飾り棚とする。そのスペースに草花や工芸品などを飾ることで、もてなしの気持ちを表現することができる。また手をつきやすい高さに天板を設けることで、手摺の代用になる。届いた郵便物を受け取る際にも仮置きができるので便利である。同様に、足元を浮かせた部分にはサンダルなどの日常掃きを置けるように配慮している。

扉の面材は居室の家具と合わせるのが基本である。収納を閉じたときに主張しないシンプルなデザインとなるよう、手掛けは設けず、扉にテーパーをとることで手掛け代わりになるようにする。

圧迫感を緩和するという意味では、姿見の配置を工夫すると効果がある。上の写真のように、枠を設けず床面が映り込むことで広く感じられる。

chapter

4

上質な空間のための照明デザイン

インテリアをより際立たせるうえで欠かせない照明。
できるだけ照明を自然の光のように見せるのがポイントだ。
本章では、さまざまな照明器具の使い方のほか、
建築物に照明をしのばせる建築化照明、部屋別の照明設計についても解説する。

どうして住宅のインテリアで照明が重要なのか

ライティングダクトに設置したスポットライトを主照明としつつ、造付け家具に間接照明を設けたLDKの例

ホームシアター鑑賞時は、ソファ上部のスポットライトを調光して点灯し手元を照らす

視覚的な効果でいうと、上手・下手で一番差が付くのが照明である。

昨今のお客は商業空間での体験を住宅に持ち込もうとするので、そうした要望に応えるという意味でも照明設計のノウハウは不可欠である。

まずインテリアデザインにおける照明の効果についておさらいしてみる。1点目は高級感の演出だ。陰影をつけたり、色調を調整することで空間全体にメリハリがつき、家具や小物などがぐっときれいに見える。同じ空間でも、レンダリング前のCG画像とレンダリング後のCG画像のような大きな違いがある。

もう1つの照明の効果が、見せたくないものを隠せる点だ。生活感が強く出てしまう持ち物などのエリアの明かりを落としてしまえば、くつろぎ時にはそれらの存在を意識しないですむ。視覚的な効果は精神にも影響を与える。上手に設えられた明かりの環境は、そこにいる人をリラックスさせる。これもお客の満足度をぐっと高めてくれる。

これらの効果を得るために、高級な照明器具は必要ない。インテリアの質を向上させるうえで照明は極めて費用対効果が高い手法である。

こうした多灯分散照明と言われるものは、文字通り、必要なところに必要な明かりを分散して配置する手法である。一般的な住宅でみられる

写真:渡辺慎一

ソファ上部に設けたダウンライト。光源はコントラストの弱いレフ球を採用

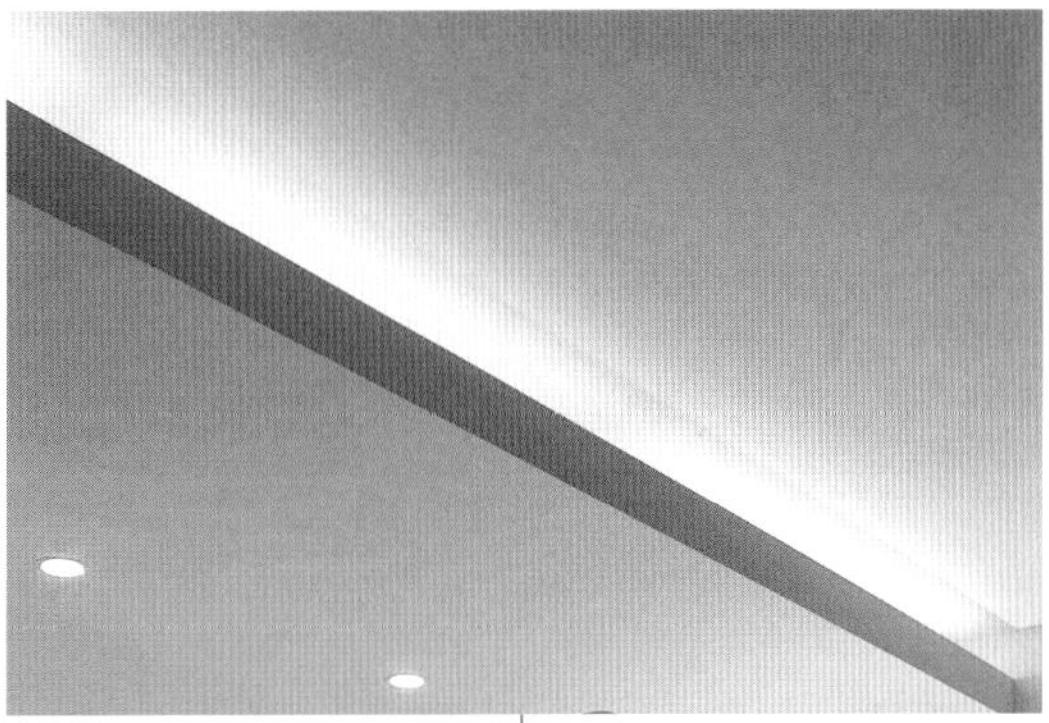

天井際に設けた蛍光灯の間接照明。調光によりかなり明るくなるので作業にも適している。白い天井面を広く照らすため、全般照明にもなる

ダウンライト、間接照明、スポットライト、フロアランプによる多灯分散照明のLDK

キッチンカウンター上部に設けたスポットライト。明るさや照射の向きを変えるなど融通がききやすい

フロアランプは補助照明や雰囲気づくりに有効な手段。あらかじめコンセントの配置に注意したい

シーリングライト1灯で部屋の隅々までを照らす手法とは対照的だ。

分散配置のため照明器具の個数は多めになるが、1つ1つの器具は小型で安価なものが中心となるので、イニシャルコストはさほどあがらない。むしろ生活していくなかでは不必要な個所の照明を細かくオン・オフできるので、光源の選択によっては節電をしやすくなるといえる。

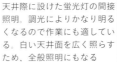

インテリアを格段によく見せる照明の基本

基本となる多灯分散照明の手法について簡単に説明する（**下図**は間接照明を中心に解説）。まずスペース全体の最低限の明るさを確保するための照明を配置する。これを「ベースライト」という。ムラのない光環境をつくりやすいダウンライトや間接照明が多用される。ダウンライトは天井面が暗くなるのでメリハリもつけやすい。

この「ベースライト」に、さまざまな目的の光を「乗せて」いく。まずは機能的な明かりである。狭い範囲を明るく照らすスポットライトが代表格だ。調理を行う際の手元の明かりやダイニングテーブルの上の料理をおいしそうに見せる明かりに適している。それぞれの目的に合わせた光源を選択すると、より効果が出やすい。たとえば寝室や洗面に必要な明かりはもっと柔らかい光なので、その場合は左頁の**写真**のように、間接照明など用途に合わせた明かりを「乗せる」とよい。

リビングダイニングの間接照明　天井面の段差を利用する

ライティングダクト、天井際の間接照明、ペンダントを組み合わせた多灯照明のリビングの例

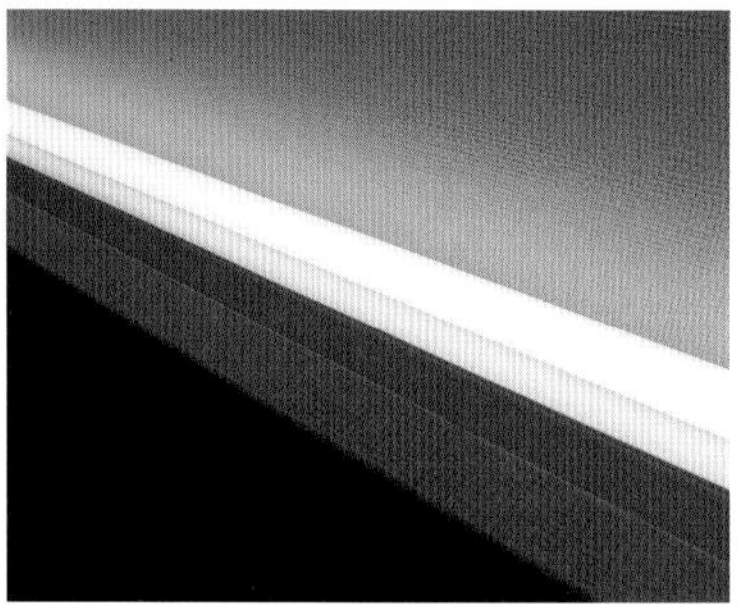

天井際のスリットに、電球色のシームレスラインを設置している。専用の調光器を付けることで、調光も可能である

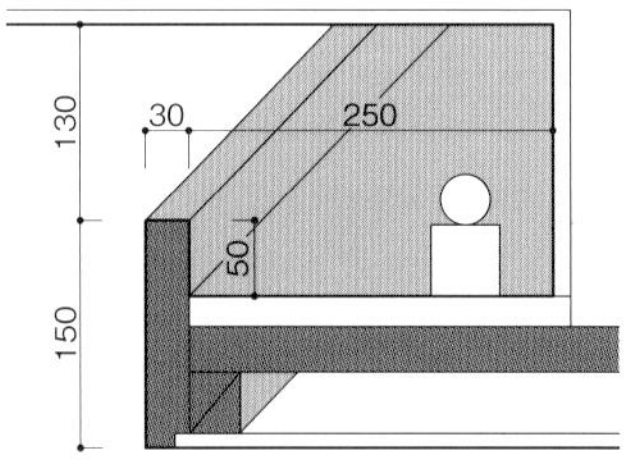

天井際に間接照明が設置されている部分断面の例。照明器具は表から見えないようスリットの寸法などに注意して、光だけが見えるようにする

キッチンの間接照明　棚下に蛍光灯を設置するのが基本

吊戸棚の下部に手元灯を設けた例。キッチン面材はメラミン化粧板、カウンター周囲の壁面はステンレスで仕上げている

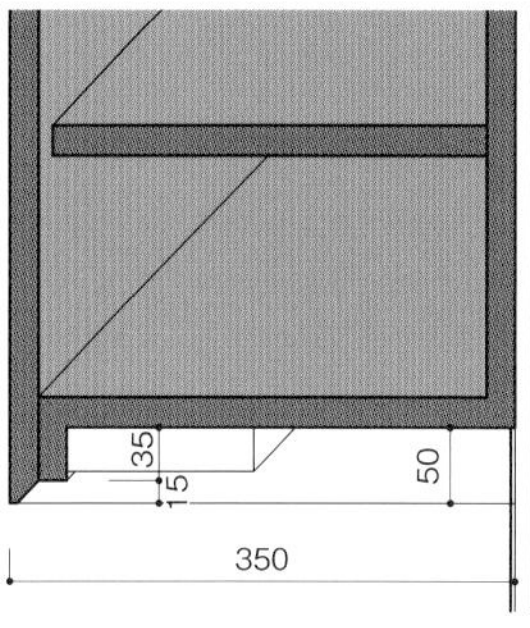

吊戸棚下部の断面の例。扉や家具の底板をかぶせるように納めることで、表から照明器具が目立たないようにしている

吊戸棚の下部の壁際に手元灯を設けた例。LEDでも電球色にすることで、光の違和感は減少する

写真：村上建築設計室（100-105頁）

もう1つの用途は演出（雰囲気づくり）だ。演出が効果を発揮するのは、リビングなどくつろぐ場所である。この目的には造作家具などに設えた間接照明が効果を発揮する。このほか狭角のダウンライトやスポットライトでソファ廻りだけを照らし、周囲の明かりをすぱっと落としてコントラストを強調する方法もある。コーヒーテーブル上のグラスなどを狙うとグラスの縁がきらりと輝き、非日常感が味わえる。

クレーム回避には調光器

多灯分散照明とする際に、クレーム回避という点でポイントになるのが調光・調色機能付きの照明器具の採用である。明かりの感じ方には個人差が大きいので、未経験の照明環境に対しては「暗い」という言い方で拒絶反応を示すお客もいる。そこで明るめのワット数の光源を採用しておき、調光器・調色機能を使って暗くしたり、電球色にしたりして使用するというのが現実的だ。大抵はいつの間にか気に入った明るさ、色に固定してしまっているようだ。

最近はAmazon EchoやGoogle homeなどのスマートスピーカーの機能を使って、音声で調光・調色できるものも出てきている。リモコンやスイッチが必要なくなるので、選択肢として考えてもよいだろう。

寝室の間接照明　調光器により多目的に利用

ベッド脇の壁にニッチを設け、上部に照明を仕込んだ例。薄桃色の左官仕上げのニッチそのものが照明器具のようにも見える

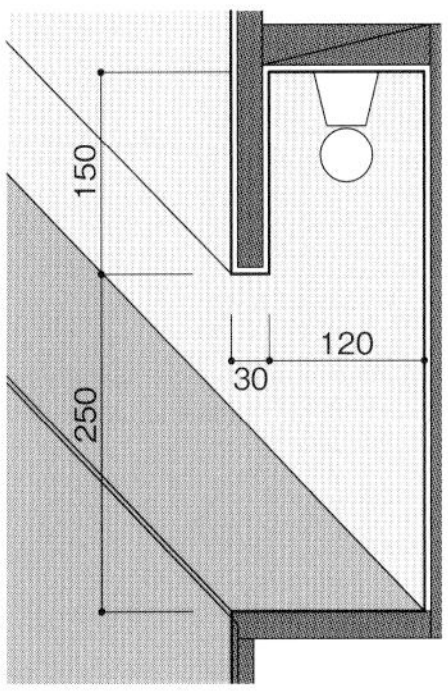

左写真の断面図。電球2灯を表から見えないよう奥側に設置している。2灯の位置のバランスも重要な要素

飾り棚を照らす照明としても使え、調光機能により就寝時の常夜灯にもなる

洗面室の間接照明　鏡の前で顔をきれいに照らす

顔を照らす主照明のほかに、鏡張りの浅い収納の上下に間接照明を設けている

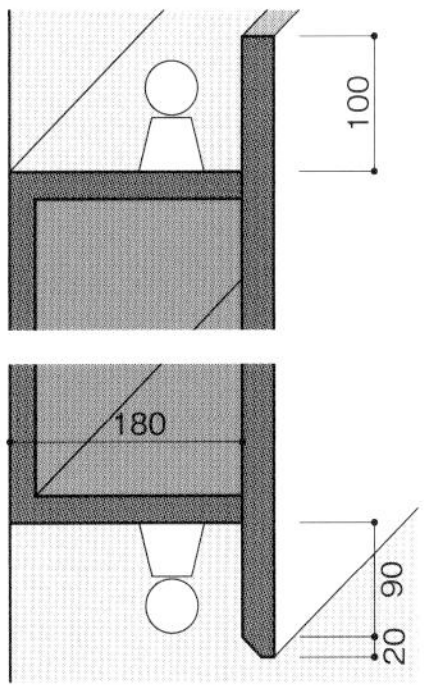

左写真の断面図。電球を上下に1灯ずつ表から見えないように扉を被せて設置している

壁面のモザイクタイルが照らし出され、柔らかい雰囲気に包まれる

玄関の間接照明　広がり感ともてなしの心を表現

下駄箱に2種類の間接照明を設けた例。別々のスイッチで各々を使い分け、玄関の雰囲気を変えて楽しめる

下駄箱下部の間接照明

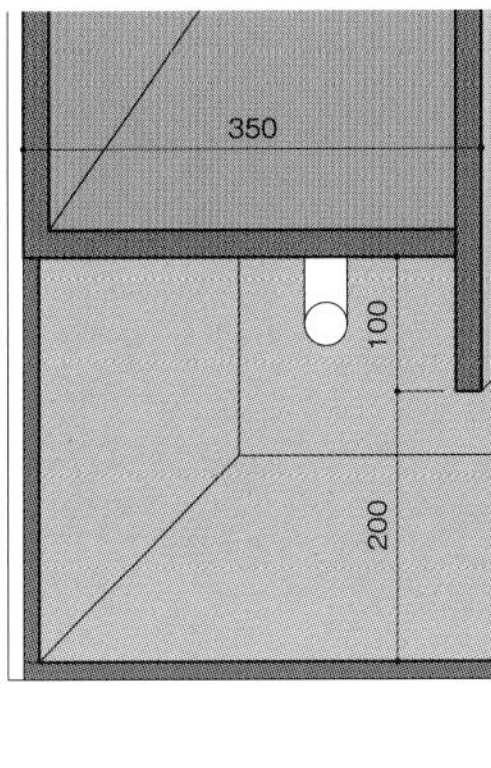

下駄箱の下部にスペースを空けて間接照明を設けると、床が奥までつながるように見えて、奥行感が生まれ、狭い玄関でも圧迫感が軽減される

カウンターの間接照明

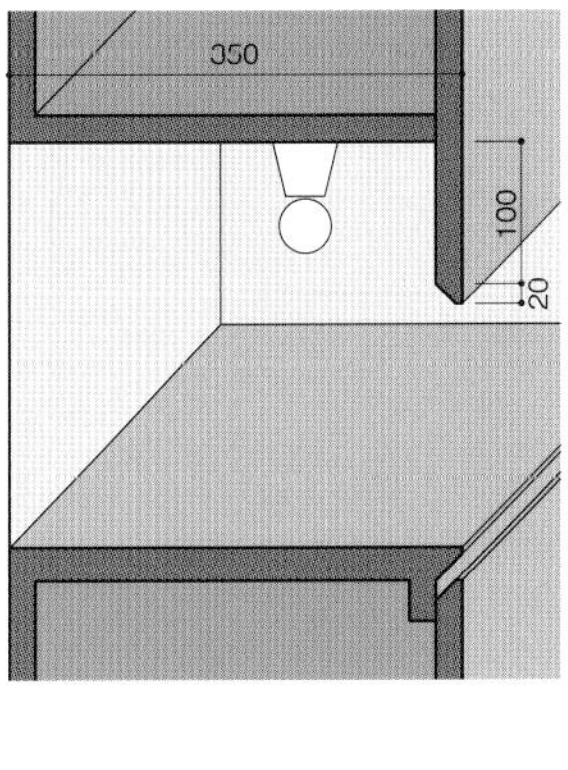

下駄箱の一部にオープンなカウンターを設けて、間接照明を設置した例。カウンターは飾り棚として使われるほか、鍵などの一時置き場としても便利

照明計画を失敗しないためのポイント

スポットライト　本来は狭い範囲を照らす照明器具だが応用が効く

天井懐がとれないところに設けたスポットライト。ピクチャーレールにかけられた絵画を照らすことも想定している

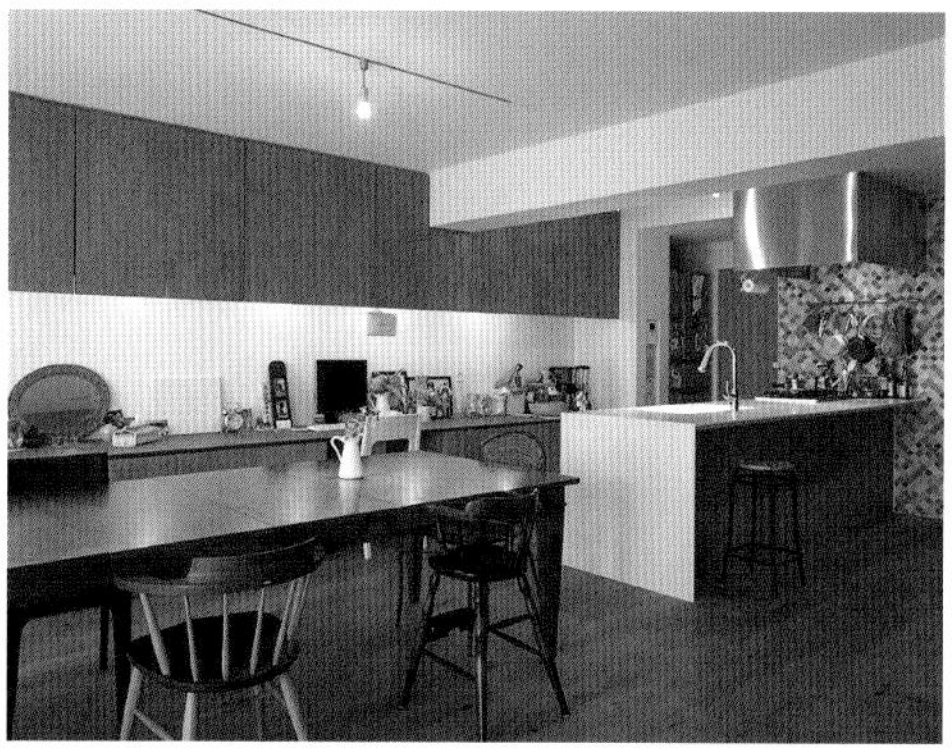

細長いリビングダイニングに直線状に設けたライティングダクトは、家具を置く位置を限定しない

ペンダントライト　明かりの形を見せる器具なので製品選定に注意

周りのデザインをシンプルにして、ペンダントを印象的に見せる手法。照明器具でインテリアの雰囲気が変わるので、慎重に選びたい

陶器のソケットにレフ球をつけたシンプルなペンダント照明。あまりデザインを主張しないので、和洋問わずさまざまな空間に調和する。調光できるので、通常の照明から常夜灯まで対応可

ダウンライト　照明計画の基本であるベースライトにもなる照明器具

バスタブ上部に設けたダウンライト。ハロゲンランプで水面を照らすと、水のゆらぎがきれいに見え、入浴をより豊かな気分に楽しめる

狭角のランプで床面をスポット的に照らした玄関のダウンライト

ダウンライトを通りよくレイアウトしたリビングの天井。このほか、壁際やニッチにも間接照明を設けた多灯照明とすれば、用途や気分によって照明環境を使い分けることが可能になる

表　主な照明器具と明かりの特徴

	目的	光の特徴	適用場所	採用上の注意点	その他
ダウンライト	・落ち着いた雰囲気の空間にする ・床面を部分的に照らす	・天井から下方に照らされる ・天井面は暗くなる	・ほぼ全室（ただし、天井裏にスペースがあるところ）	・明るい印象にはつながりにくい	・照射角度が広角のものから狭角のものまで各種ある ・ユニバーサルで向きを変えられるものもある
スポットライト	・対象を部分的に照らす ・照明の向きを変える	・部分的に明るくなる	・キッチン、リビング・ダイニングの壁や天井	・照明の数を気軽に変更したい場合は、ライティングレールを併用する	・じかに取り付けるフレンジタイプ、ライティングレールに付けるプラグタイプ、クリップタイプがある
ペンダントライト	・テーブル上を照らす ・インテリアの一部として見せる照明とする	・器具の材質や形状などにより、さまざまな光のものがある	・天井の高い部屋 ・ダイニングテーブルの上	・人がぶつからないところに設置する	・器具の形状と光の陰影がインテリアに大きな影響を与える
ブラケット	・補助照明として用いる	・形状によって、天井を照らす、壁を照らす、床面を照らすなど各種ある	・玄関や廊下、居室の壁 ・洗面室の鏡廻り ・バスルーム	・人がぶつからないところに設置する ・光源が眩しくないようにする	・器具の形状と光の陰影がインテリアに大きな影響を与える
スタンドライト	・補助照明として用いる ・インテリアの一部として見せる照明にする	・器具の材質や形状などにより、さまざまな光のものがある	・リビングの床やサイドテーブルの上 ・ベッドサイド ・デスクの上	・器具が目立つので、インテリアに合うデザインのものを選ぶ	・状況に応じて、後から気軽に設置できる ・壁や天井を照らして間接照明とする場合もある
間接照明（建築化照明）	・間接的に部屋を照らす ・器具の存在が見えない光だけの明かりとする	・反射光で空間が柔らかく明るくなる ・半透明の素材を使い、壁や天井自体を光らせることも可能	・リビングの壁や天井 ・壁面のニッチ ・玄関収納など	・光源が見えないようにする ・電球が取り替えやすいように配慮	・照らす対象物次第で光の質も変わるので、壁や天井に不陸をなくすなど施工に注意する

次に明かりで失敗しないための基本的なポイントについて解説する。

最初のポイントは照明器具の種類がミニマムになるように計画することだ。ダウンライトを中心にするとよい。ダウンライトは光源や光の広がり方などにさまざまな種類があり、多用途に使うことができる。

ダウンライトだけでは足りない場面は、主に作業面を照らすときだ。これにはスポットライトが適している。特にキッチン廻りと相性がよい。明かりの方向が簡単に変えられるので、パソコン作業や子どもの宿題など、多目的に使うキッチンカウンターにも適している。

このほか、天井高さを稼ぎたいとき（リノベーションでダウンライトを用いるだけの天井懐がないときなど）には、ベースライトとしてライティングレールにスポットライトを取り付けて用いることがある。ダウンライトと比べると明暗差がついて落ち着きのない空間になりやすいので、なるべく光が広がる器具を選択する。

ライティングダクトのよいところは、家具の配置や部屋の使い方が変わっても容易に対応できる点だ。器具交換も容易なので、能動的に家にかかわるタイプの施主には喜ばれる。

次のポイントは、照明器具の配置だ。ダウンライトは、構造のグリッドに載せるのが基本となる。部屋ごとに割るというより廊下を含めたフロア単位できれいに割れるように考える（大壁で構造要素がまったく見えないときは部屋単位で割ってもよい）。グリッドに乗らないときは、ダウンライトを避けてライティングダクトで逃げるも1つの手である。

ペンダント照明は必要か

また、ペンダント照明などの器具自体を見せるデザインのものは、動線から外れる位置で、かつ食卓に座って眩しくない位置に設置する。体に当たったり、やたらに視界に入るような配置になると生活するうえで鬱陶しい。

なお、ペンダント照明のシェードの色や形は全体の雰囲気に大きな影響を与えるので、慎重に選択したい。料理をおいしそうに照らすだけならレフ球の裸電球でも十分だ。もしも食卓にシンボル的な明かりがほしい場合には欧米のように背の高いスタンドライトを利用すると、使い勝手や雰囲気づくりの点で幅が広がる。

3つめのポイントが、照らしてよいものと、ダメなものを区別することだ。ダメなものは短い壁や火打ちなどで、照らしてもきれいに見えないし、むしろ意識させたくない要素である。逆に照らしてよいものは大きな面、壁や天井、カーテンなどのテキスタイルである。

玄関の照明は演出も大切

玄関は外部との接点であり、物の出し入れや履物の着脱が頻繁に行われるため、機能性を踏まえた照明計画が求められる。土間部分にはダウンライトが必要。上がり框の少し先にも1灯ほしい。

土間部分の明かりは人感センサーで制御するとよい。荷物などで手がふさがっている帰宅時に重宝される。

注意点はセンサーの方向だ。姿見を見るときの動作や靴の着脱の際に誤作動しないよう、センサーの方向には気をつけたい。可動型のセンサーを採用し、住んでから調整するのが確実だ。

玄関収納と明かりの関係

玄関はお客をもてなす場でもある。演出用の明かりも大切だ。基本は家具に間接照明を仕込むこと。左頁中段の写真のように飾り棚を照らすと、圧迫感が緩和される。郵便物の受け取りも楽である。

同様に床面を照らせば軽やかさを演出でき、サンダルなどを取り出しやすいくなるメリットも得られる。なお、仕上材によっては光源が映ってしまうので注意したい。

廊下など隣接するスペースに十分な収納を設ける場合は、左頁右上の写真のように、下駄箱は腰までの高さに抑えて抜け感を演出できるので、照明は下駄箱の直上のダウンライト1灯となりぐっとシンプルになる。

下駄箱の下部に間接照明を付けた例。大きな家具も圧迫感が軽減する。ほかに人感センサーで点灯するダウンライトが上部に付いている

玄関廻り平面図

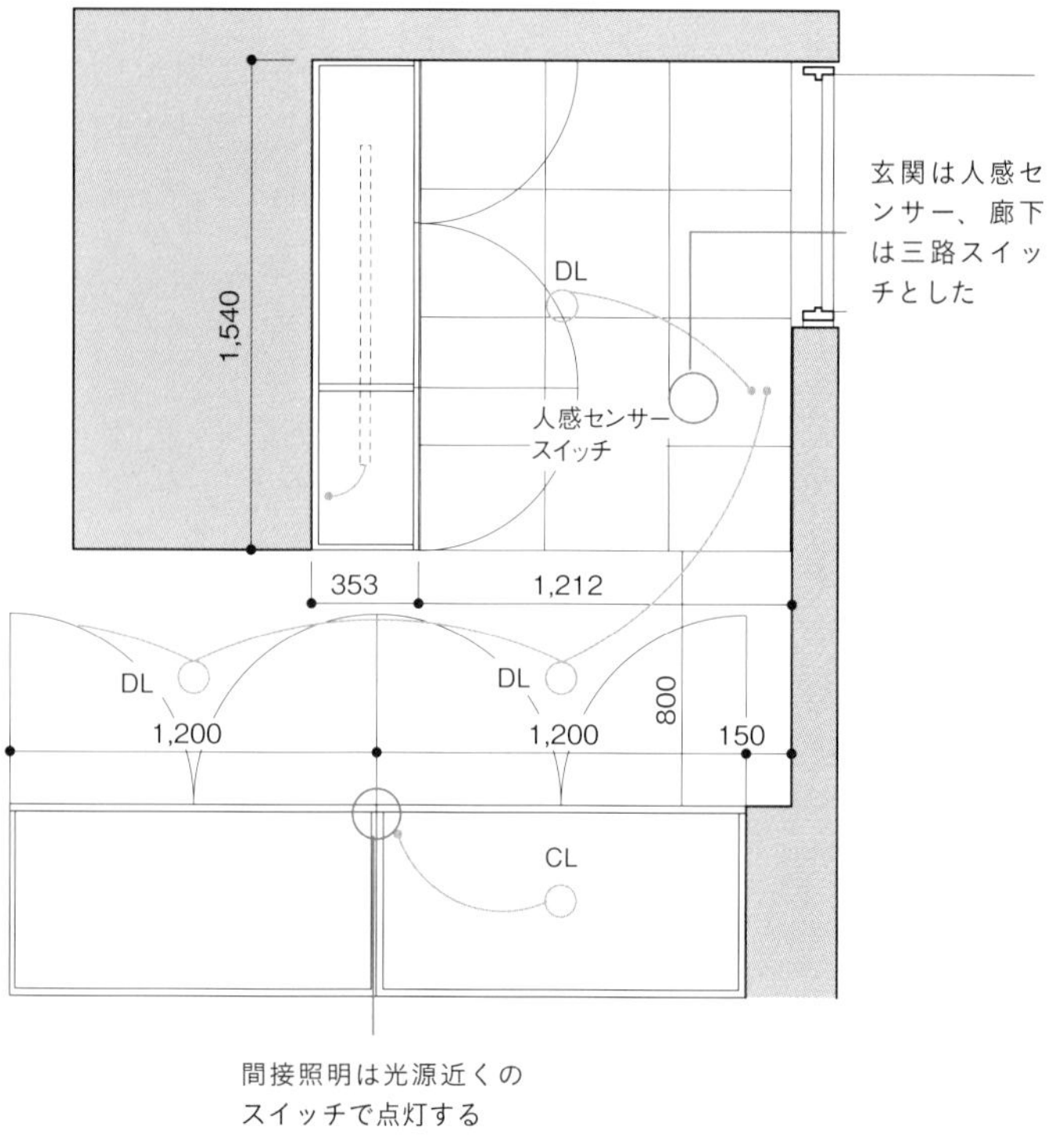

玄関の間接照明テクニック

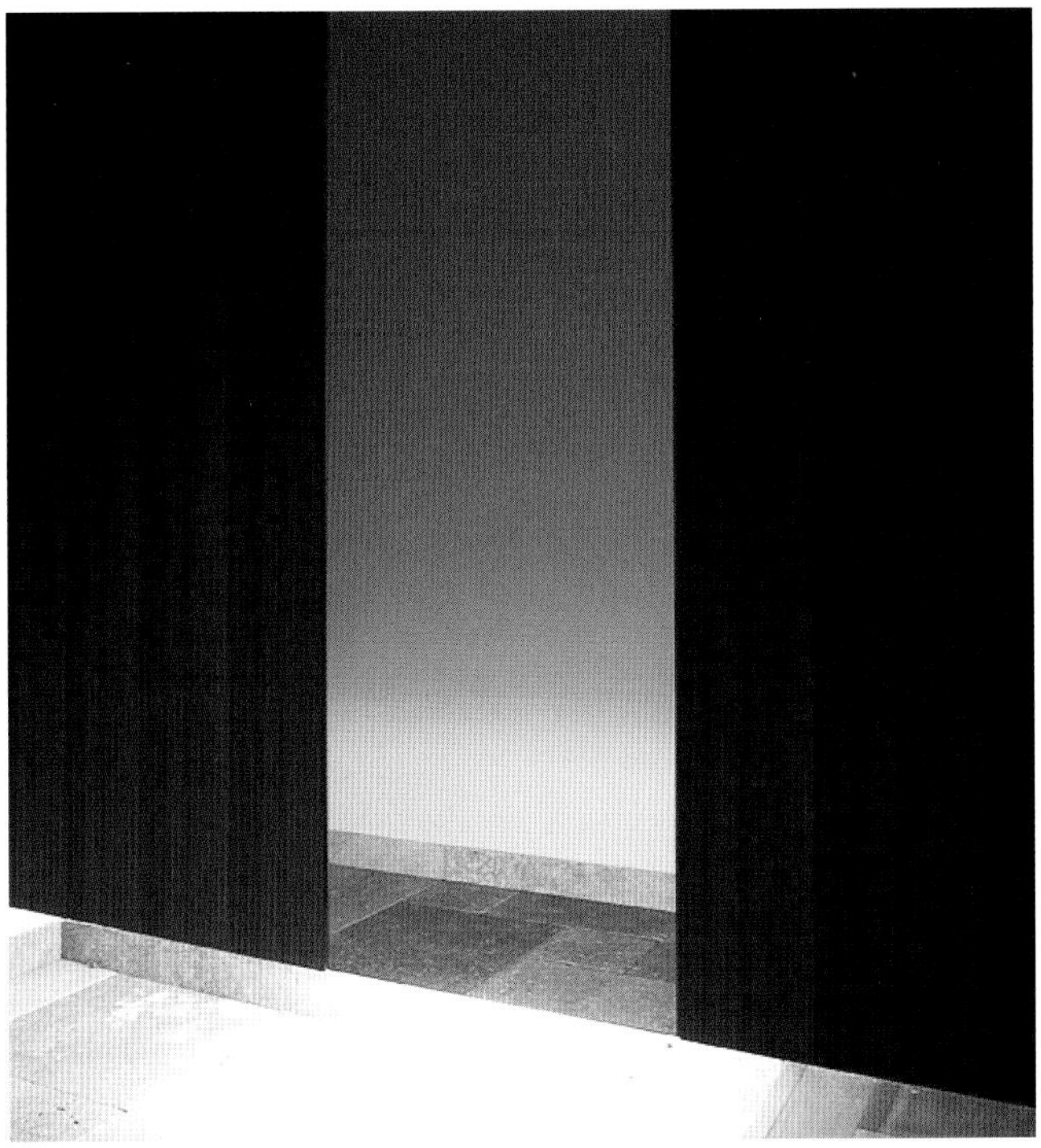

収納の下部に間接照明を設け、建具の1枚を鏡にした例。出かける前の全身チェックのほか、玄関を広く見せる効果もある

廊下の左側に大きな収納を設け、下駄箱は普段使いの靴のみを収蔵。ダウンライト下の漆喰壁には絵画をかける予定。天板はムクの厚板だが足元を抜いて軽く見せている

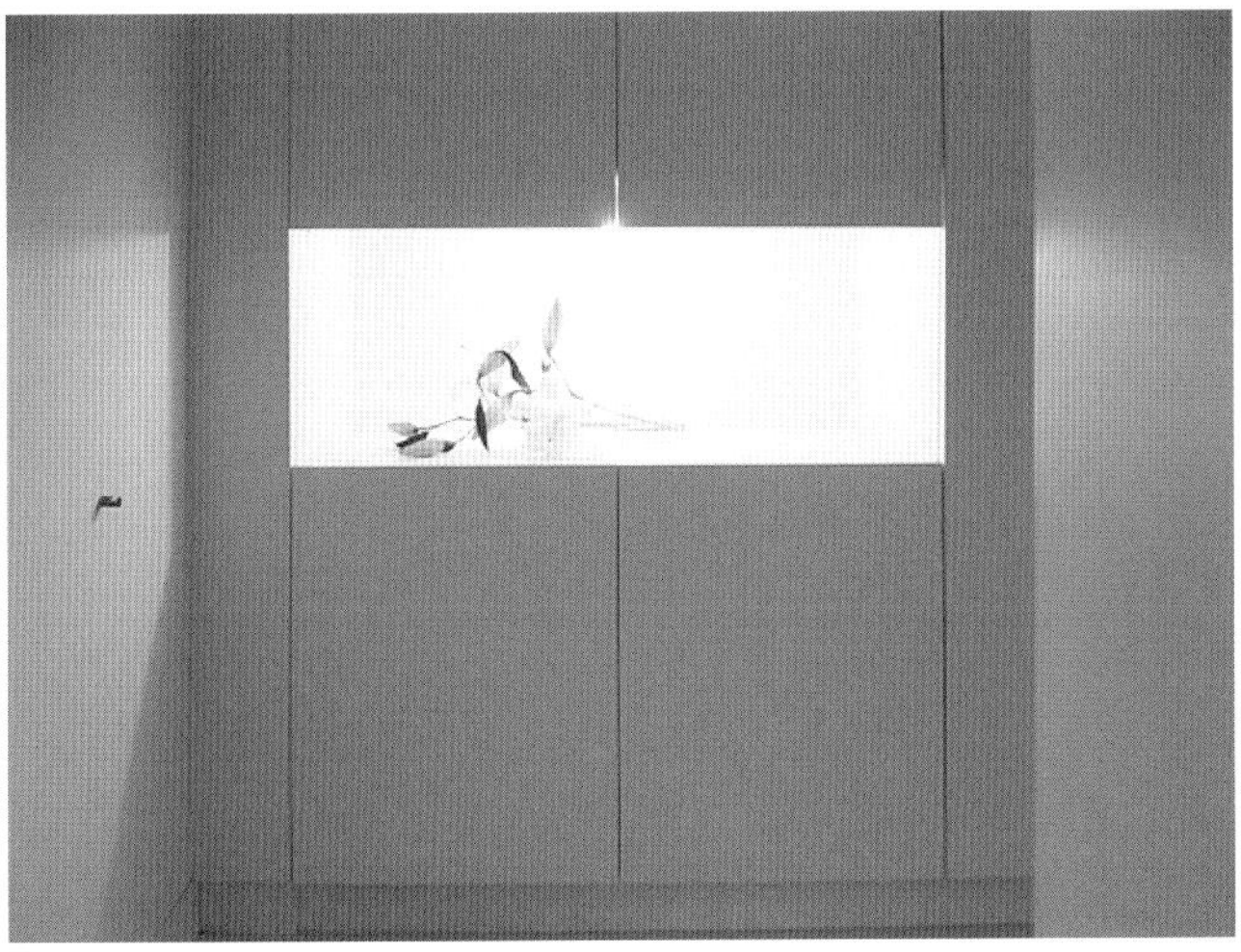

玄関収納の中段に飾り棚を設けた例。季節の飾り物のほか、カギや携帯電話を置くなど、実用向きにも重宝する

表　玄関・廊下の照明の特徴

設置場所	目的	適した器具・光源	採用上の注意点	その他
天井	・器具の存在を感じさせずに空間を明るくする	・ダウンライト（LED）	・天井裏に照明が入るスペースが必要 ・懐がない場合はシーリングライトなどになるが、収納扉との干渉に注意 ・吹抜けなど天井が高い場合は向かない	・狭角の電球を用いてピンスポットで床面を照らしても高級感が演出できる ・階段の吹抜けにペンダントライトを吊るす場合もあるが、地震時に大きく揺れやすいので注意
壁	・足元を照らす	・フットライト（LED）	・壁に照明が入るスペースがあること	・LEDで常夜灯にする場合もある
下駄箱などの造作収納	・置物などを照らす	・家具用ダウンライト ・間接照明（電球色LED）	・玄関では床の段差によって目線の高さが変わるので、吊戸棚の下などに照明を隠しても見えてしまうことがあるので注意が必要	・玄関収納などのカウンター上に花や物を飾る場合、ライトアップ用の照明があるとよい ・家具の扉を開けると点灯し内部を照らす照明もある

照明の建築化テクニック

優秀工務店が同業他社との差別化に使っているのが、照明である。
照明が、室内空間の印象を劇的に変えることを知っているからだ。
しかし、実はコストや手間はそれほどかからない。また、難しいことでもないのだ。

床置きライトで陰影のある空間をつくる

最も簡単でお勧めしたいのが、既製品の床置きライトを設置するという方法だ。床置きライトは雑貨店で数千円で手に入る。棚の上やストリップ階段の下に置くだけで、格段にデザイン性の高い空間になる。特に吹抜け階段との相性は抜群だ。

狭い空間の家具の上に置く

玄関収納に床置きライトを設置した例。これ1つで玄関の照明をまかなうことも可能である（キリガヤ）

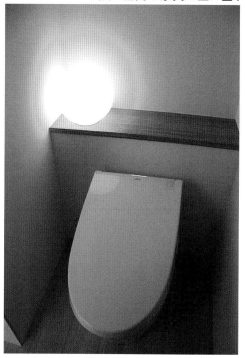

トイレのみの空間であれば、床置きライト1つでも問題ない。配棚の裏側にコンセントを設けている（キリガヤ）

ストリップ階段の下に置く

吹抜けの下の床置きライト。廊下の突き当たりの壁をダウンライトで照らすことで廊下に奥行きを感じるようにしている（キリガヤ）

玄関収納とストリップ階段下に床置きライトを設置した空間。この例でも床置きライトのみで照明をまかなっている（キリガヤ）

ストリップ階段の下に床置きライトを設置することで、階段を中心に陰影のある空間をつくることができる（キリガヤ）

壁付け・ダウンライトを間接照明的に使う

壁付けライトや一部のダウンライトは、それを付けるだけで間接照明的な効果を狙うことができる。特に明るくする必要のない部屋では、このような簡易な照明を多用して雰囲気のある空間をつくりたい。

壁付け照明で壁を照らす

100㎜角のタイルに合わせてほぼ同じ大きさのスクエアの照明器具を使うことで、デザイン上の統一感が生まれている（キリガヤ）

リビングに壁付け照明を多用した例。複数設置することで、明るさも確保できる（キリガヤ）

階段室の壁に壁付け照明を設置。階段は過剰に明るい必要はないので、この程度の明かりでも十分である（アドヴァンスアーキテクツ　撮影：イエフォト）

ダウンライトで壁を照らす

壁際にウォールウォッシャーダウンライトを設置することで、間接照明的な活用ができる（キリガヤ）

玄関手前の廊下の天井壁際にダウンライトを設置（アドヴァンスアーキテクツ　撮影：イエフォト）

水廻りは
間接照明に最適

水廻りの多くは、読書や家事など、
細かい作業を必要としないため、
比較的間接照明で大胆に計画しても
問題ないことが多い。
水廻りの冷たい仕上げを和らげるような、
雰囲気重視の照明計画とする。

鏡の裏に照明を仕込む1

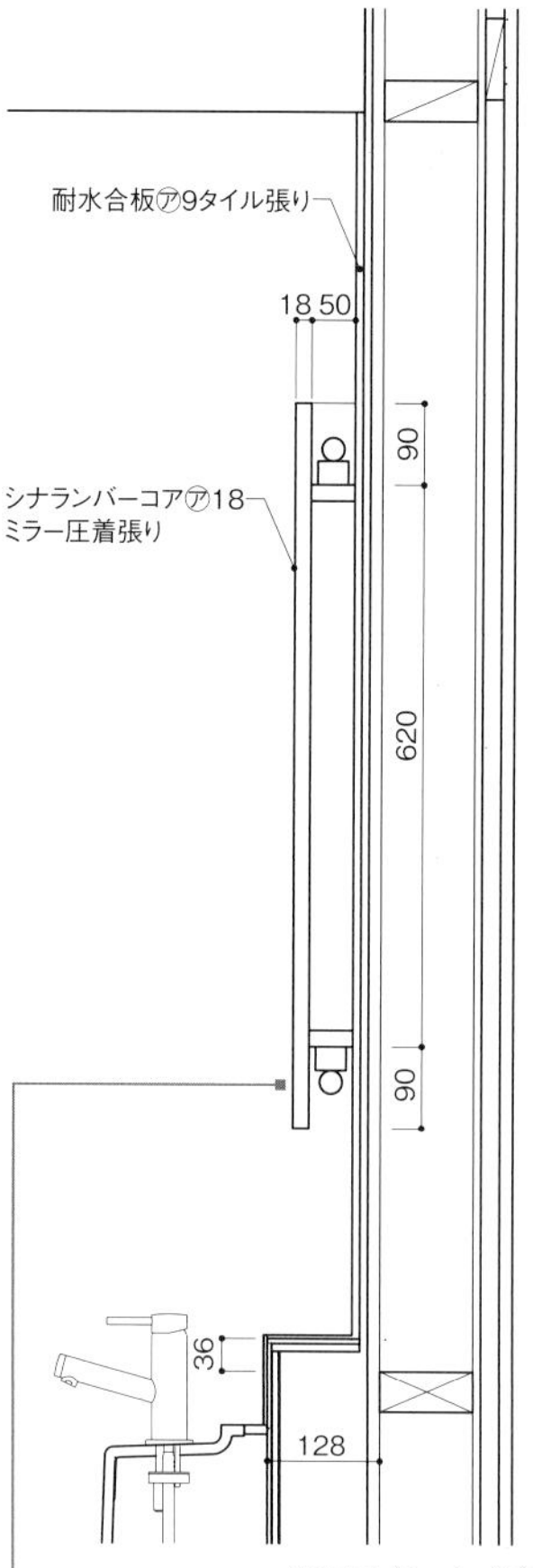

断面図(S=1：15)

鏡の下地やその張付けは大工工事で対応。光はタイルに反射するため、ことのほか明るい

鏡の裏側の光が天井面や洗面台に拡散するためことのほか明るい空間となる(キリガヤ)

鏡の裏側に照明を仕込んだ例。水廻りと間接照明の相性はよい(キリガヤ)

浴室の天井を間接照明で照らす

浴室の窓上部に照明を仕込んだ例。ここではメンテナンスを考え、LEDを採用している(オーガニック・スタジオ)

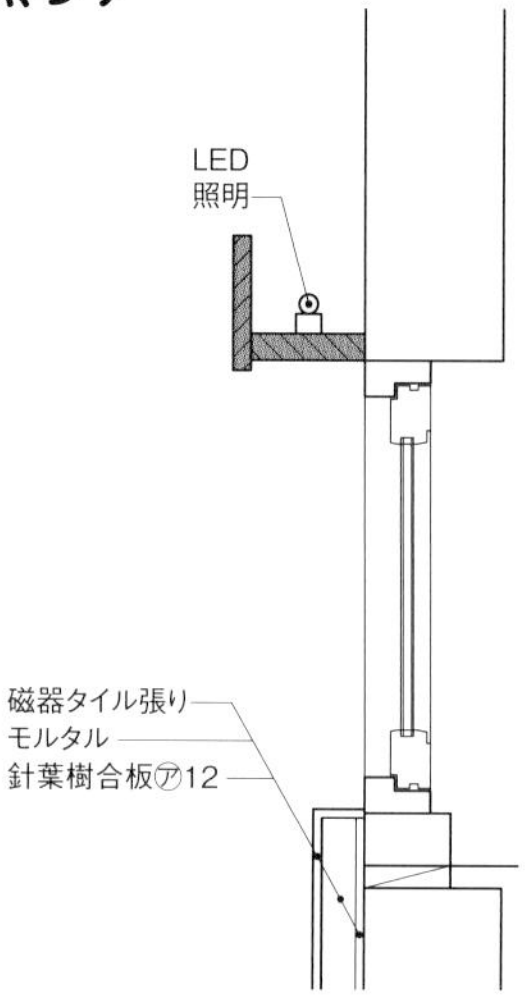

断面図(S=1：20)

壁の中に照明を仕込む

垂壁部分には、補強のため厚さ20㎜のシナランバーコアが張られている

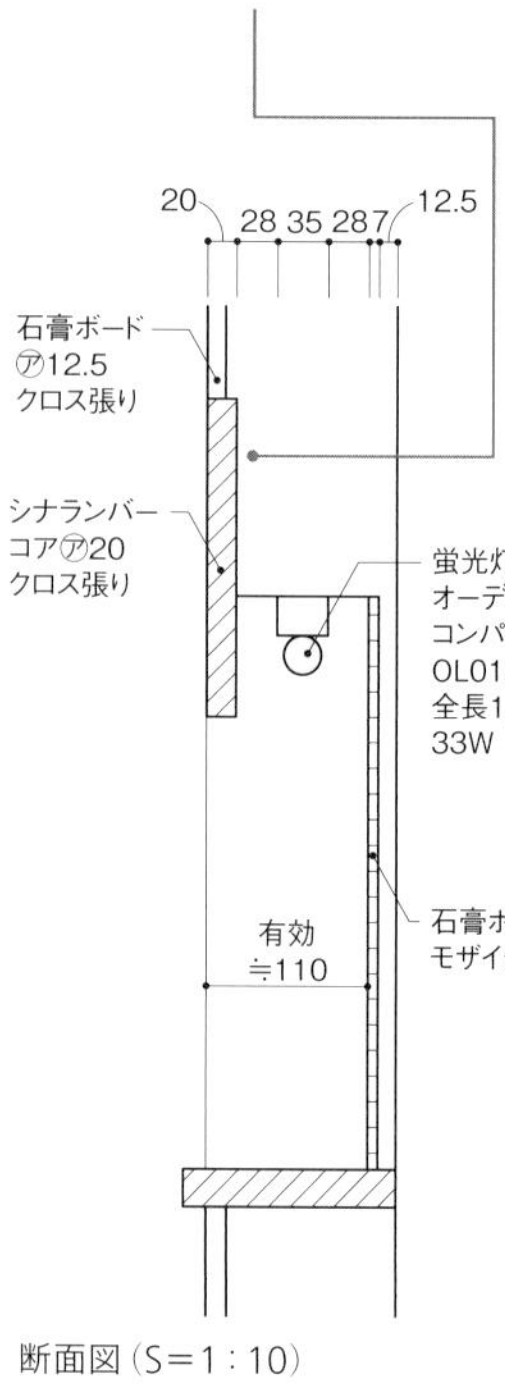

断面図(S=1：10)

モザイクタイルは、石膏ボード下地に直接接着剤で張られている(アセットフォー)

モザイクタイルが蛍光灯の光に反射して、より光沢を帯びた印象になる(アセットフォー)

壁の中を
くり抜いて
デザイン
空間をつくる

壁の中をくり抜いて、そのなかに照明を仕込む
という方法もある。
ただしこの手法には、デザインセンスが求められる。
壁と同材で仕上げて照明を仕込むだけでもよいが、
写真のようにタイルなどでアレンジすることで、
店舗のような質の高いデザイン空間になる。

天井を照らして空間に奥行きを与える建築化照明

建築化照明とは、建築の造作などの一部に
間接照明を組み込むこと。
建築家などが多用する定番の照明方法だが、
実はそれほど難しいものではない。
天井や壁の造作の一部を変更し、
そこに照明を仕込むだけでよいのだ。

天井を伸ばして間接照明をつくる1

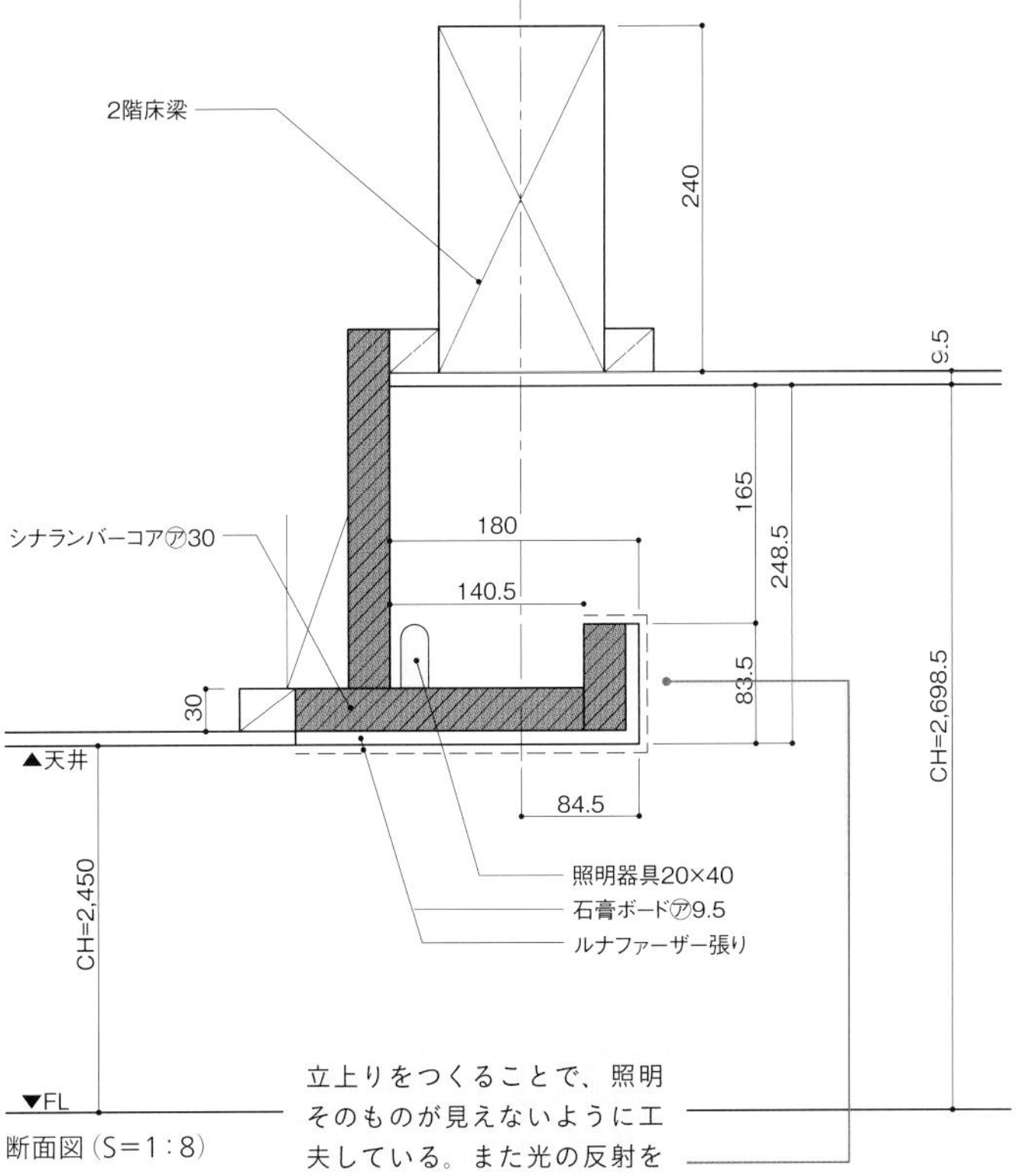

立上りをつくることで、照明そのものが見えないように工夫している。また光の反射をよくするため、内側を白く塗装している

天井の一部を伸ばして間接照明とした例。天井を照らした光が柔らかな光となって空間を包み込む（キリガヤ）

天井を伸ばして間接照明をつくる2

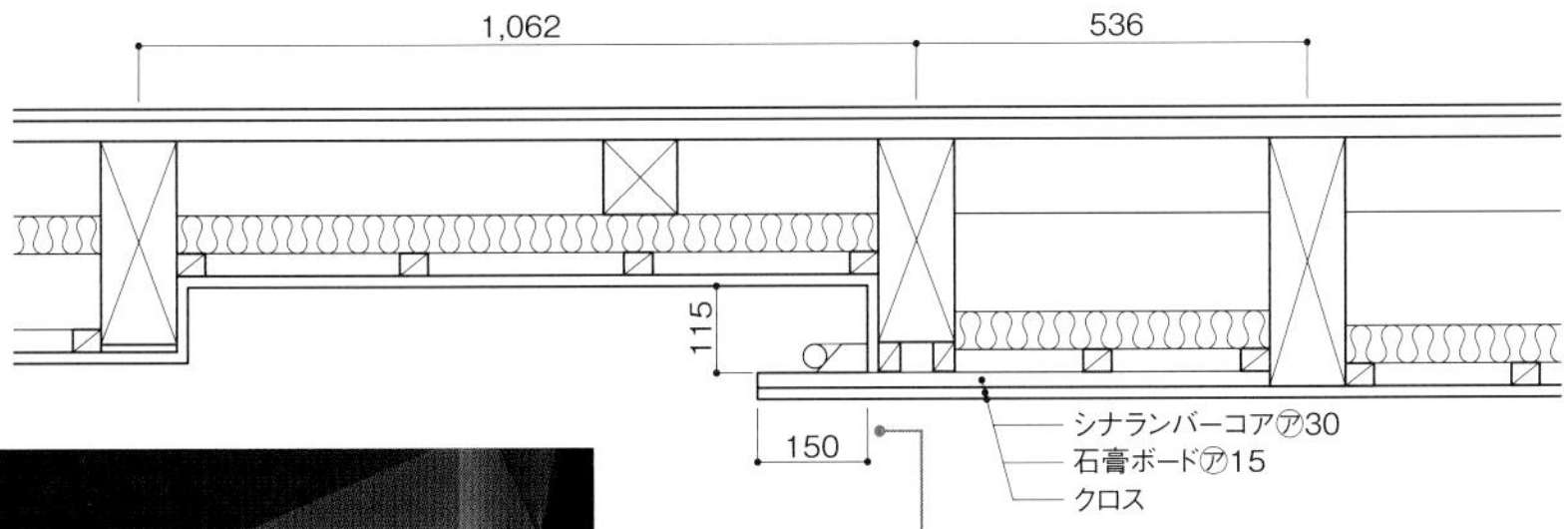

天井出寸法を150㎜とすることで、蛍光灯を隠している。また下地はシナランバーコアで補強

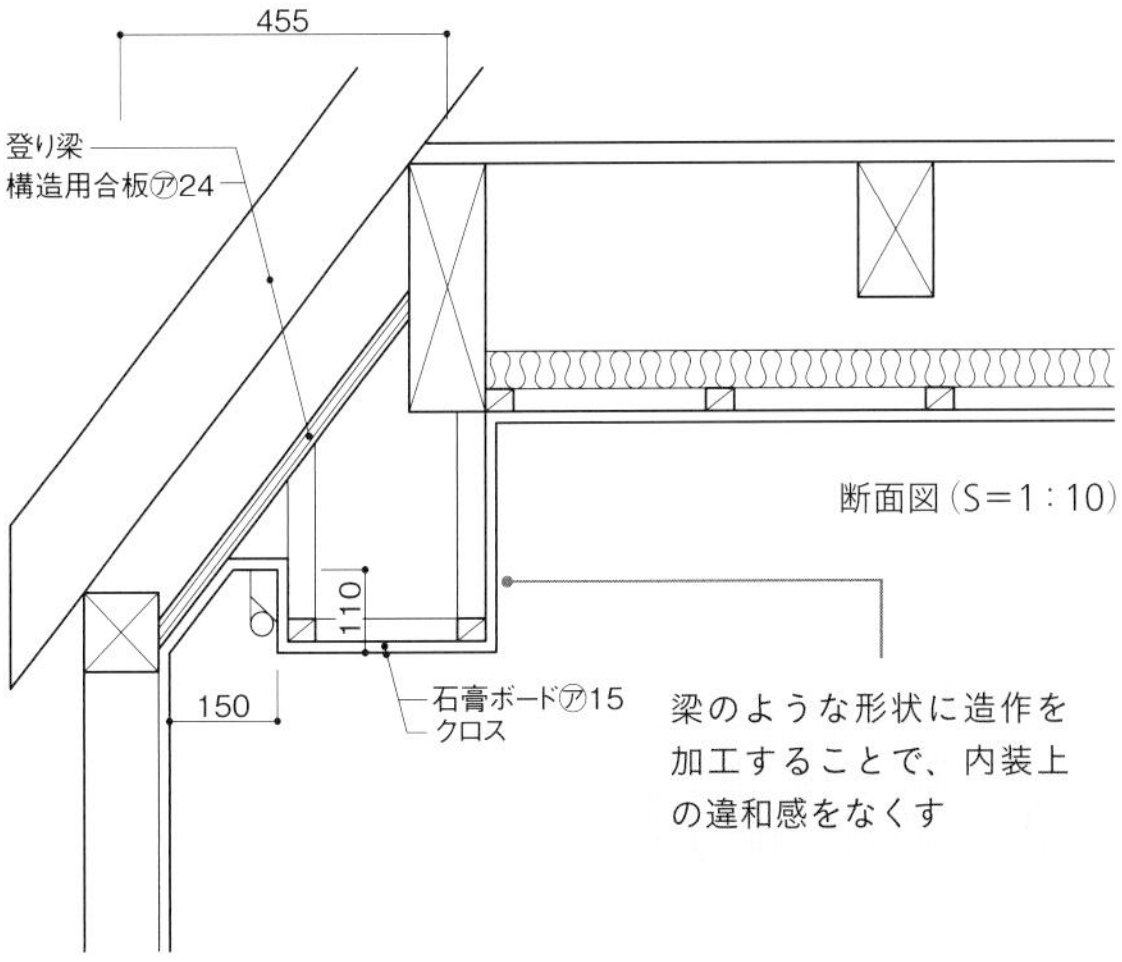

梁のような形状に造作を加工することで、内装上の違和感をなくす

天井の一部を建築化照明とした例。簡単な造作と蛍光灯で雰囲気のある空間を演出（アセットフォー）

カーテンボックスを兼ねる

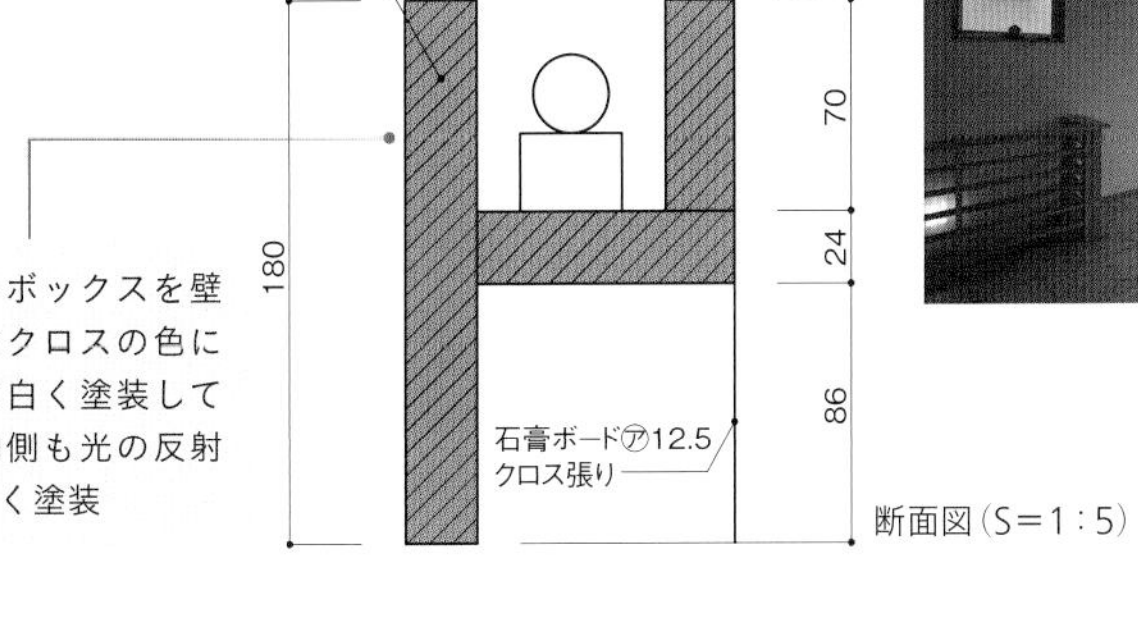

カーテンボックスを壁や天井のクロスの色に合わせて白く塗装している。内側も光の反射を考え白く塗装

カーテンボックスの一部を加工し、照明を仕込んだ例（キリガヤ）

家具を使って簡単な間接照明をつくる

家具は室内に出っ張りや引っ込みをつくるので、
その凹凸を利用して、照明を仕込むとよい。
特に造作家具であれば、配線計画や
より効果的な照明計画などを考えたうえで、
光を当てる天井や床や壁の近くに設けることで、
効果的な間接照明となる。

棚の上に照明を仕込む

キッチンの棚の上部に照明が仕込まれている。棚に置かれた器具などをきれいに映し出す（オーガニック・スタジオ）

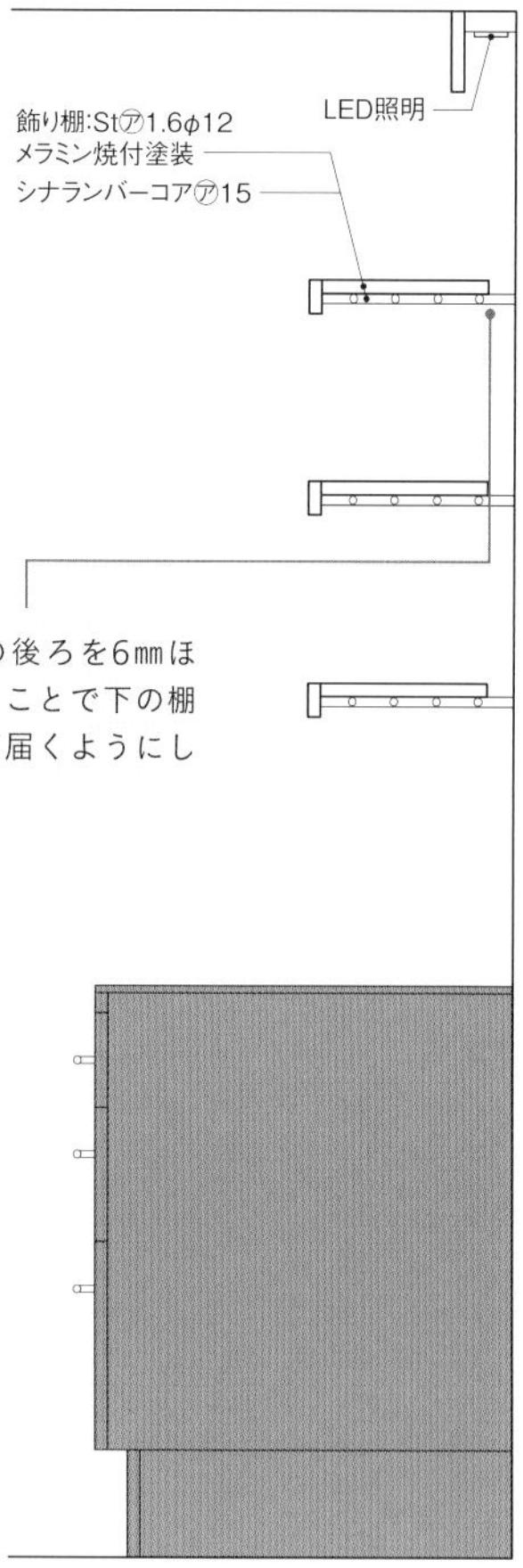

飾り棚の後ろを6㎜ほどあけることで下の棚まで光が届くようにしている

断面図（S＝1：20）

棚の中にそのまま取り付ける

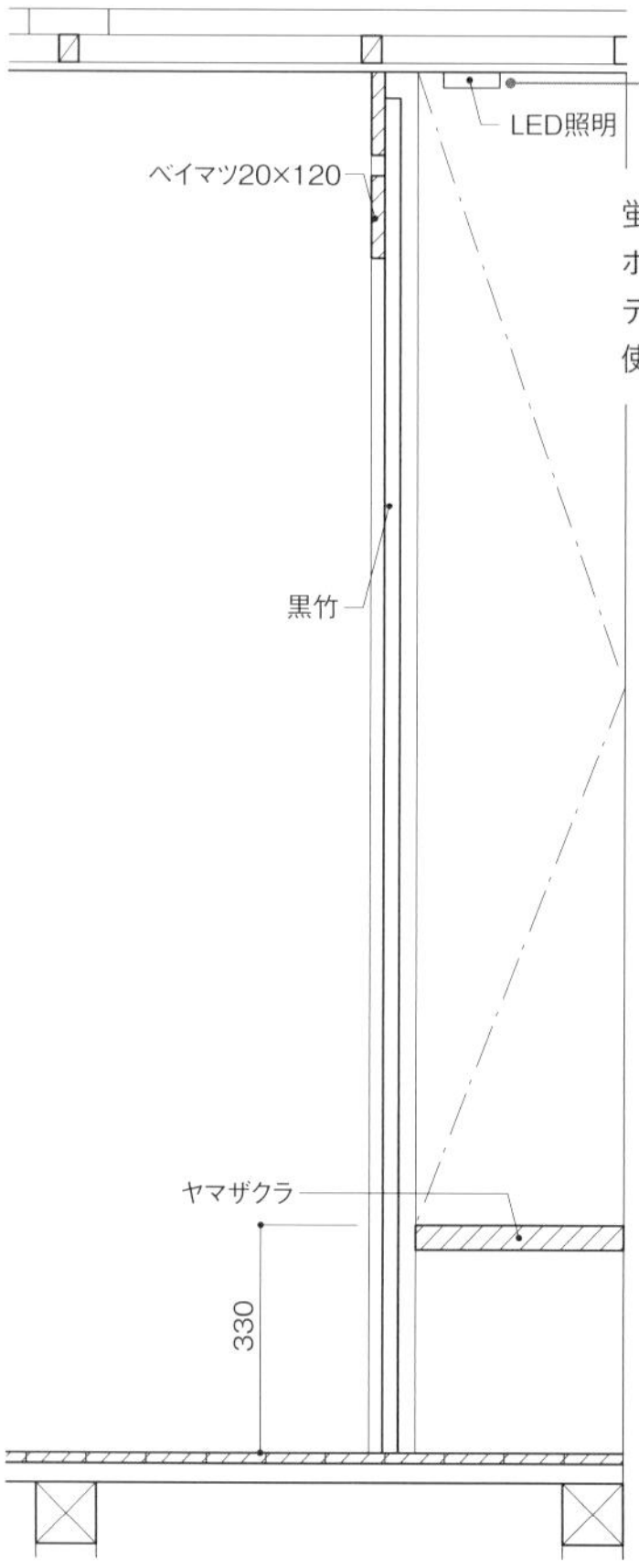

蛍光灯などに比べてスポット効果があるため、ディスプレイ照明として使える

断面図（S＝1：20）

この和室は天井に照明を設けず、床の間の2つの照明で室内全体を照らしている（オーガニック・スタジオ）

家具の上に仕込む

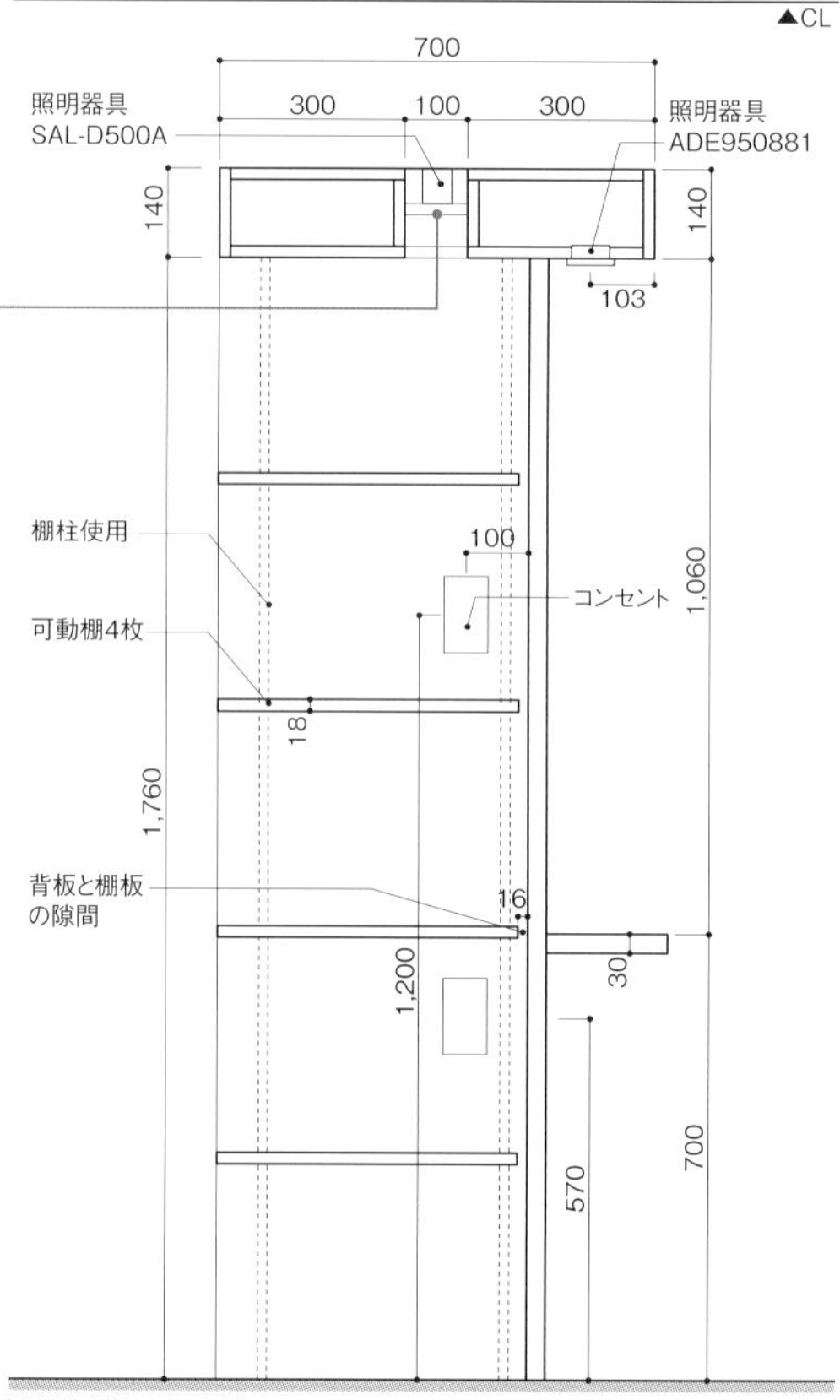

高さ1,800㎜、奥行700㎜という存在感のある家具の上に照明を組み込み、家具によって暗くなってしまいがちな天井を明るくしている

断面図（S＝1：20）

棚の上に設けられた間接照明。作業のために別にスポット照明などが取り付けられている（キリガヤ）

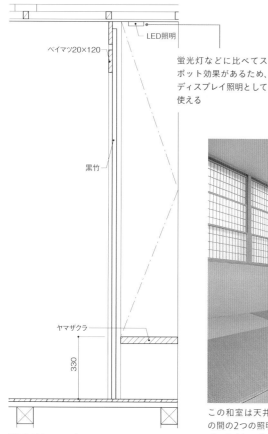

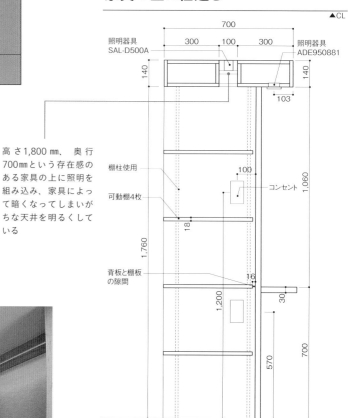

大工工事で簡単な照明器具をつくる

照明器具では熱抜き穴が欠かせない。ここでは上部中央に10×40㎜の細長い熱抜き穴を設けた

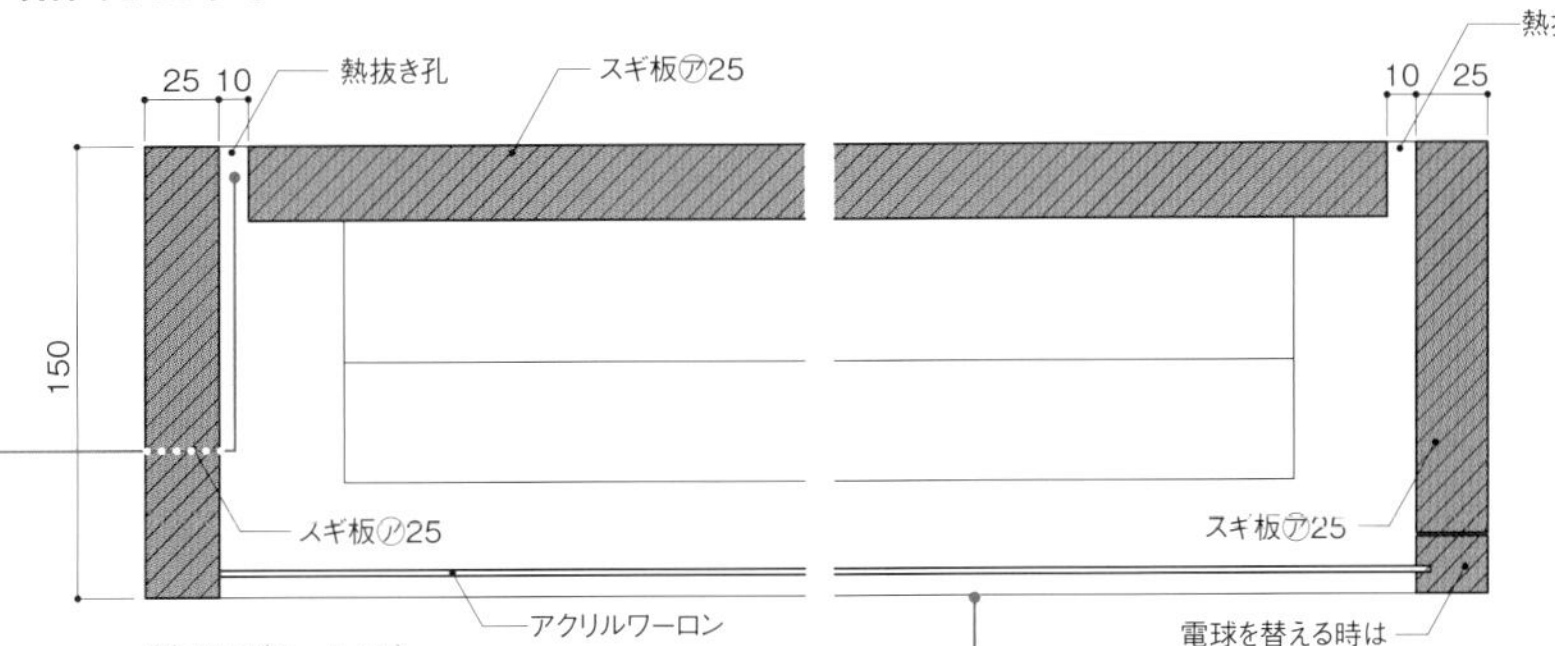
熱抜き孔
電球を替える時はビスを抜いて外す

断面図（S＝1：5）

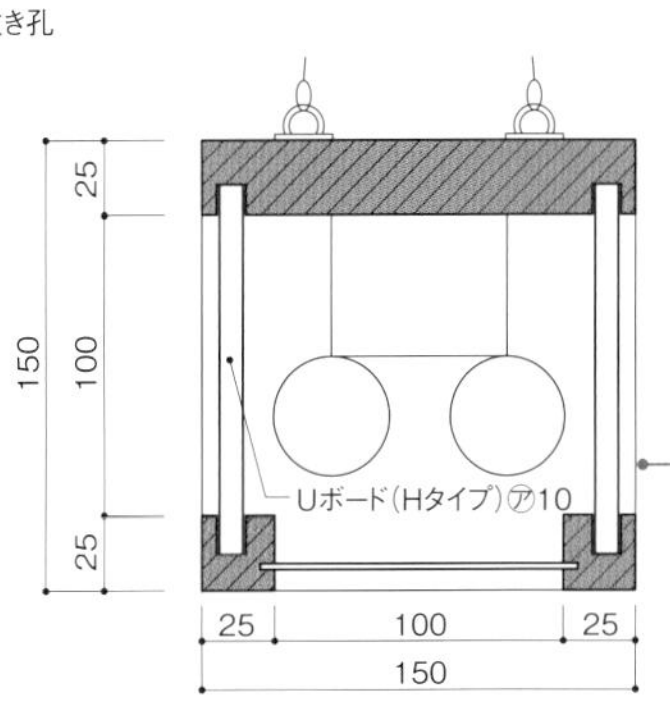

下向きには光量を多めに出したいので透過性の高いアクリルワーロンを用いている

側面は光量を抑えたいので、ワーロンに比べて透過性の低いUボードを用いている

半透明の素材を使って部屋の光の質感を変える

半透明の素材を透過して得られる照明の光は、室内を均一に照らすため、住宅空間と相性がよい。ここでは、半透明のボード材などで、大工工事で安く簡単につくれる照明装置の例を紹介する。

アクリルワーロンとUボードという異なる半透明の素材を組み合わせてつくった照明（岡庭建設）

火打ち梁に照明を仕込む

火打ちは室内空間ではややうるさい存在になるが、こうすることで、室内空間の演出になる（岡庭建設）

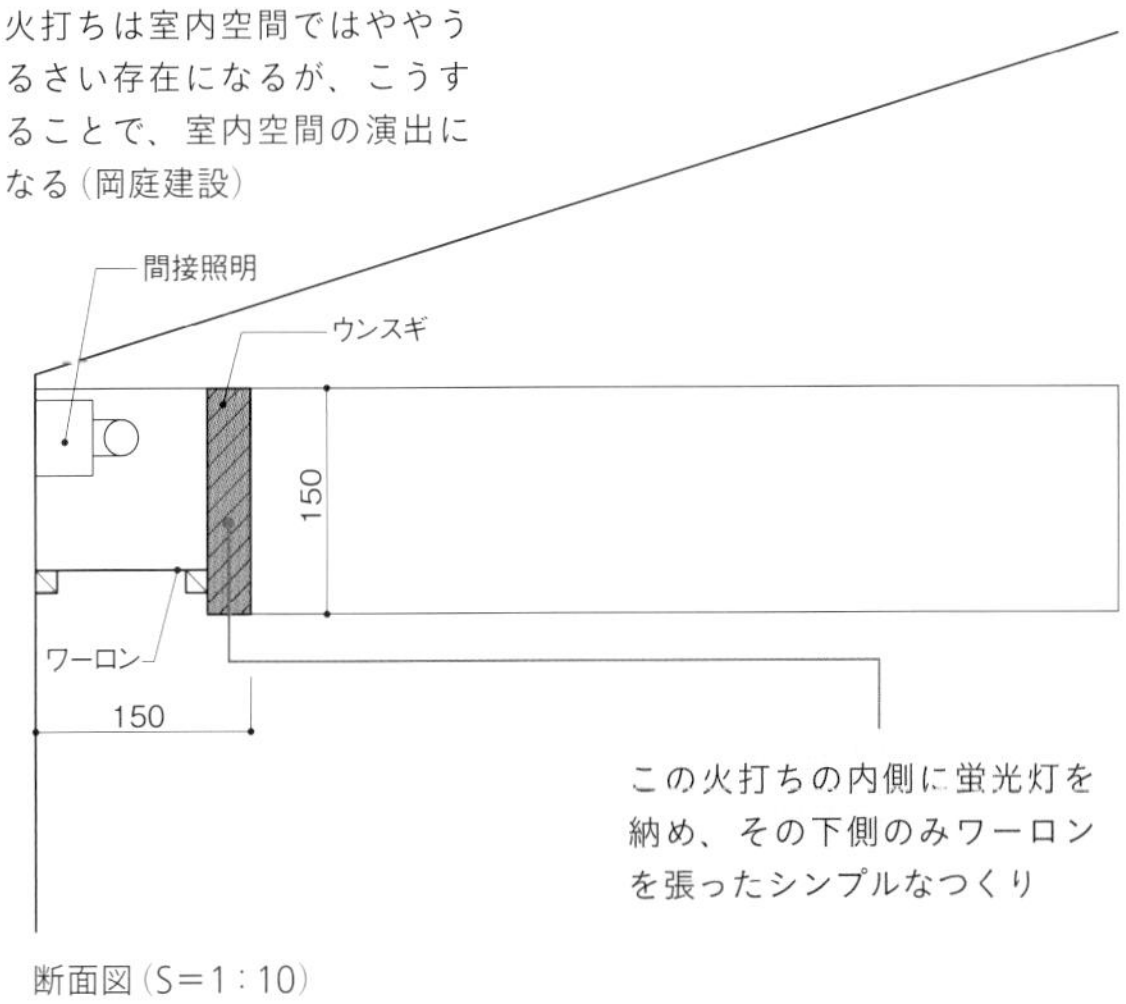

この火打ちの内側に蛍光灯を納め、その下側のみワーロンを張ったシンプルなつくり

断面図（S＝1：10）

天井の一部に障子をつけて間接照明化する

蛍光灯を天井下地に直付けし、その上に床梁の幅に合わせて障子でカバーした例（岡庭建設）

天井の一部をくり抜いてその中に蛍光灯を納め、ワーロンを張った障子で蓋をした例（岡庭建設）

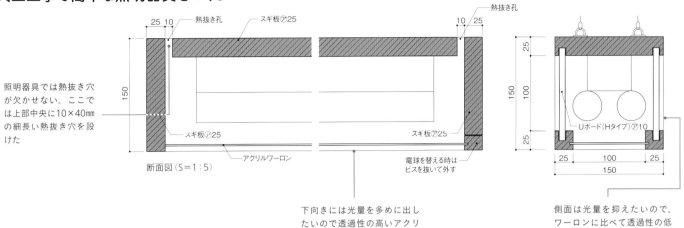

ＬＤＫは建築化照明で心地よい雰囲気を出す

ＬＤＫは直接照明と間接照明で効果的に照明計画を行いたい。特に間接（建築化）照明は、電球が見えないため安っぽくならず、部屋の奥行き感や高級感が出るのでオススメだ。

CASE 1 天井裏に電球を仕込んだ例

テレビ側の壁をふかしてテレビの周囲と天井側に照明を仕込んでいる。天井は2面の壁に設置された照明から照らされているので、思いのほか明るい。照明にはLEDライン照明を使用（TIMBER YARD）

天井をふかした建築化照明。天井裏に仕込まれたランプ（シームレス型LED）が天井と壁を照らす（フリーダムアーキテクツデザイン）

図1 断面（S＝1：5）

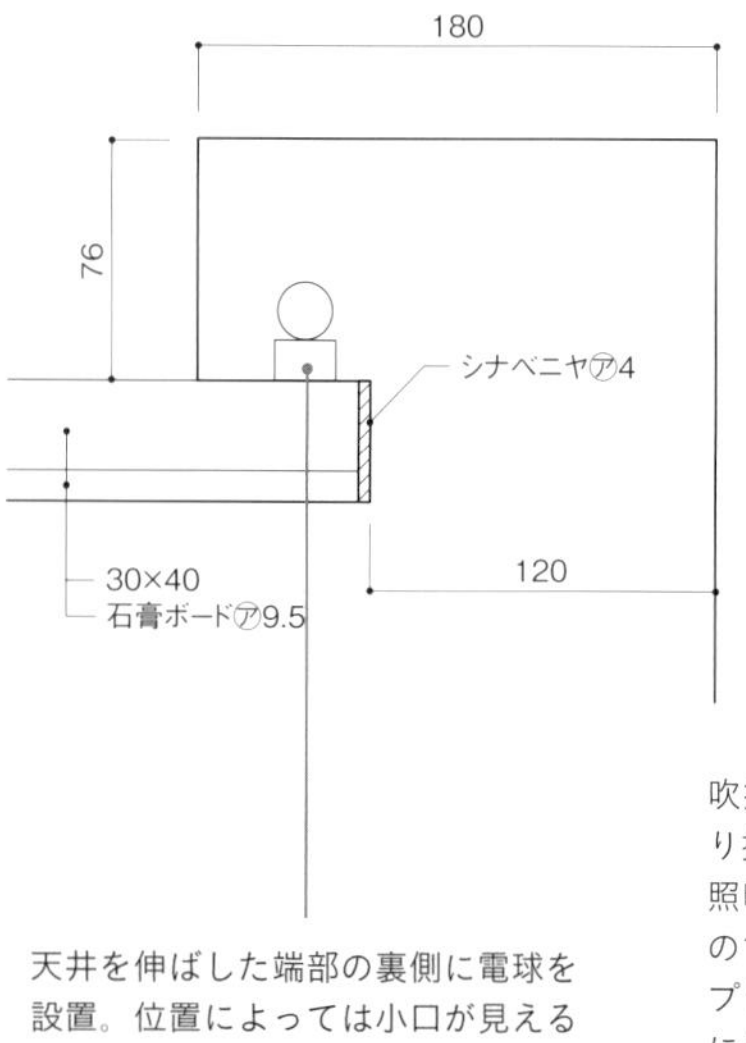

天井を伸ばした端部の裏側に電球を設置。位置によっては小口が見えるため、天上仕上げを回しこんでいる

吹抜け部分の壁の一部をくり抜いて照明を設置した例。照明が部屋側を向いてないので目立たず、実際にトップライトからの光りのように壁面を照らす（フリーダムアーキテクツデザイン）

CASE 2

梁のように見せた造作に電球を仕込んだ例

壁面の一部をふかしてそこに照明を設置した例。開口部側の梁の寸法に合わせてふかした部分の立ち上がり寸法を決めているのでインテリア上の違和感はない（フリーダムアーキテクツデザイン）

図2 断面（S＝1：50）

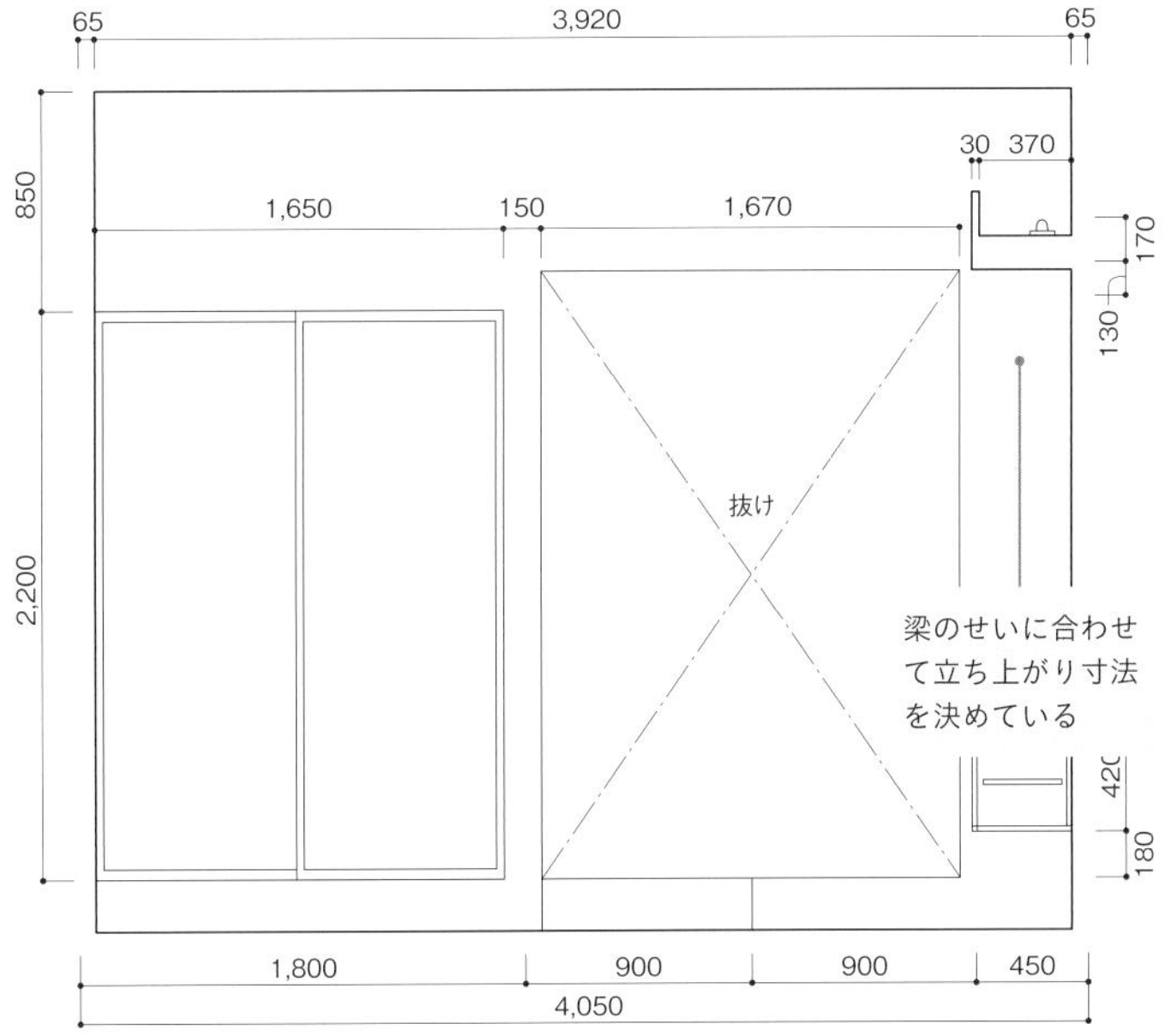

壁と天井に建築化照明を設けた例。見た目の違和感をなくすため、トップライトに合わせて垂れ壁とし、下側に落ちる照明とした（フリーダムアーキテクツデザイン）

CASE 3

造作で天井と壁に建築化照明を設置

図3 照明部詳細（S＝1：5）

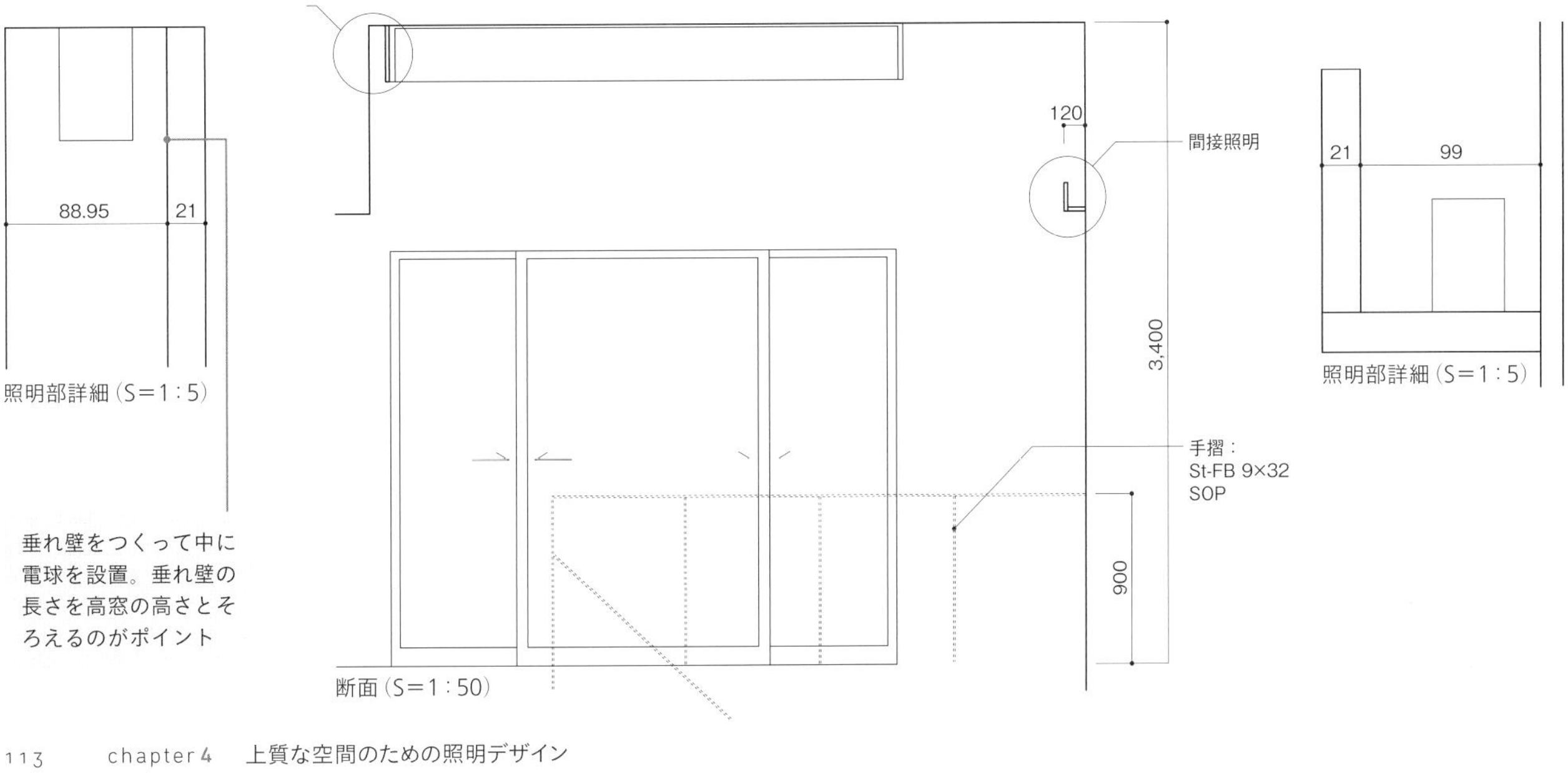

ペンダントやスポットでLDKを豊かにする

ペンダントや壁付け照明の位置を設定したり、ライティングレールを適切に設けることで、ワンランクアップした室内空間になる。

CASE 1 跳ね出しのライディングレール

勾配天井なため、ベイマツの角材の一部をくり抜いてそこにライティングレールを納めたもの設置した。吊ってあるペンダントライトはルイスポールセンのトルボー(田中工務店)

CASE 2 壁出しのスポットライト

角材は持ち出しで支持している。下地は150mmほど壁内に埋め込まれ、梁材に矩座金とボルトでしっかりと緊結されている(フリーダムアーキテクツデザイン)

CASE 3 吊りボルトのライティングレール

縦格子の壁に合わせて、黒いライティングレールを黒い吊りボルトで吊っている。照明はハロゲンランプを使用し、天井面にも光が届くようにしている。電線はステンレスパイプを経由して天井裏に流している（フリーダムアーキテクツデザイン）

展開（S＝1：40）

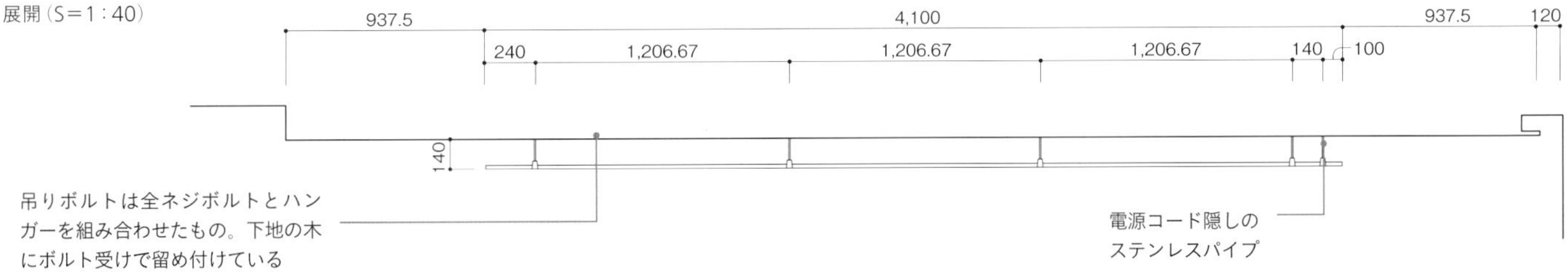

CASE 5 天井面のライディングレール

天井埋め込みとしたライティングレールの例。ライティングレールはあまり主張せず、一方で照明の位置や数を調整できるので使い勝手がよい（フリーダムアーキテクツデザイン）

CASE 4 梁露しのライディングレール

梁を露出しているため、梁下にライティングレールを設置した例。電線は梁の貫通口を介して天井裏に通している。ペンダントライトはヤマギワのPM020W（住空間設計LIVES）

水廻りの照明は機能とくつろぎに配慮

浴室はリラックスする場所なので、照明の位置は効果的に配置したい。洗面台は造作する場合、容易に建築化照明とすることができ、また鏡があるため効果的に機能する。

CASE 1 造作洗面化粧台に照明を仕込んだ例

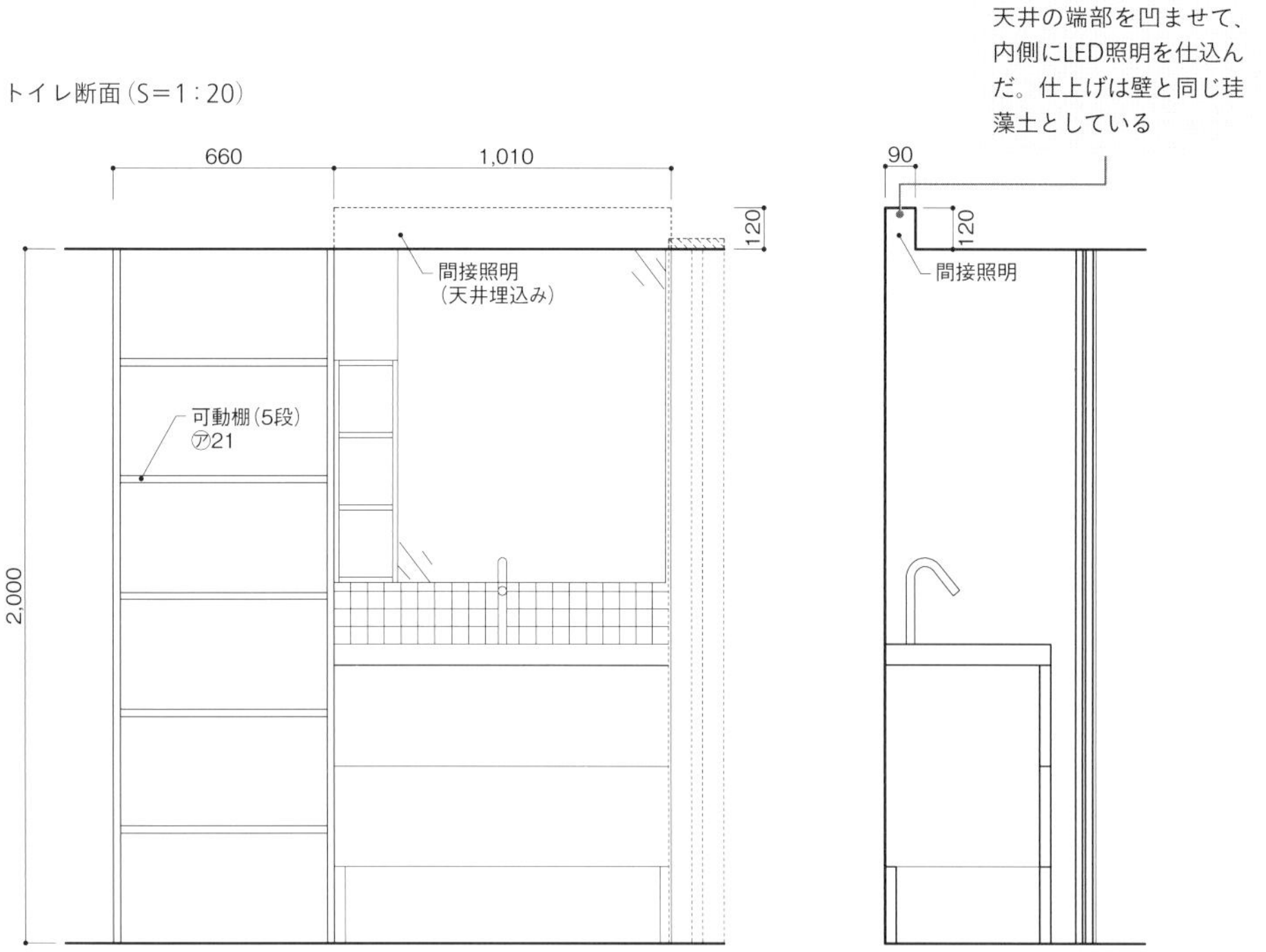

CASE 2 トイレと洗面台に照明を仕込んだ例

トイレの背面の壁を洗面化粧台の吊り戸棚と揃えて、その下部に照明を仕込んだ例。洗面化粧台の照明は吊り戸棚の下部に直接取り付け、洗面ボウルを照らす（加賀妻工務店）

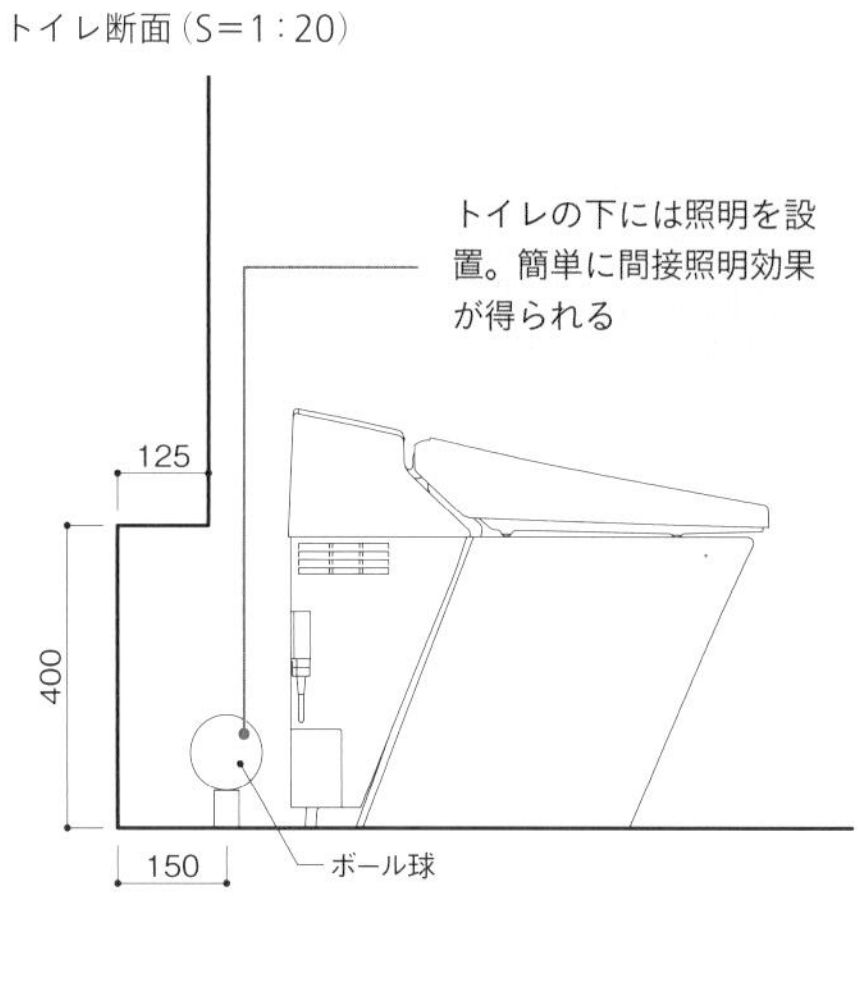

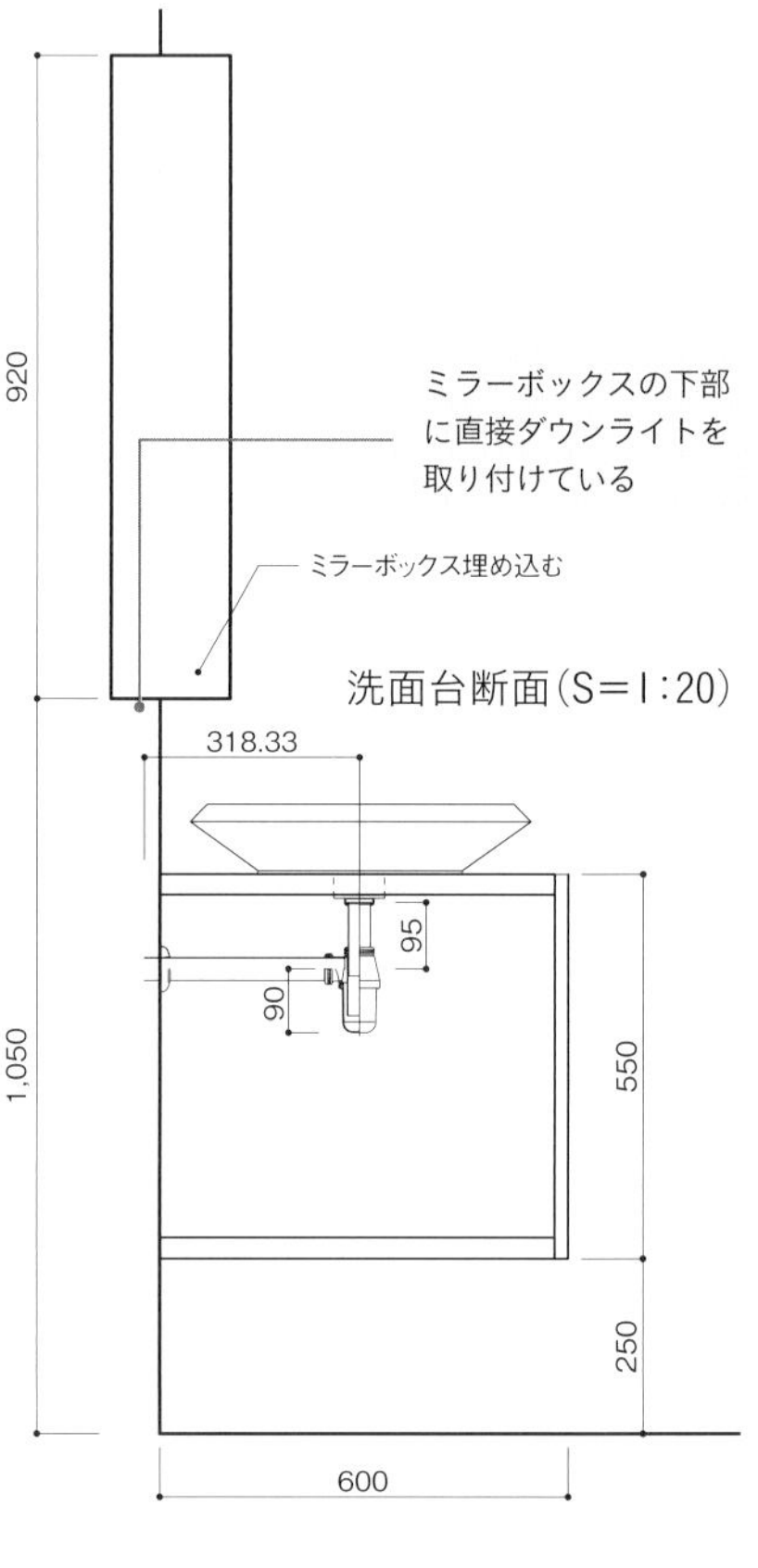

CASE 3 ガラスの一部に照明を仕込んだ例

鏡の一部に穴を開け、イケアで4,000円ほどで売っているウォールランプを埋め込んだ例。シンプルだが顔をきれいに照らす（フリーダムアーキテクツデザイン）

展開（S＝1：30）

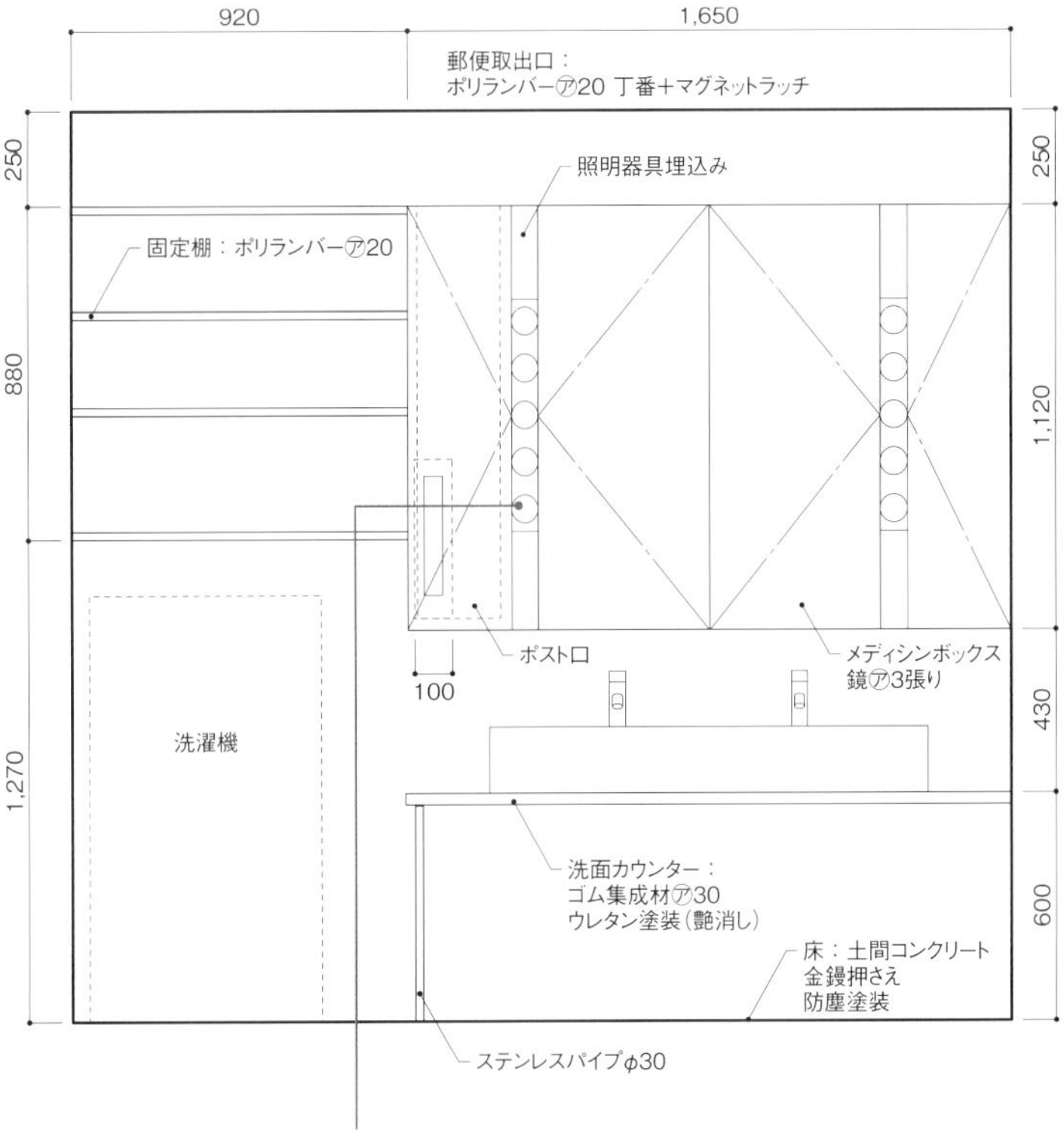

イケアの照明の台座が鏡面なので、鏡と同一に見せることが容易。台座とガラスを揃えて一体感を出した

CASE 5 浴室の壁に照明を仕込んだ例

浴室の壁を一部ふかして、その下端にダウンライトを埋め込んだ例。近くのガラスに光が当たり、浴室全体を照らす（TIMBER YARD）

CASE 4 浴室と坪庭の壁付け照明

浴室の照明を壁付けした例だが、外側の庭にも同じ高さの照明を設けて奥行き感を出している（住空間設計LIVES）

その他の照明の工夫

場所や用途に合わせて適切な照明の種類や手法を選択することが重要だ。特に特別に照度が要求されない場所では、建築化して照明器具が目立たないように納めたい。

CASE 1

ローコストなダウンライト風照明

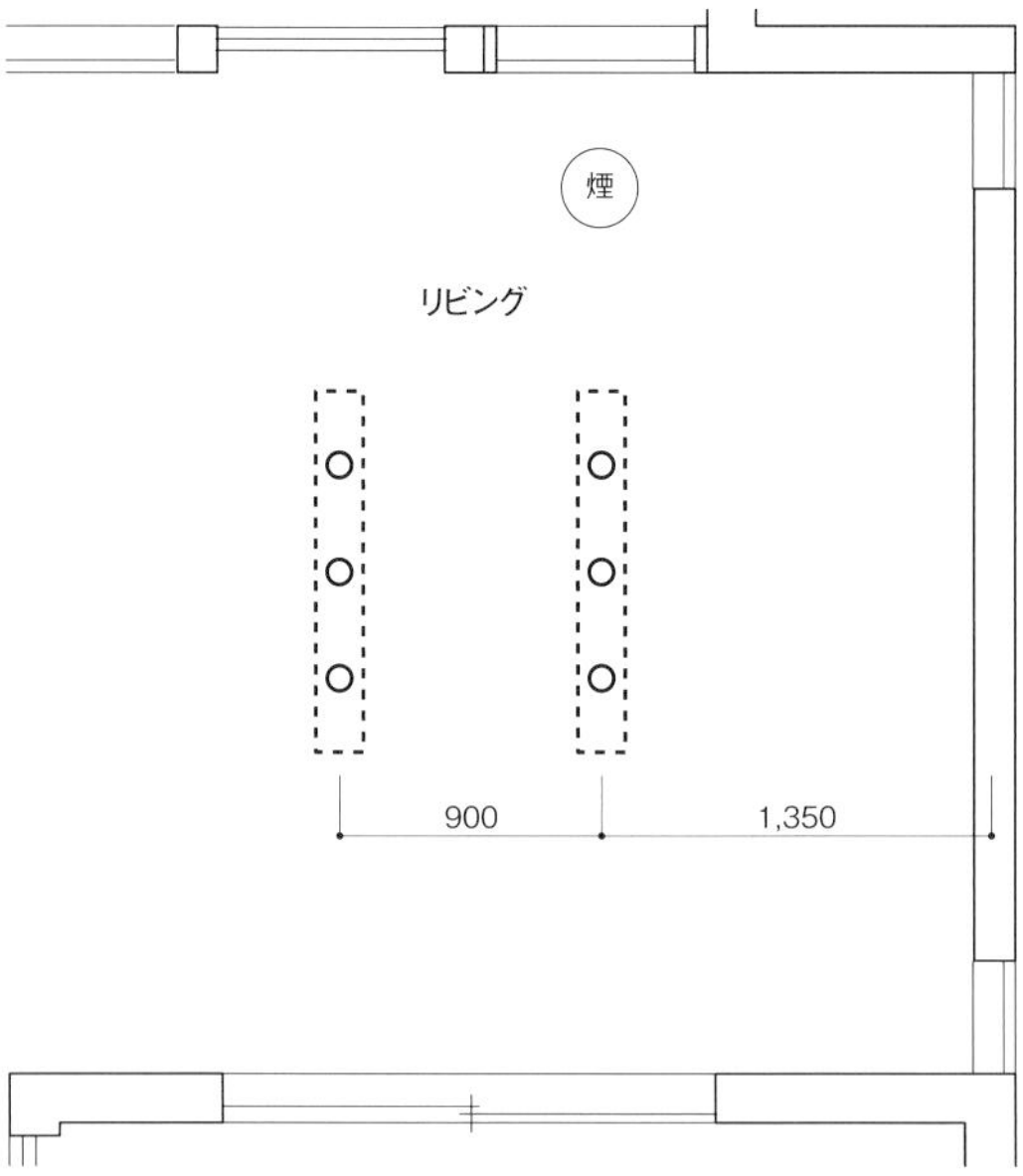

天井見上げ（S＝1：50）

天井の一部をくり抜いて電球型の照明を設置して、ダウンライトのように見せた例（フリーダムアーキテクツデザイン）

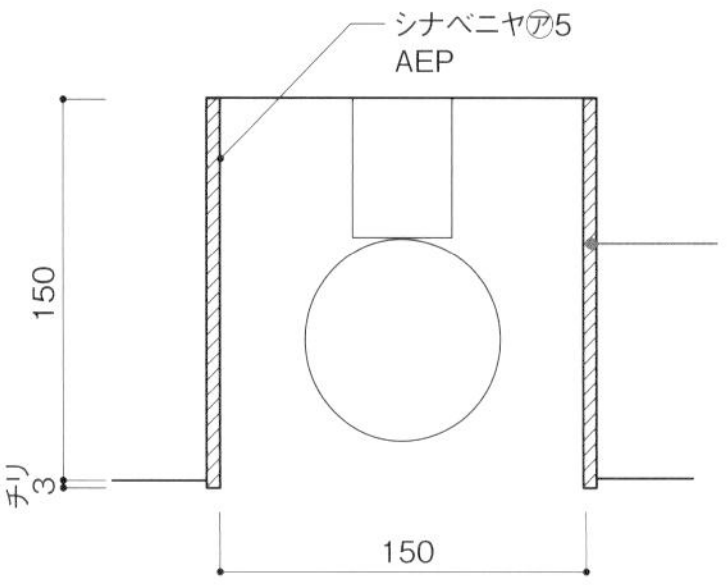
電球よりやや深く溝を切るのがポイント。シナベニアの塗装は白のAEPとした

断面詳細（S＝1：6）

CASE 2

飾りを照らすニッチ照明

玄関の壁面にニッチをつくり、そこに照明を組み込んだ例。ニッチに設けられた絵や置物などを照らす（フリーダムアーキテクツデザイン）

照明断面詳細（S＝1：2）

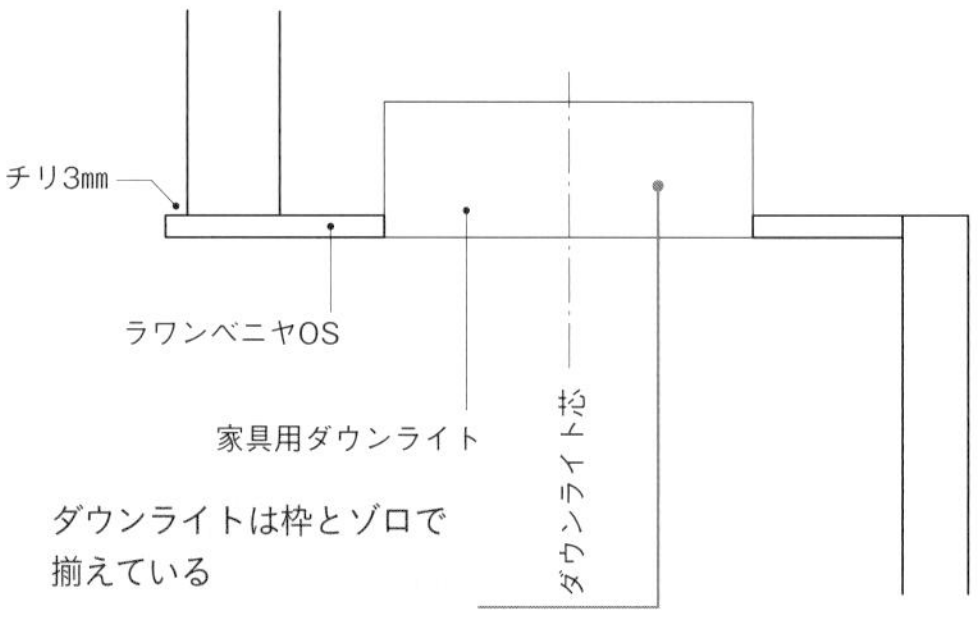

断面（S＝1：50）

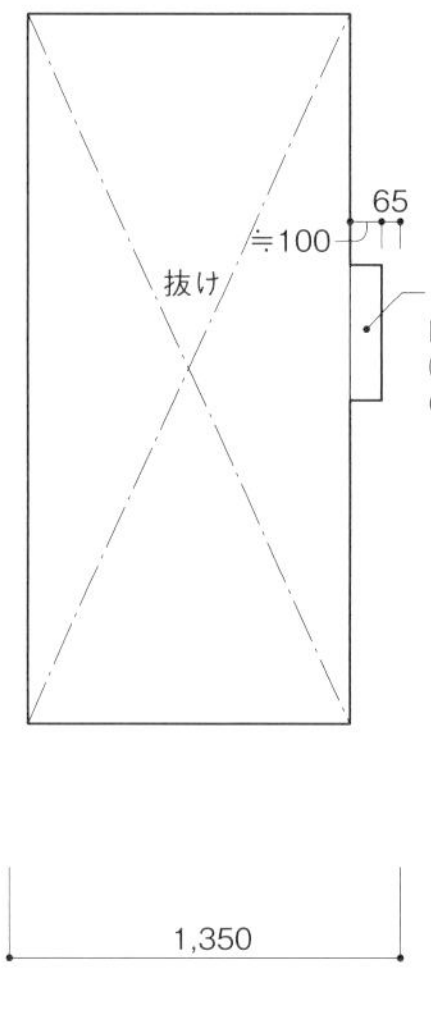
ニッチ
四方枠有
（3㎜シナベニヤ）
OP

展開（S＝1：50）

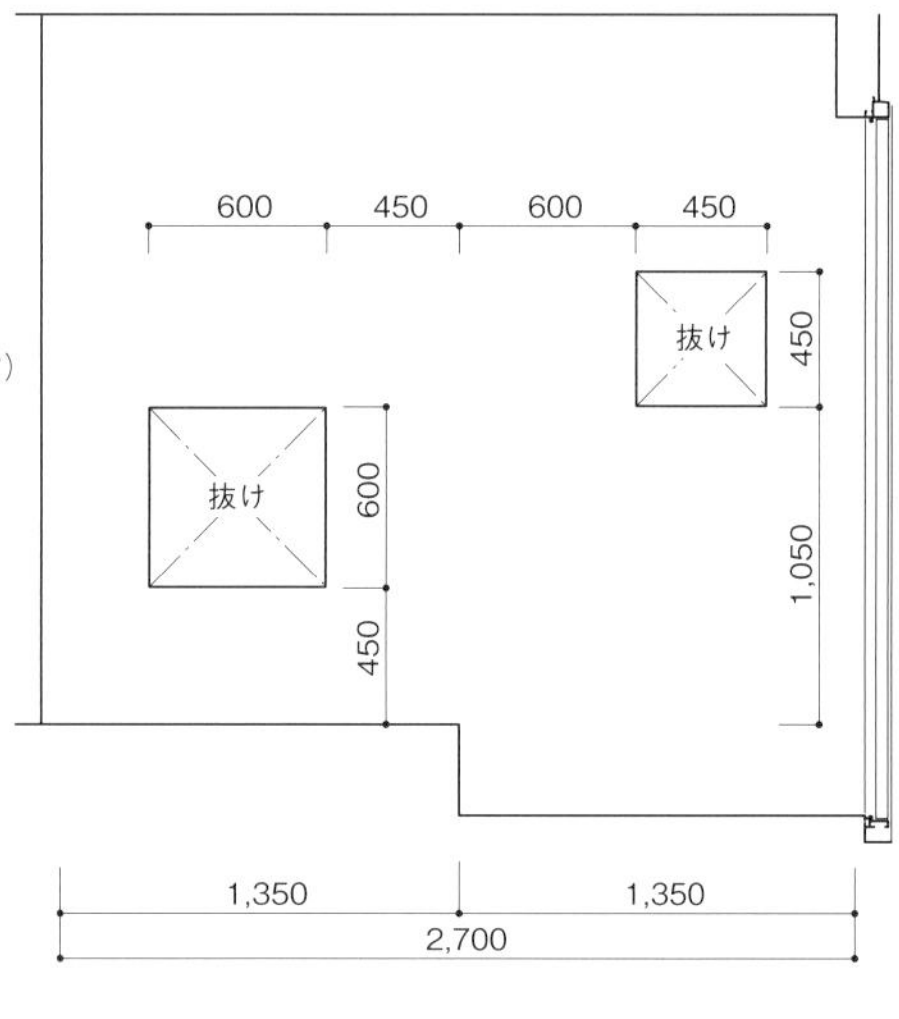

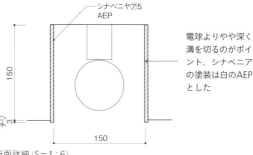

CASE 3 玄関の造作を生かす建築化照明

玄関の建築化照明。照明の光が拡散し空間をやさしく包み込むように床も白とした(近藤建設工業)

上がり框断面(S=1:15)

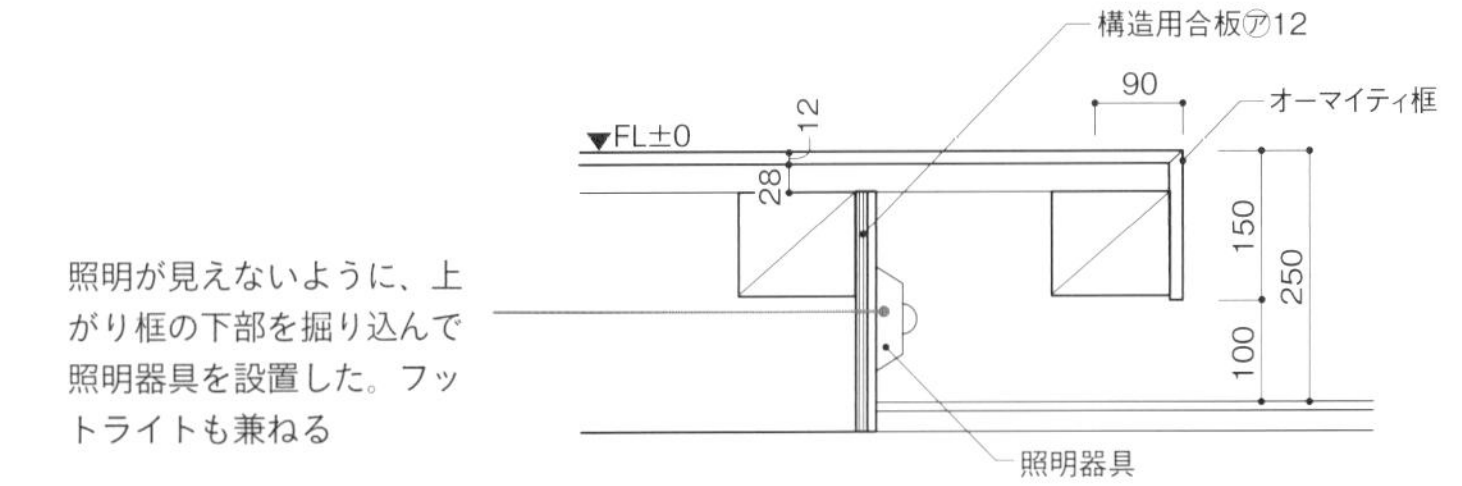

天井断面(S=1:15)

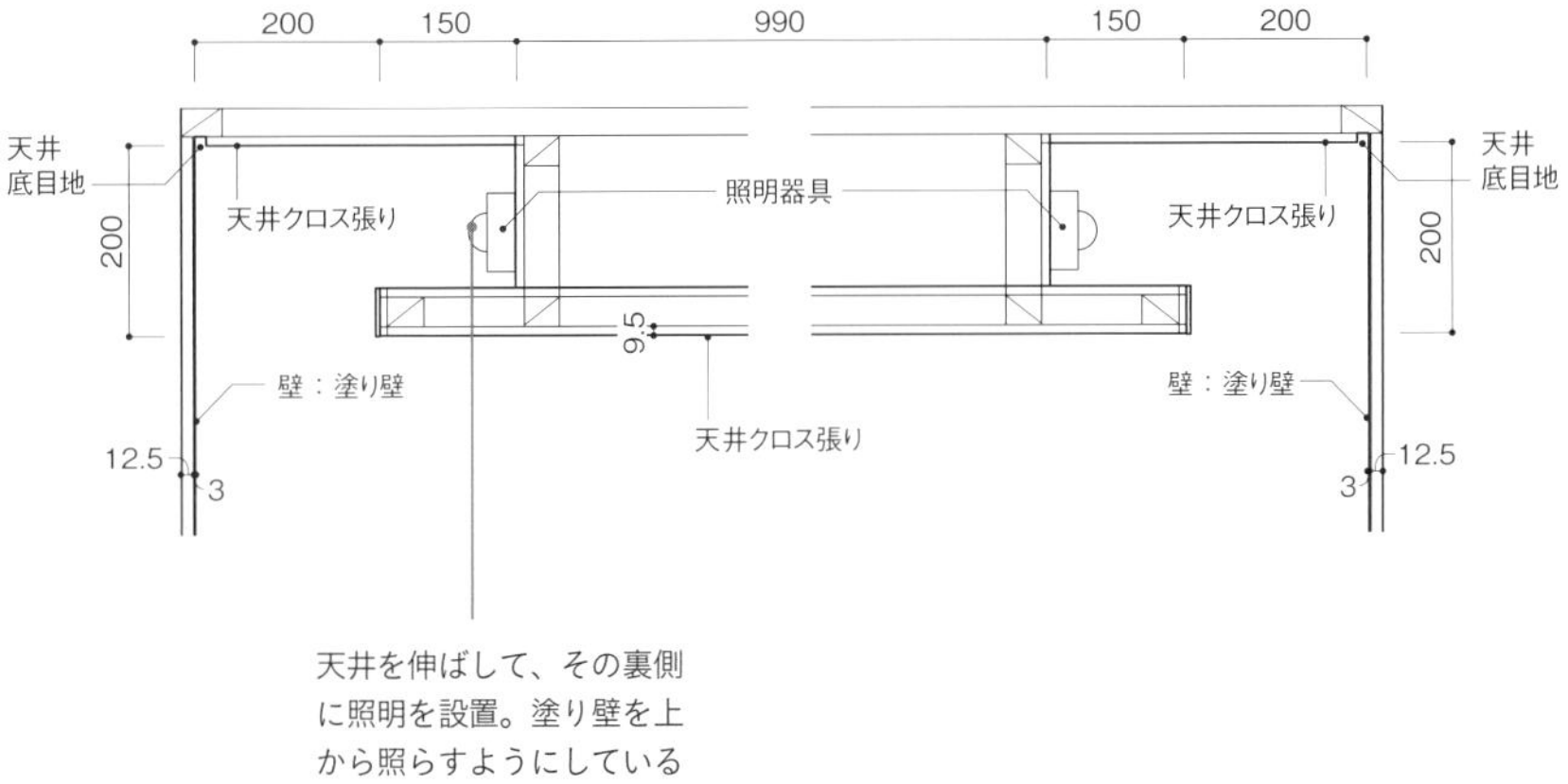

CASE 4 外構の照明は下部をほのかに照らす

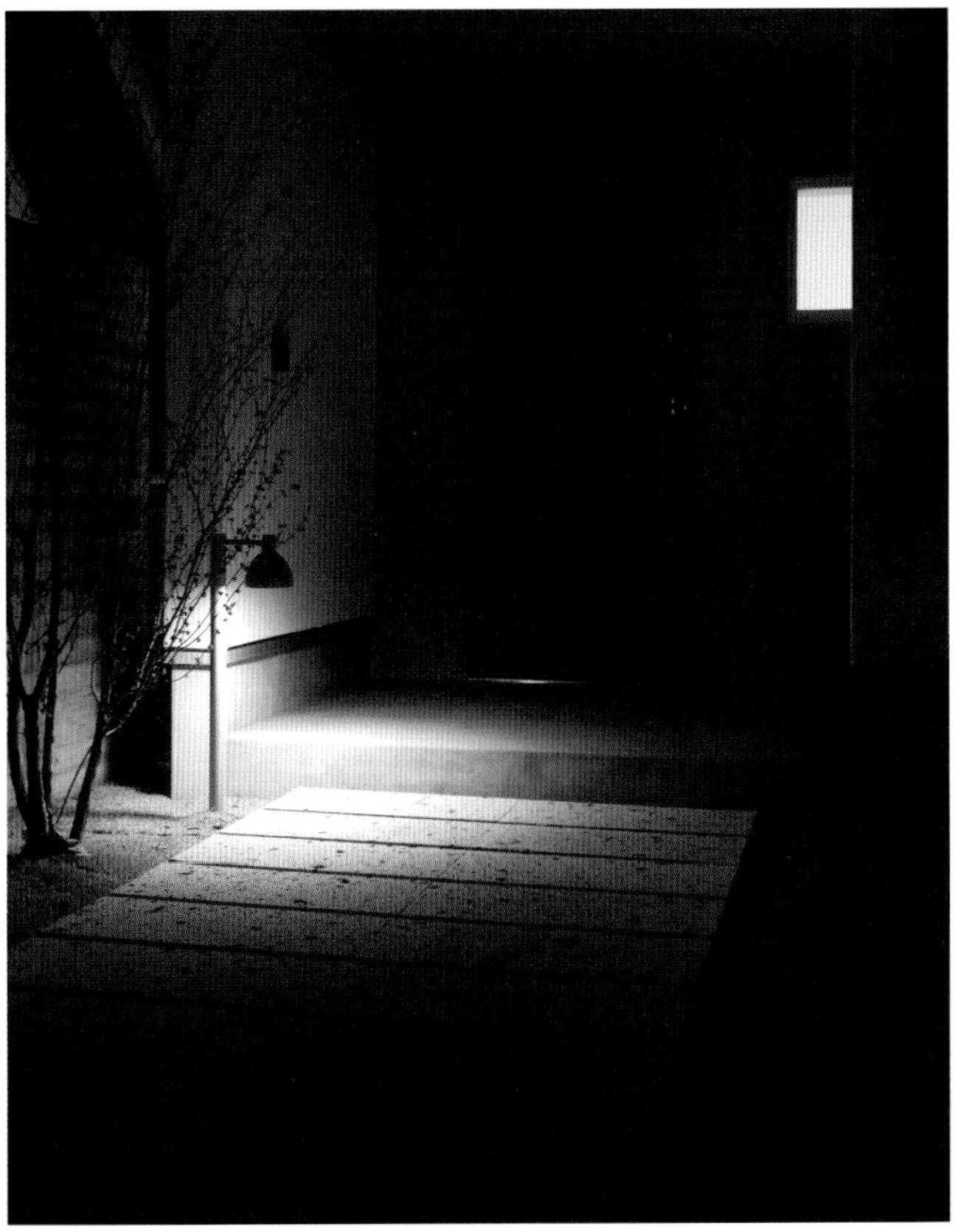

低いポールでアプローチを照らした例。玄関ポーチの段差が分かるように照明をあてているのだが、敷石や植栽なども照らされることで高級感も演出している(TIMBER YARD)

門柱の下部を照らした例。門柱がある場合は、そこを照らすのがオーソドックスな方法。ここでは地中に埋設した照明で照らしている(フリーダムアーキテクツデザイン)

CASE 6 造天井の障子照明

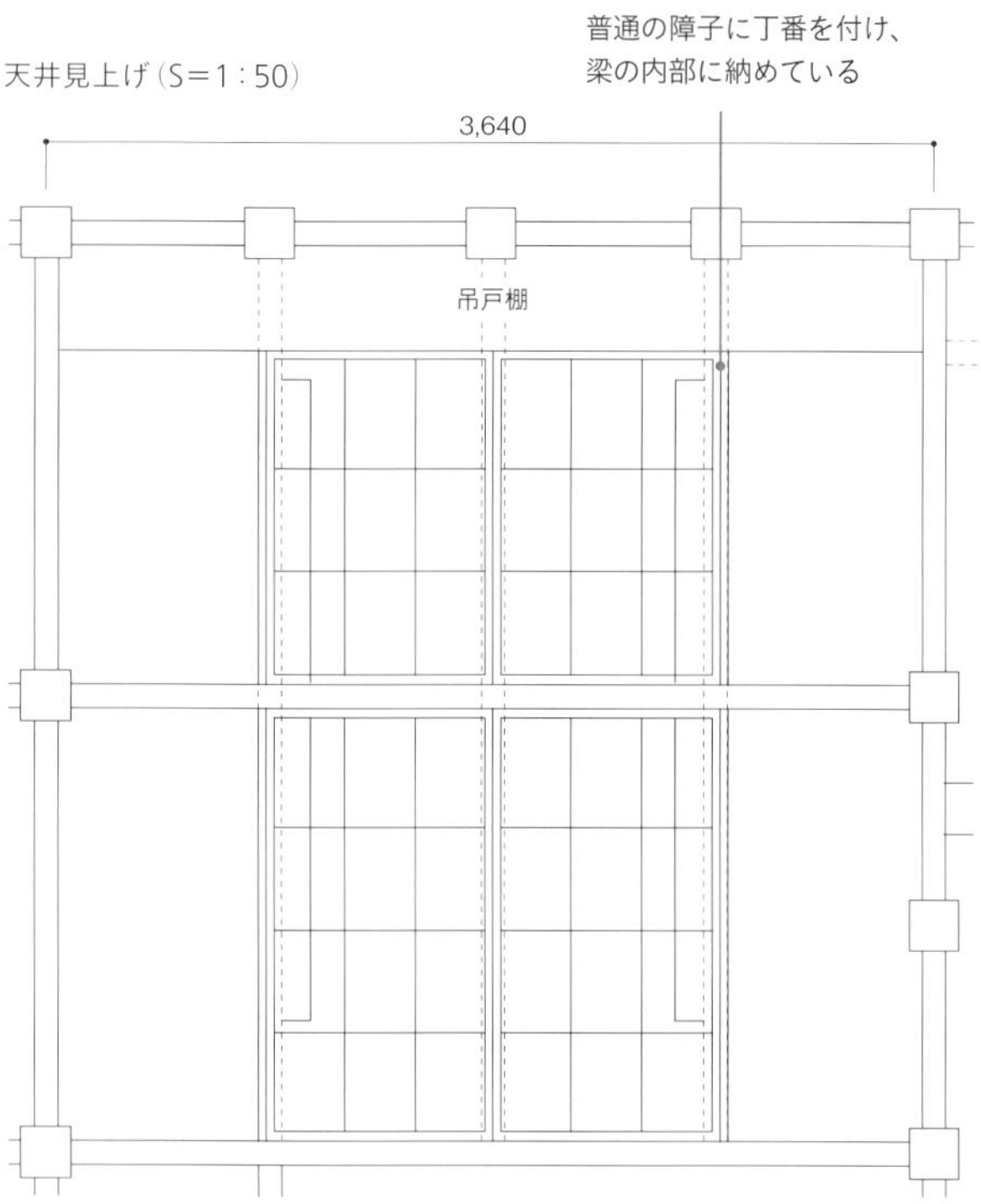

梁の側面に蛍光灯を仕込んで、その上に障子を貼り付けた例。障子は紙でなく丈夫なホームワーロンを使用(近藤建設工業)

CASE 5 床の間の建築化照明

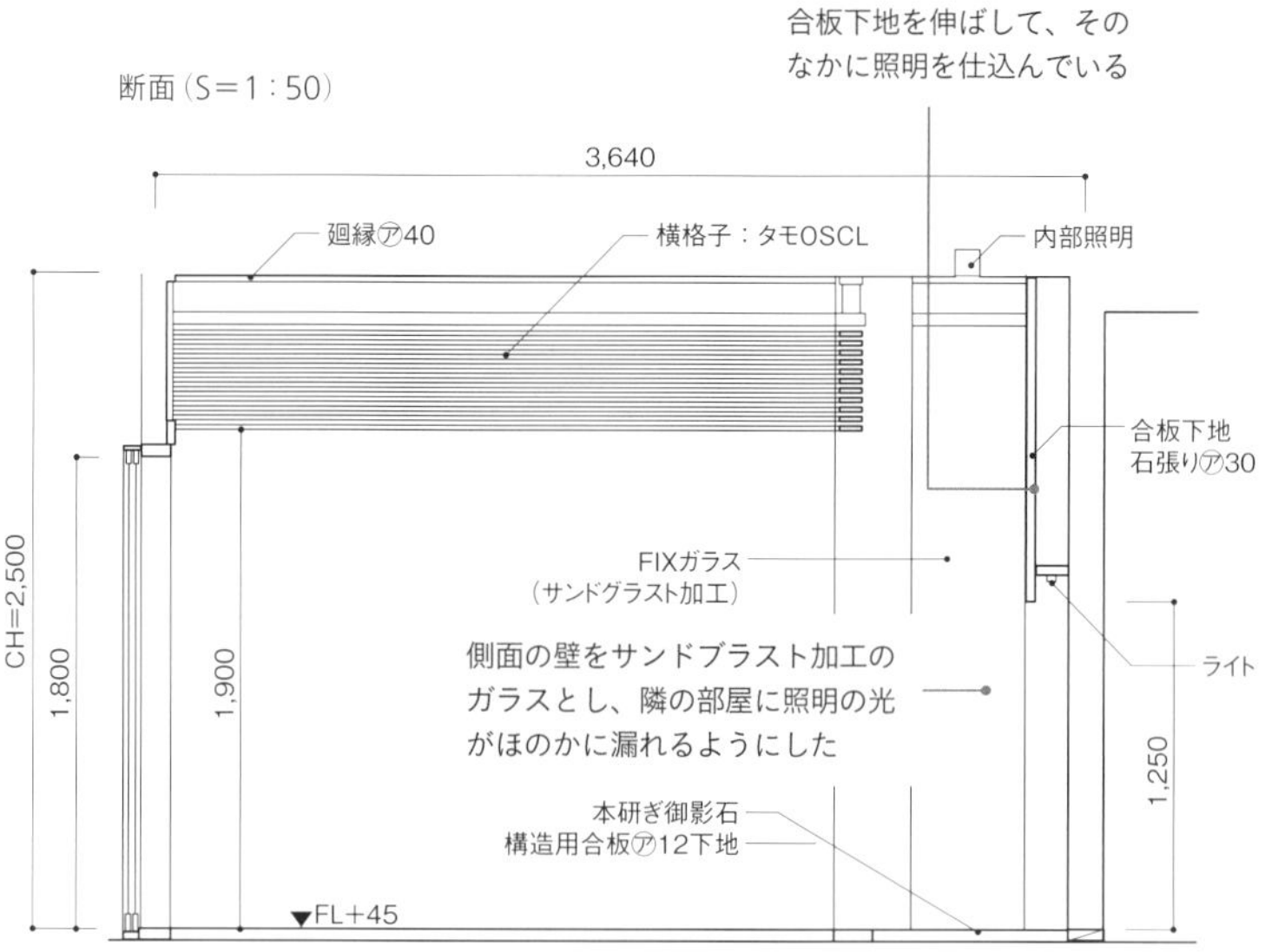

床の間の壁をふかし、その内側に照明を設けた例。質感のある壁の珪藻土仕上げの壁や床の本研ぎ御影石を照らす(近藤建設工業)

chapter

5

木の家デザインを究める

無垢の木材をインテリアの仕上げに使う「木の家」デザイン。
一定の支持を集める一方、上手にデザインしないと
やぼったいログハウスやひと昔前の住宅のように見えてしまう。
ここでは木の家をモダンにまとめる方法を、建築家や工務店の事例から紐解いていく。

多様な木材を調和させた木の家

天井は床に比べて明るいウンスギの縁甲板で仕上げている

キッチンカウンターの面材は天然大理石（ネロマルキーナ）

壁はアガチスの縁甲板で仕上げている。手前の入口がウォークインクロゼット、奥の入口が寝室へとつながる

壁の仕上げは白色塗装仕上げで木質中心の内装に抜きをつくっている

大黒柱は240㎜角の無節の吉野檜。空間をまとめるシンボリックな存在となっている

設計：寛建築工房　撮影：吉田誠・寛建築工房

神奈川県茅ヶ崎市のゆったりとした敷地に建つ住宅である。敷地スペースの広さを十分に生かし、開放的でありながらも外部の視線からは守られる、隠れ家のような住まいを目指した。

プライバシーを保持しながらの開放を達成するうえで、重要な役割を果たしているのが、中庭である。1階の東南側に設置された広めの中庭は、繊細な印象を与える縦の木格子で仕切られることで外部を緩やかに遮断し、各室は、その中庭に向かう大きな開口部により開放される。特にLDKは、2層分の窓が南東方向に設けられており、明るく開放的でありながら外部からの視線はほとんど気にならない。そして、主寝室、洗面・浴室などは、その奥に配置され、プライバシーが完全に確保されている。

内装は、床、壁、天井などに木材を多用しているものの、各部の取合いをはっきり見せるディテールとしているため、雑多な印象にはならず、上質な無垢材による落ち着きある雰囲気をもつ空間となっている。また、木の質感を際立たせる手法として壁など所々を白く抜き、とかく重くなりがちな木の空間に軽快感を生み出している。

玄関土間から廊下にかけての床には灰墨モルタルが使われており、長い廊下から見える中庭とともに、贅沢な印象を徐々に強める効果を上げている。

庇下部に設けられた2本のライン。手前がライン照明の入るボックス、奥がブラインドボックス

中庭に面して開放されたLDKをリビング側から見る。右手に主寝室、ウォークインクロゼット、正面奥に浴室などがあり、このLDKが生活の中心となっている

室内の床と連続するデッキは、イペを採用

床はビルマチークの無垢フローリング。落ち着いた色合いで全体を締めている

暗めの色の家具で落ち着いた雰囲気に

ダイニング側からリビングを見る。午後の日差しが室内の奥まで入り込んでいる

収納スペースを背後に控える壁はチークで仕上げている

1人がけのチェアとオットマンはシェスタハイバック

革張りのソファはクォードLUX（カンディハウス）

カウンターの天板には天然大理石（ネロマルキーナ）

カウンターチェアにはニューシーアームレスカウンターチェア（アルフレックス）

板張りの壁の上端を立ち上げて、その内側に照明を仕込んでいる。天井を明るく照らす

窓の上端に仕込まれた照明。1階部分の窓全体を照らす

イサムノグチのスタンド照明。和風空間やナチュラル系の空間に合う

間接照明で高級感を演出する

夜のLDK。高い天井部分にはダウンライトなど一切の照明を取り付けず、間接照明のみで部屋全体をほんのり照らす

設計：寛建築工房　撮影：吉田誠・寛建築工房

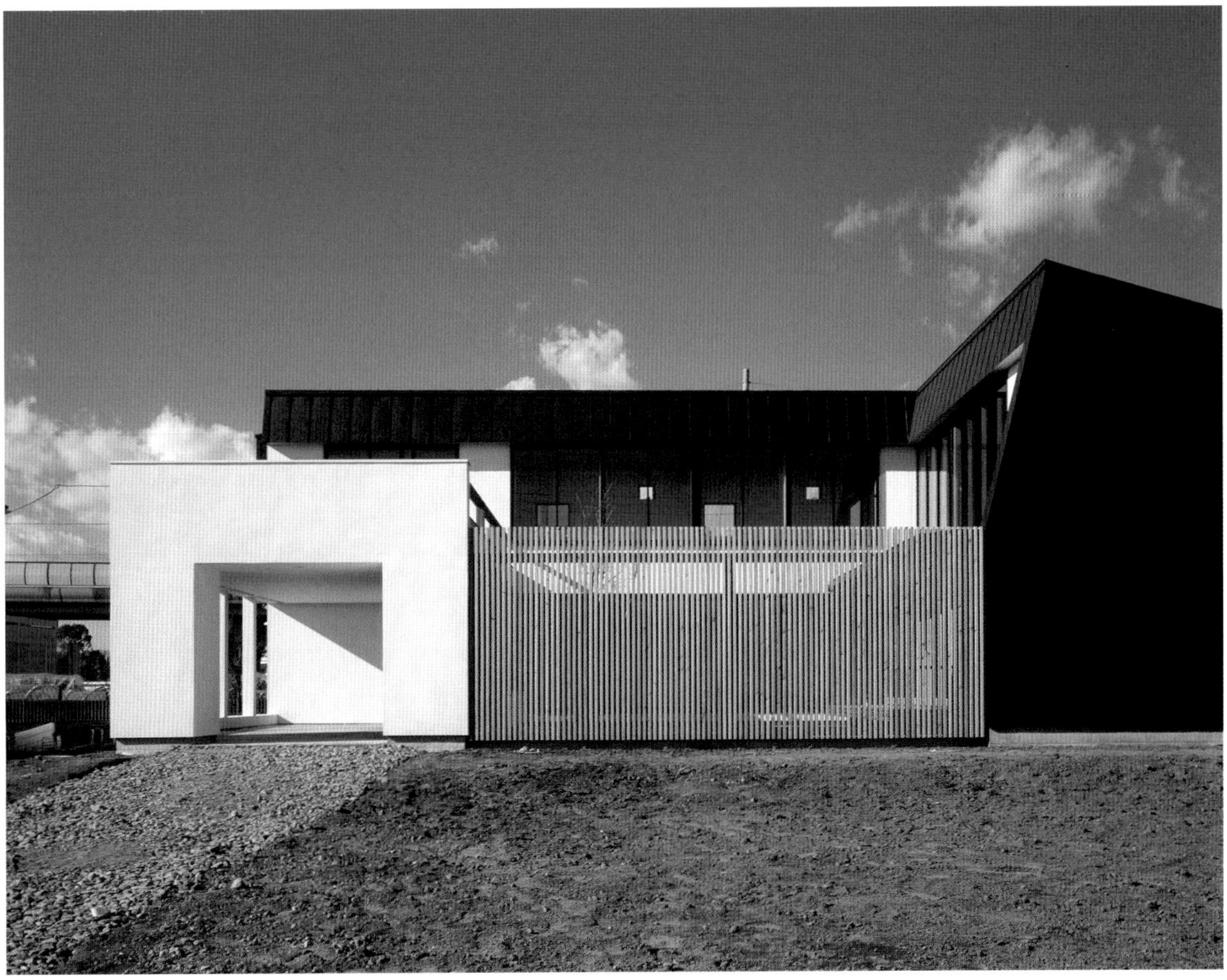

和とモダンが調和する外観

東側から見た外観。左の白いゲートがガレージ、中央の竪格子の内側が中庭で、左側の片流れの屋根をもつLDKが中庭に向かって開いている。外壁の仕上げはガルバリウム鋼板で、白い部分は左官仕上げ

平面図（S＝1：300）

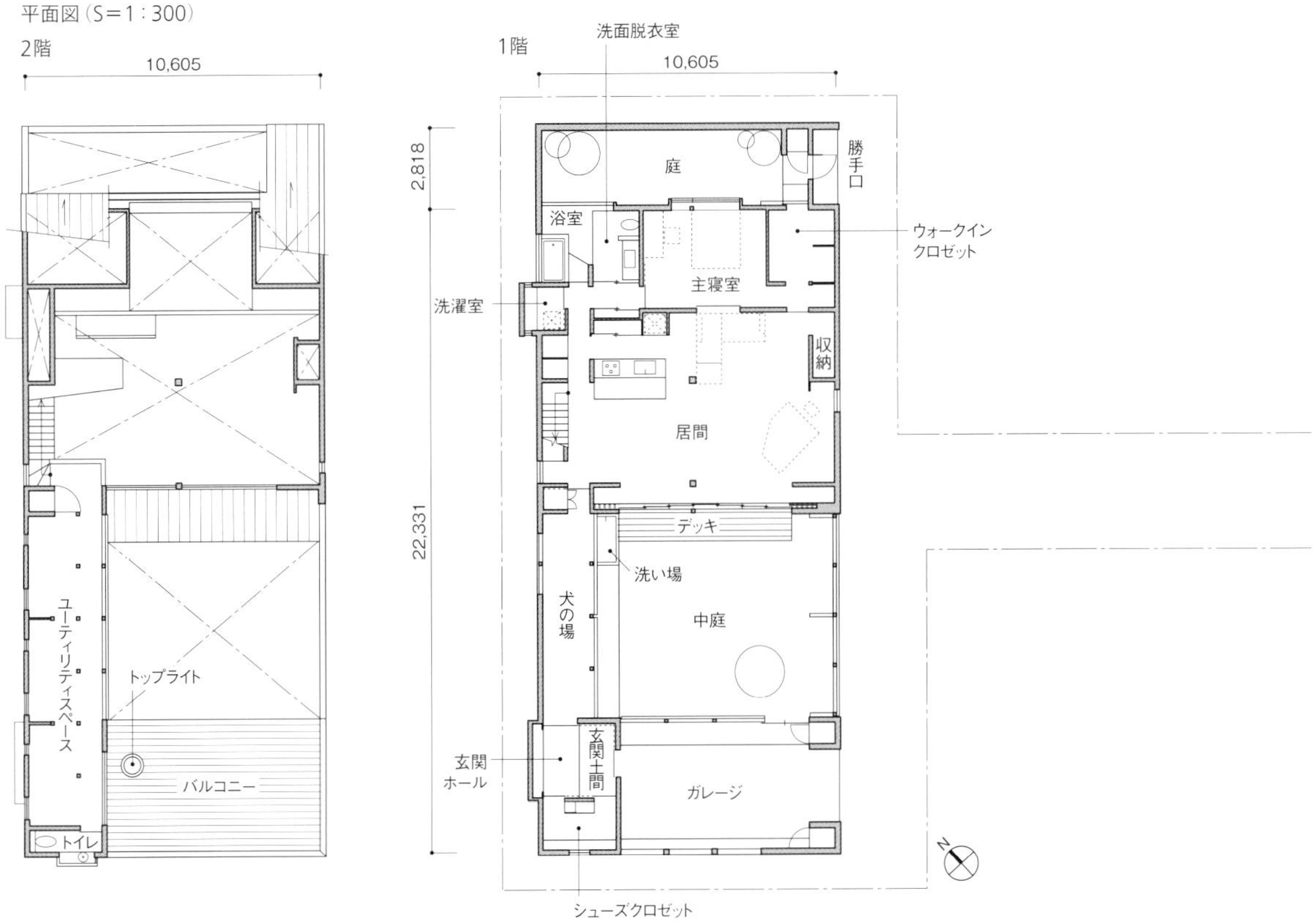

2階建てだが、基本的には平屋に近いプラン。ゲートからガレージを通り、玄関、犬の場と名付けられた廊下を経て、居間（LDK）へとつながる。これらはすべて中庭に面しており、中庭を眺めながら居間まで歩くことになる。主寝室、浴室などは居間の裏手部分にあり、プライバシーが保たれている

収納部分の扉の面材はメープル、横桟はツガ

玄関と連続する回廊のような廊下

廊下の奥、キッチンの脇から浴室方面を見る。水廻りの収納などがまとめられ、家事動線の重要な経路となっている

キッチン脇の部分には小さなガラスの棚が設置されている。ガラスを透過してリビングの光がもれてくる

飾り棚はブラックウォルナット、幕板はチーク

玄関の引戸はチークを用いたフラッシュ戸

和の材料を工夫して配置

アプローチから玄関を見る。玉砂利や玄関奥の飾り棚、玄関庇上の丸い窓など、和風に寄ったデザイン

玄関土間から床までは灰墨モルタルで一体に仕上げている

玄関側面の壁には飫肥杉(きひすぎ)の竪格子

素材と色づかい高級感を演出する

玄関の先の廊下から、浴室方面を見る。右側は中庭、その奥にLDKの窓が見える。右側全面が窓の明るい廊下である

通風や採光の目的に隣地との路地側に地窓が設けられている

床の仕上げは玄関土間と同じ灰墨モルタルで仕上げている

設計:寛建築工房　撮影:吉田誠・寛建築工房

落ち着いた内装の書斎付き寝室

リビング奥の主寝室。間接照明中心に構成された落ち着いた雰囲気をもつ。造付けの書斎スペースが付属する

吊戸棚はオニグルミで構成されており、背面に照明が仕込まれている

浴室などに通じる引戸はメープルのフラッシュ戸

造付けの机はオニグルミで、奥に配線スペースやコンセントが仕込まれている

棚・机断面図（S＝1：20）

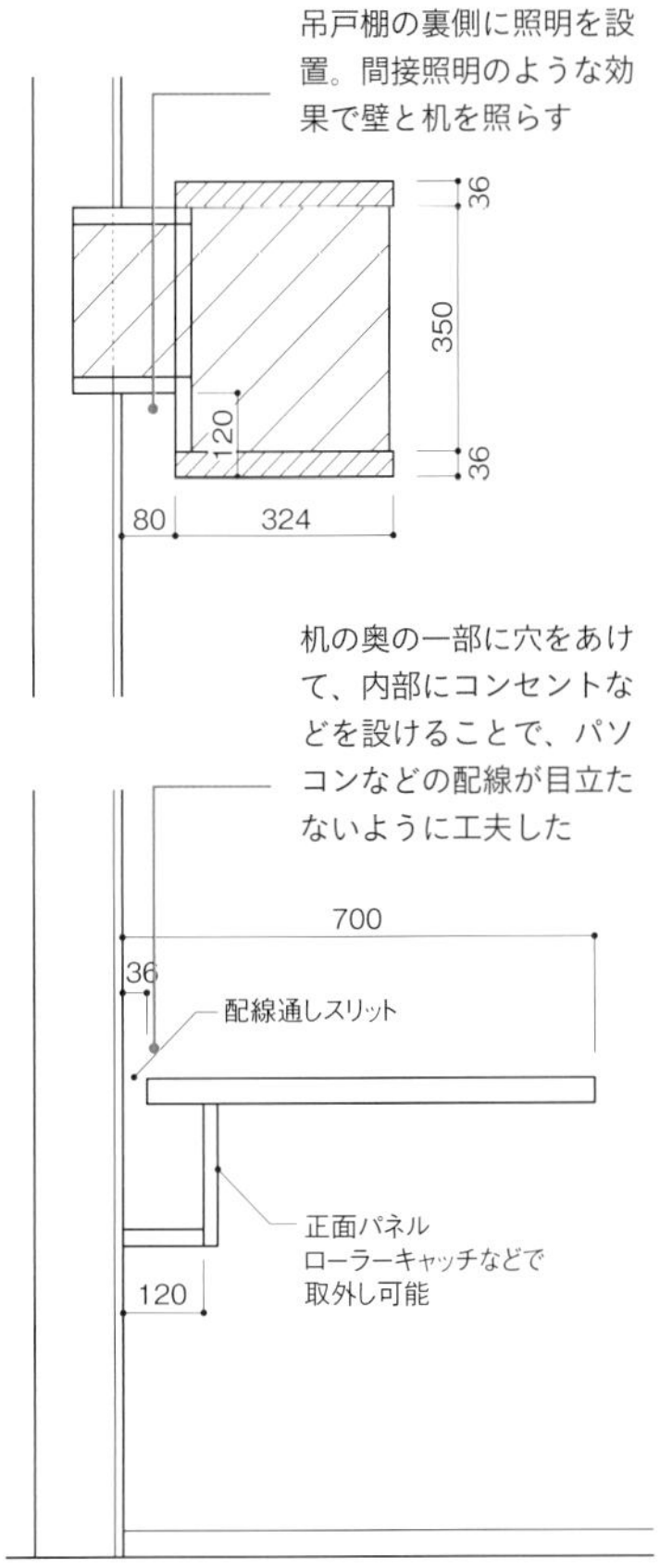

吊戸棚の裏側に照明を設置。間接照明のような効果で壁と机を照らす
36
350
120
36
80
324
机の奥の一部に穴をあけて、内部にコンセントなどを設けることで、パソコンなどの配線が目立たないように工夫した
700
36
配線通しスリット
正面パネル
ローラーキャッチなどで
取外し可能
120

明暗のくっきりした浴室と洗面室

浴室と洗面スペース。裏庭に面した大きな開口と、黒色系の石やタイルで仕上げた、コントラストの強い空間となっている

壁などには黒の天然モザイクタイル大理石を施工。落ち着いた雰囲気になっている

浴槽の立上りや洗面台の部分には天然モザイク大理石が使われている

床はブラックスレートを張っている

銘木をつかって高級な和を演出

シンプルモダンの白い空間にやや濃いめの茶系の家具を配置。狭さを感じさせない工夫を施している。

多様な珍しい木材を使った玄関。シャレとは立ち枯れして風雨に晒されたような肌をもつ木のことで、変木は曲がったりゆがんだりしている木のことで、希少な銘木である

明るい玄関だがポイントで珍しい材料を使っている。ねじれたようになっているスギの変木は皮を剥いだ後やや磨かれている

さまざまな高価な樹種で組み合わせた玄関。照明も間接照明中心に明かりが抑えられ、木材の質感が強調されている

天井：**秋田杉**（赤・無節・浮づくり）

幕板：**長良杉**（赤・無節・浮づくり）

床板：**クスノキ**
床框：**秋田杉**（柾目）

床柱：**イチョウ**

階段材・**床板**：ローズウッド

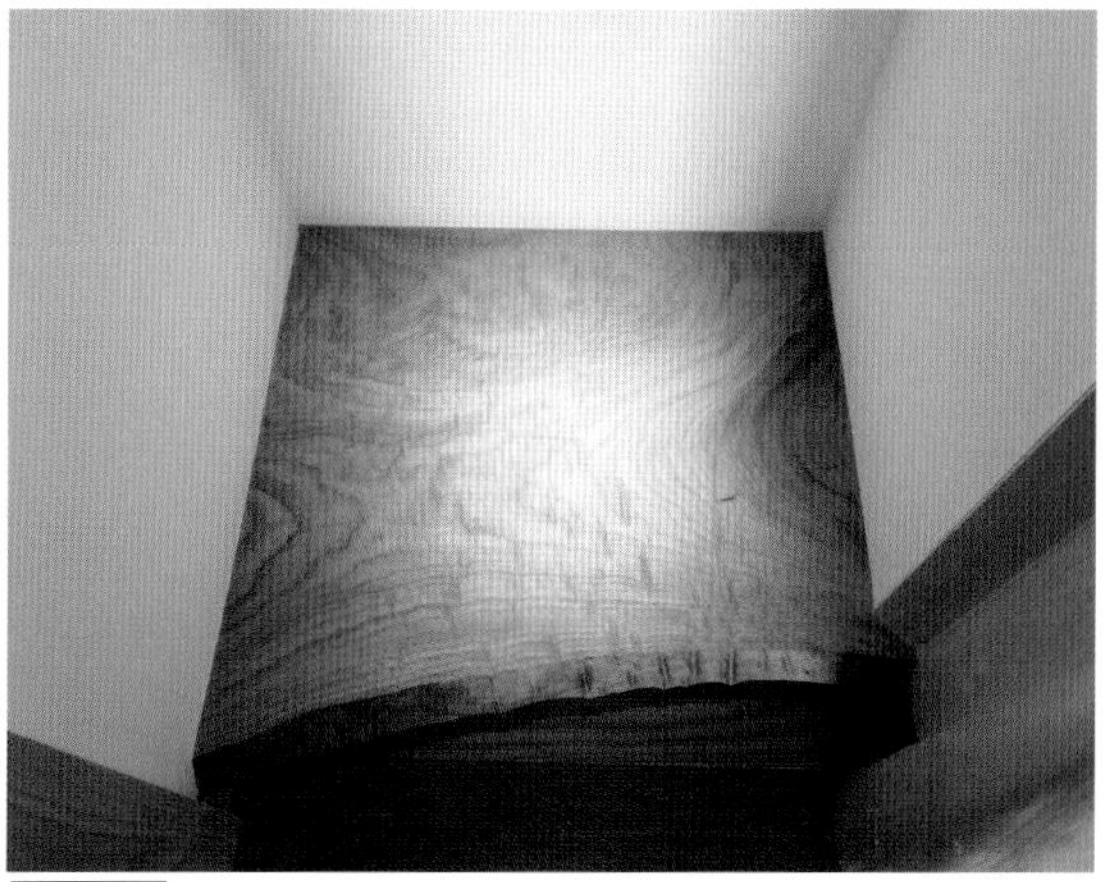

DETAIL

クスノキは皮付きのものを使用。その曲がった端部をそのまま見せて、その下の秋田杉（柾目）に繋げている

個性的な木材を配置した玄関。自然木が個性的な空間だ

階段：**クスノキ1枚板**

化粧柱：**自然木の丸柱**

DETAIL

飾り棚にはヤマザクラ（ちぢみ杢）が使われている

正面の吹抜けの大開口へ開く
2階部分の書斎スペース。神
代ケヤキは数千年と地中に埋
まっていたもの

奥に視線の抜けのある落ち着
いた玄関。ケヤキが多用され
ているのが特徴

リビングに設置されたアカマ
ツの化粧柱。皮付きが存在感
を強調している

開放的な和室に、面皮のスギ
材が多用されている。リョウ
ボはサルスベリに似た樹種で、
表面が赤茶色で光沢があり、
すべすべしている

設計:寛建築工房　撮影:吉田誠・寛建築工房

シンプルなリビングに設けられたチシャの丸柱。チシャは家具や床柱などに使われる明るい色の樹種

化粧柱：**チシャ丸柱**

家具：**タモ**

柱：**北山杉磨き丸太**

ダイニングに設置された北山杉の磨き丸太。京都の銘木の代表である北山杉。磨き丸太は砂洗いという砂による研磨によって磨かれる

リビングに設置された吉野ヒノキの磨き丸太。奈良の代表的な銘木である吉野ヒノキ。吉野杉とともに茶室の床柱などの定番である

柱：**吉野ヒノキ磨き丸太**

リビングに設置されたケヤキの大黒柱。300㎜角と大きな断面をもっており、樹齢200年と希少なものである

大黒柱：**ケヤキ**

上品な色合いで繊細な和を表現

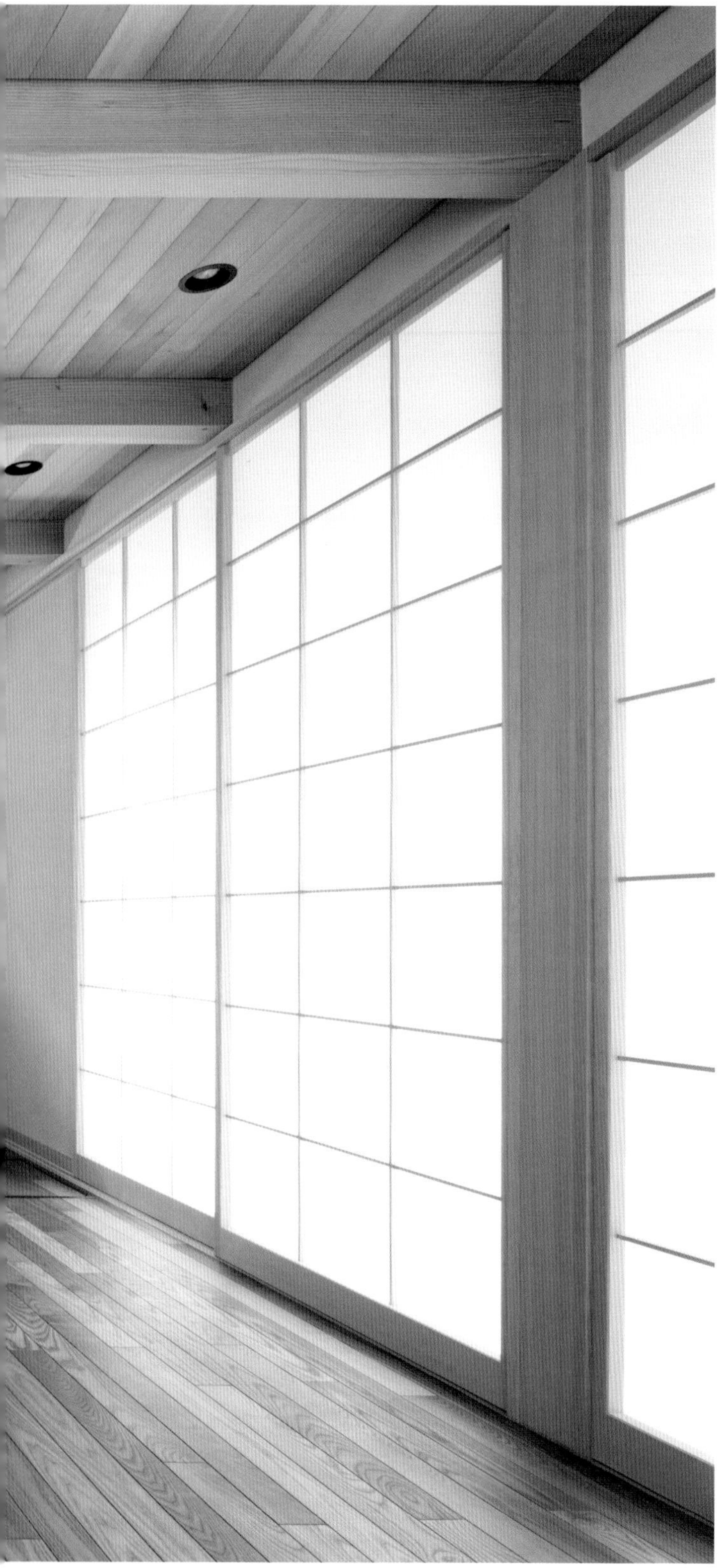

東京都世田谷区のコンパクトな敷地に建つ住宅。50歳代の建主夫婦で、閑静な住宅街に調和する落ち着いた雰囲気の和のデザインと、建主が保有する家具に合う空間が求められた。

内装は、建具などに障子や襖、木製の框戸を多用。ただし障子の割付けを粗くしたほか、襖もモダンなパターンの京唐紙を使うなど、洋風の生活スタイルやデザインに合う工夫がなされている。

また、梁や柱は露出し、造付け家具も木材が前面に出るデザインとした。露した梁や柱は、周囲の木材を同材や似たような色合いの材料を使うことで存在感をコントロールしている。造付け家具については、センという木目が目立たず色調が明るい木材の練付けで統一するなど、「木の家」風になりすぎないよう工夫されている。

置き家具は、建て主が保有するアメリカの伝統的なデザインの家具のほかは、北欧デザインの家具を採用。コンパクトな敷地に合うように、小ぶりで圧迫感がなく、しかし座り心地や手触りのよいものが選択された。

格式や伝統的な家のあり方を重視する建主だったので、玄関にやや広めのスペースをとって、階段と一体とし、質感の高い仕上げ材で構成している。とりわけ、上がり框や、玄関の目の前に設けられた階段の段板に使われたアサメラは、希少な南洋材で、その深い色合いによって、独特の格式やモダンな雰囲気を表現できた。

設計・施工：伊佐ホームズ

照明はダウンライト中心に構成。ペンダントを入れると和の印象が弱まるので、ここでは避けている

露出したベイマツの梁に合わせて天井材もピーラー（ベイマツ）の縁甲板とし、梁と一体で見せている

家具メーカー・キタニの4人掛けテーブル「DFS-120EXT」。天板のみをスライドさせることで、6人掛けに変更できる

キッチンとダイニングを仕切る造付け収納。左右と上を抜いて軽快に見せている。表面はセンの練付け仕上げ

210㎜角のスギの大黒柱。拭き漆で仕上げて存在感を強調した

大黒柱を戸当たりとする板戸。フラッシュだと柱に負けてしまうので、ピーラーの框戸とした

壁は白じゅらくで仕上げた。漆喰に比べて柔らかな印象になる

家具メーカー・キタニ製、シグード・レッセル設計のチェア「SR-02」。サクラ材のものを採用

床は燻煙加工されたアッシュのフローリング。通常の飴色に

北欧のダイニングと粗い割付けの障子

割付けの粗い障子と、木のフレームをもつ北欧系のテーブルや椅子との相性は抜群だ

拭き漆の柱に負けない階段のアサメラ

段板に使われている南洋材のアサメラは、チークをより重厚にしたような木材で、その存在感は拭き漆の大黒柱に負けていない

障子と合う北欧のソファ

ダイニング方向からリビングを見る。大きく割り付けた障子と華奢な北欧家具が合う

キタニ製作、ラーセン設計の「IL-03」。北欧デザインらしく華奢でありながら、すわり心地のよいソファだ。サクラ材のものを採用

キタニ製作、ラーセン設計の1人掛けチェア「IL-10」。座面とアームが一体化されたデザイン。サクラ材のものを採用

キタニ製作、ラーセン設計のローテーブル「IL-150CT」。サクラ材のものを採用

ローテーブルの下には藍染めの緞通を敷いた。これを敷くことで床に目が行くようになり、全体に締まった空間となる

平面図（S＝1:150）

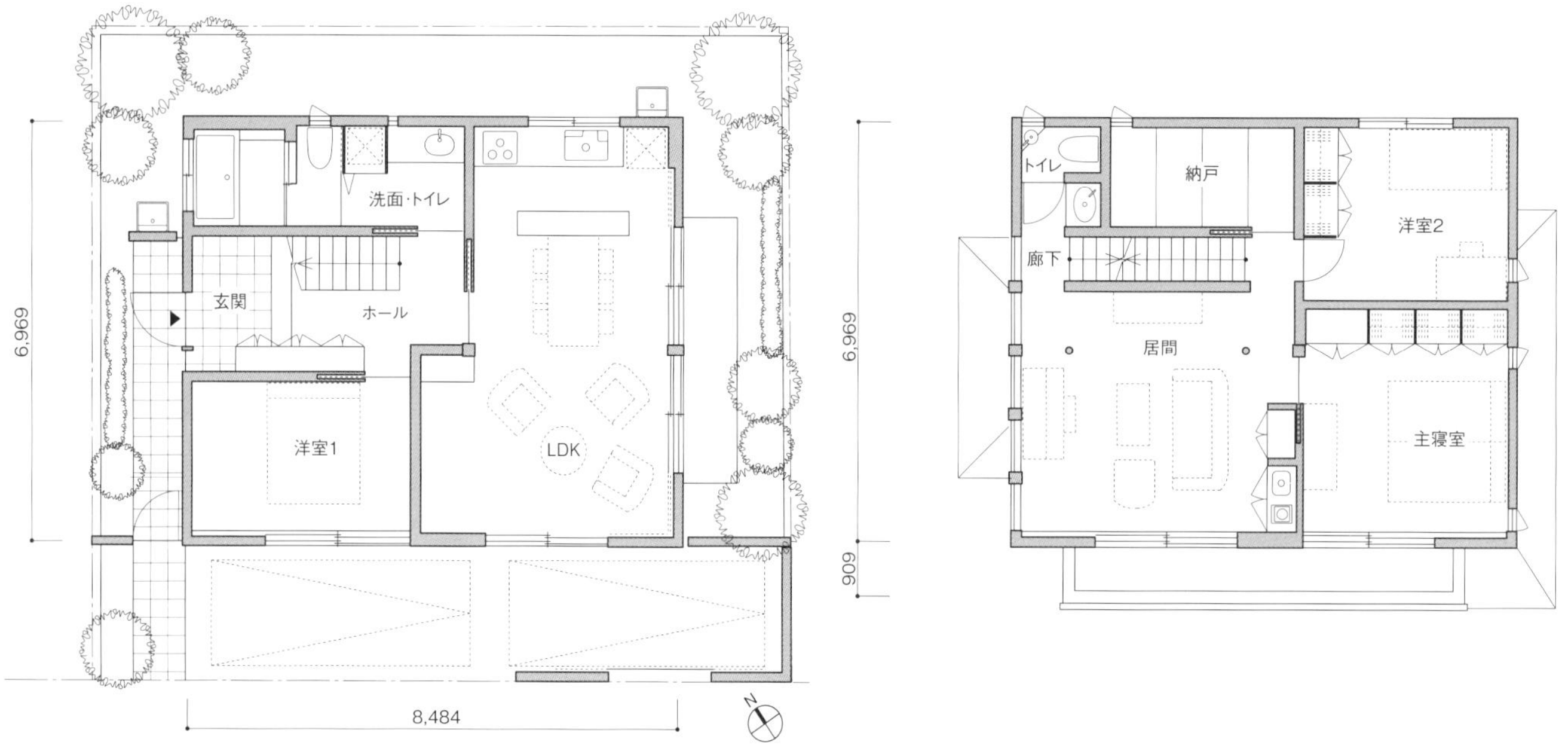

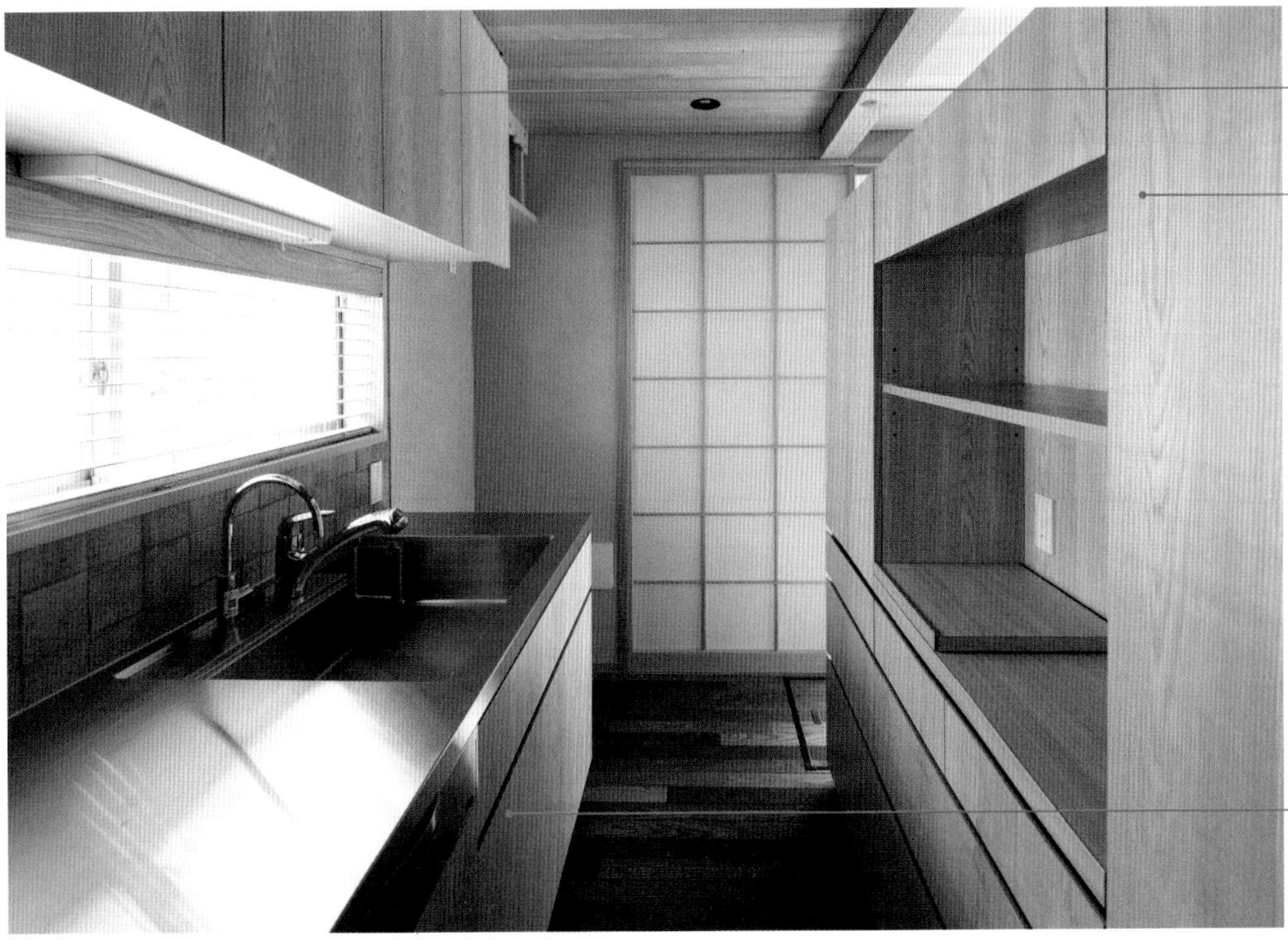

吊り戸棚の面材もセンの練付け

キッチンとダイニングを仕切る収納。内側の仕上げもセンで統一されている

システムキッチンの面材にもセンの練付けを使用

キッチン収納平面図（S＝1:30）

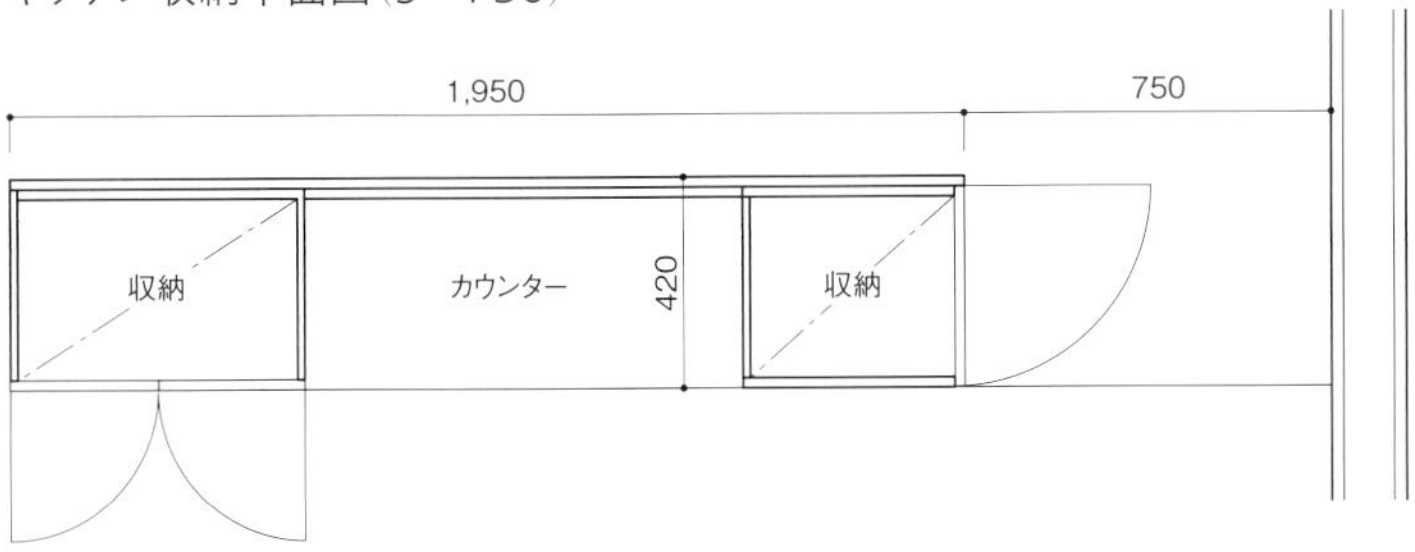

キッチン収納展開図（S＝1:30）

センは、材色がおとなしく、白太に近いので、大きな面に使用してもしつこくならない

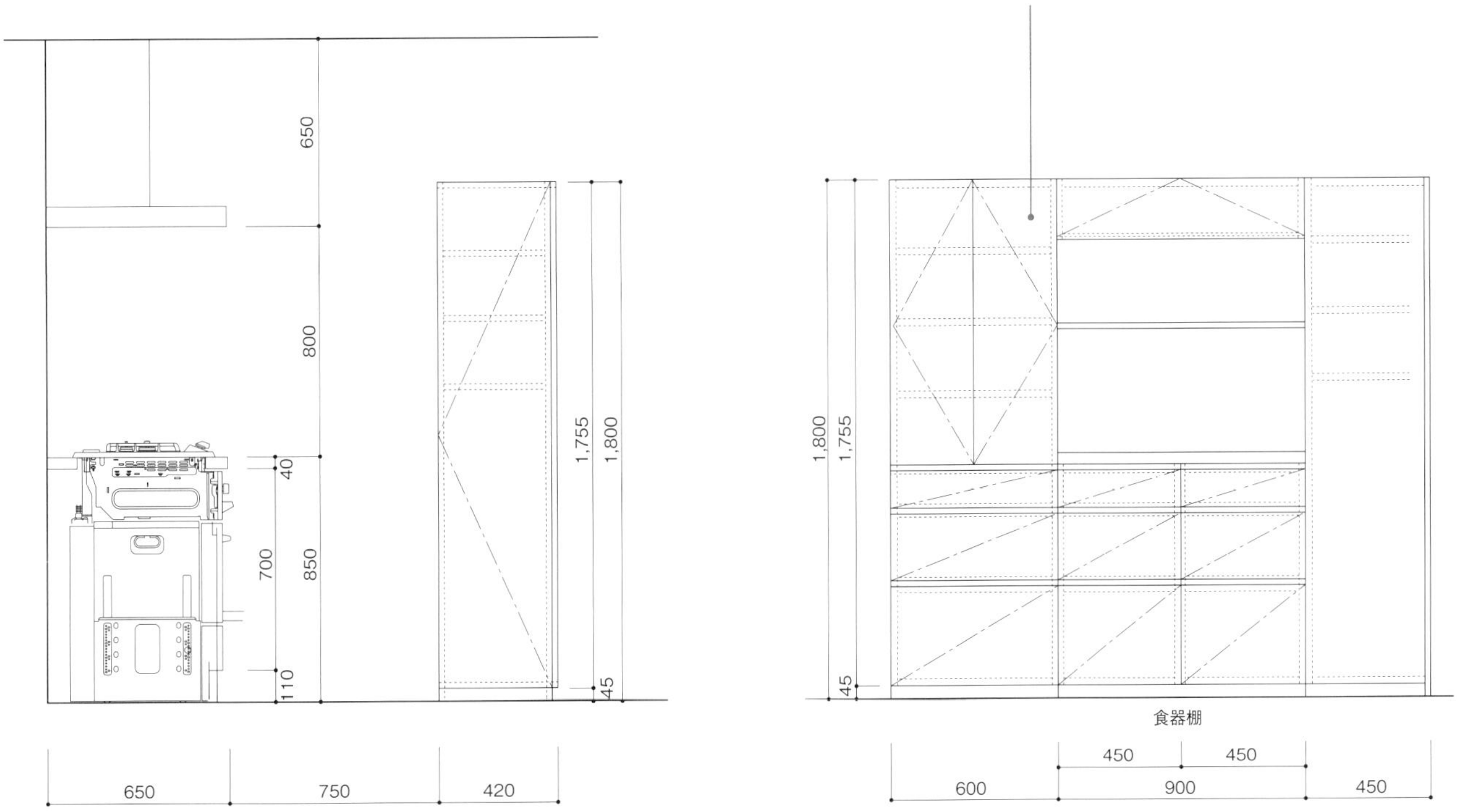

広めにつくって格を演出した玄関

コンパクトながら玄関ホールと階段を含めて８畳ほどのスペースを確保している。階段をストリップとしたため、それほど圧迫感はない

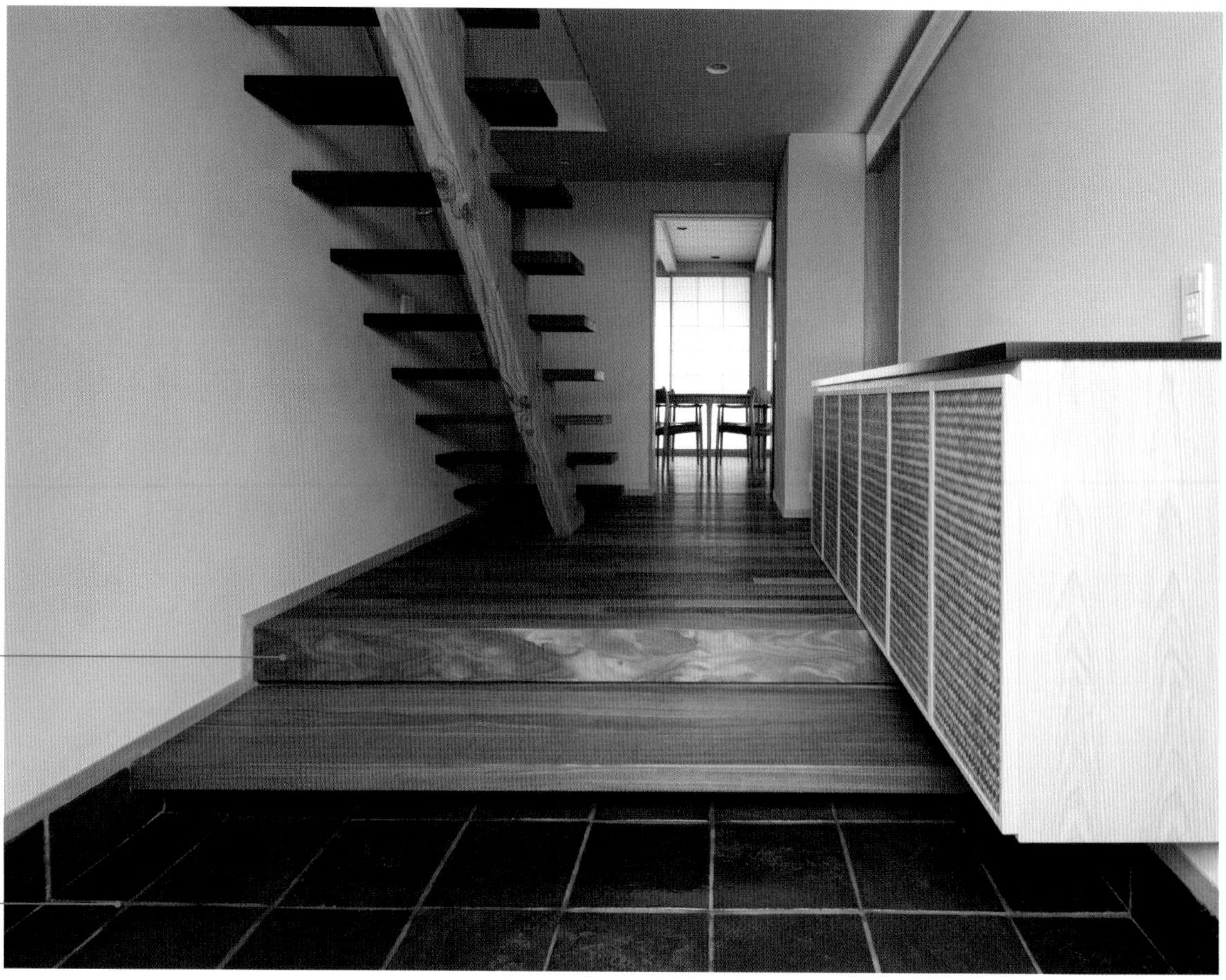

上がり框には希少なアサメラを使用。チークに近い色合いだが、木肌はやや荒々しい

土間は織部焼の陶板タイル。焼き物の質感とランダムなテクスチュアが自然の風合いとなって存在感を醸し出している

和を強調した玄関収納

玄関収納は、網代の面材とカシューが塗られたカウンターという和風を強調したデザイン。土間からは浮かせて、重く見えるのを避けている

カウンターはシナランバーにカシューが塗られている

靴箱の面材には網代を張っている。ほかの仕上げに負けない存在感を出している

素材感の強いストリップ階段

アサメラの段板を支える桁は、ベイマツ。無塗装にしたことで、段板の存在感を強調した

設計・施工：伊佐ホームズ

和の趣のある ファサード

南面外観。前面道路に対して窓が開いているが、主に通風や障子ごしの採光の用途が中心で、実際に窓を開けるのは小さな庭のある東側である。2階バルコニーの横格子の手摺が印象的

濡れ縁の床はベイスギでつくられている

黒い板塀で 植栽を締める

黒く塗装した高さ2mほどの縦板張りの塀で、隣地からの視線を遮る。この板張り塀を背景とすることで、植栽の緑をより強調する役割ももつ

奥はトイレスペース

カウンター、前面の壁を人造大理石で制作

洗面台・クロゼットの収納部分も扉の面材にセンの練付けを使用

格子や色づかいで和を強調する

洗面台の収納も隣のクロゼットも、センの練付けを面材に使っている。人造大理石のカウンターの白とも相性がよい

洗面台展開図(S=1:30)

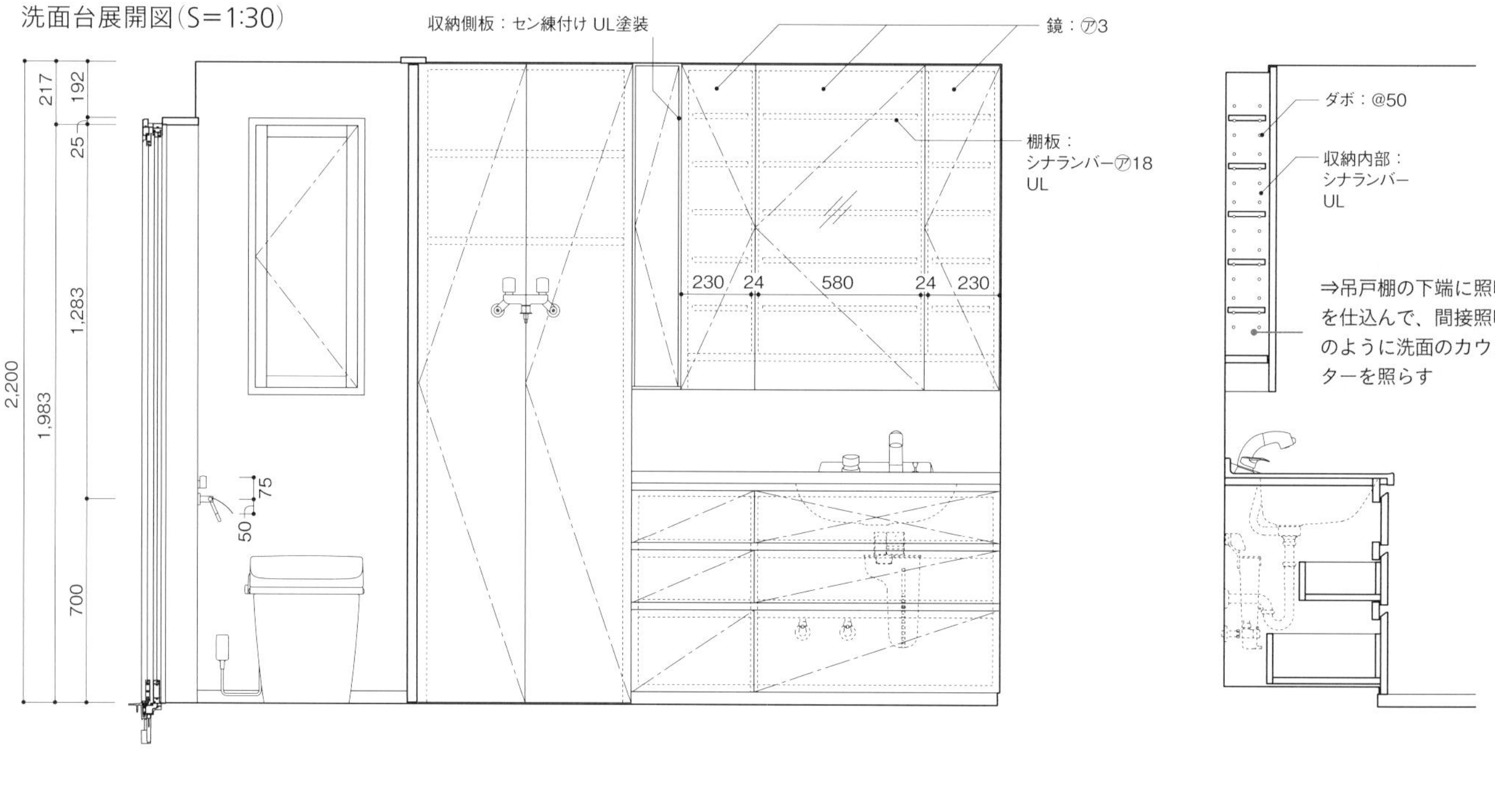

建て主の持ち込み家具、ドレクセルヘリテイジのソファとテーブル

ベイマツの梁に合わせてマツの丸太とした。表面はクリア塗装

丸太で柔らかい雰囲気を出す

露出する梁に取りつく柱は、安っぽく見えないように丸柱とし、高級感を損なわないようにした。家具の柔らかいデザインにも合う

壁の収納も奥のフラッシュの建具もセンの練付けで仕上げている

2階まで通した210㎜角の拭き漆仕上げの大黒柱

クラシックな家具に合う和の空間

センの造付け収納、障子などの和の明るい色調と、燻煙加工のアッシュの落ち着いた雰囲気がアメリカンクラシックの家具によく合う

壁一面をセンの収納に

センの練付けを壁一面に張りクロゼットとした寝室。センは木目が主張せず、壁一面に張ってもうるさい印象にならない

寝室のクロゼットもセンの練付け仕上げ

寝室の開口部の襖には、京唐紙を張っている。柄は建て主と選んで決めたものを採用。襖を開けると障子、さらにサッシとなる

寝室展開図(S=1:50)

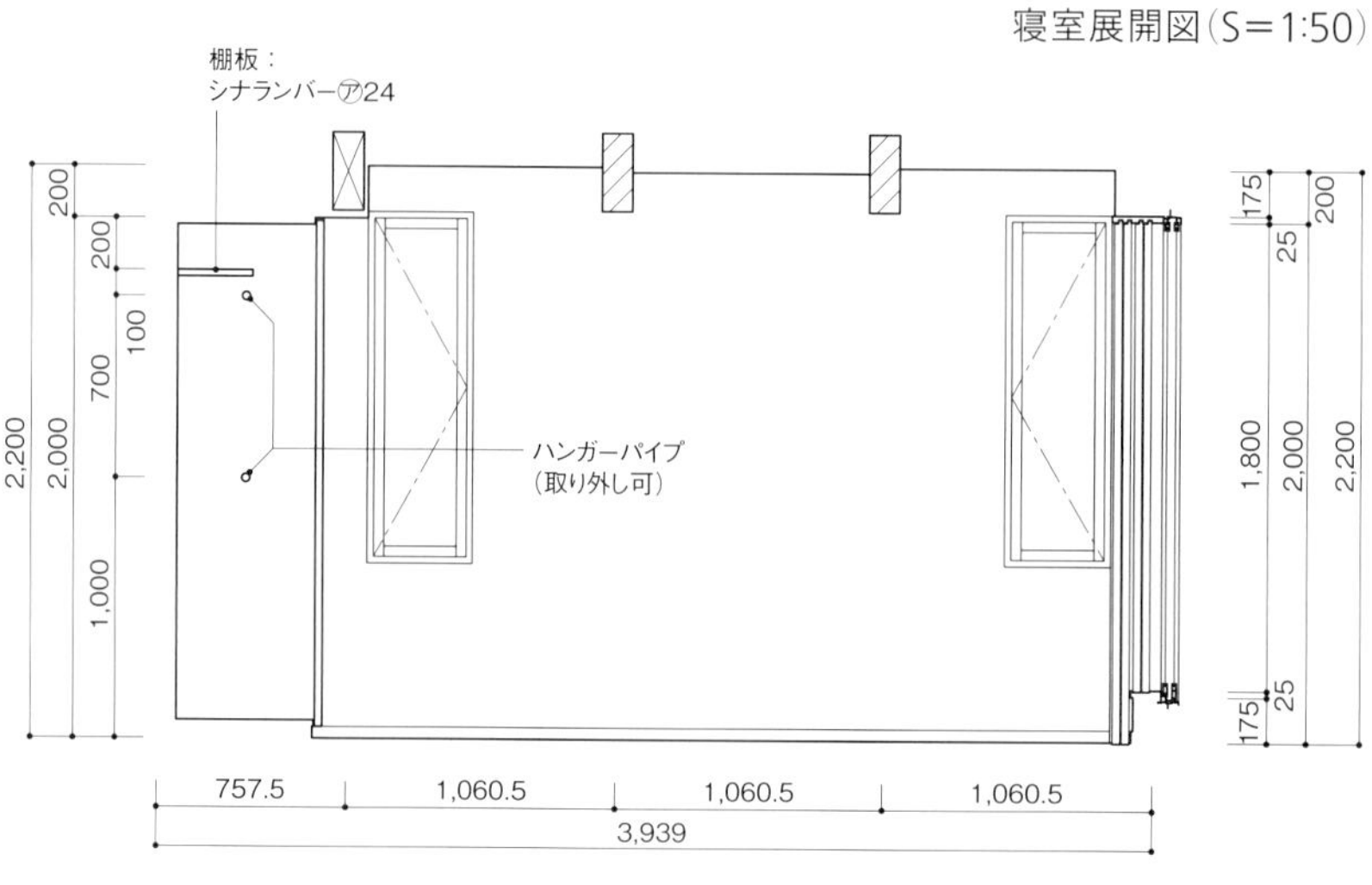

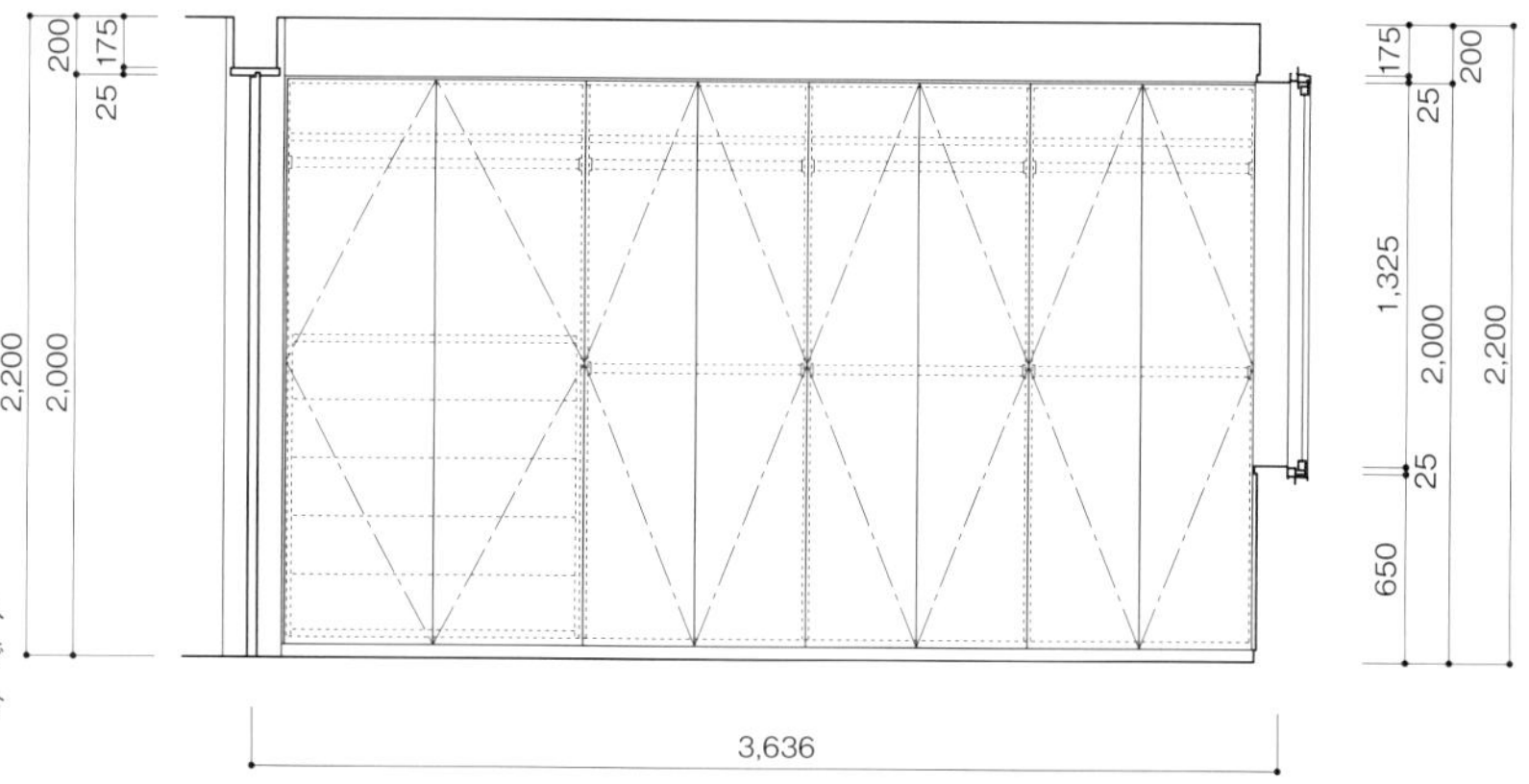

柱と収納との取り合いは出入口の建具と同様に間に壁ができないように直接柱と取り合う納まりとした

室内に露出する母屋の裏側に照明を仕込んで、間接照明の効果を得た

壁は本じゅらく仕上げ

床は縁なしの琉球畳でモダンに仕上げた

落ち着きのある和の納戸

天井の低い納戸は畳張りで落ちついた雰囲気に。ここだけ白じゅらくではなく本じゅらく仕上げとすることでほかの部屋と差別化した

天井・壁は白じゅらく仕上げ

落ち着きのある勾配天井の部屋

納戸の手前はほかの居室と同様に白じゅらく仕上げとして、奥の部屋と雰囲気を変えている。床は燻煙加工したアッシュ。勾配天井と露出する棟木や母屋が落ち着きを与える

開放的で落ちついた和のリビング

床柱には松シャレ変木を使用。シャレ木は立ち枯れした木のことで銘木の一種
床は落ち着いた色のチークを使用
カウンターには皮付きのクルミ材
戸袋に収納されている框戸（ガラス戸・アミ戸）は縦枠・上枠をピーラー、下枠をイペで製作

寛の家-71のリビング。全開できる開口部を介して中庭に連続するため、非常に開放的な空間となっている

デッキ材はセランガンバツ。退色するので色合わせはせず、素地のままとしている
軒天はピーラー羽目板

ルーバーで緩やかに仕切った中庭。デッキを大きくせり出したコンパクトな中庭。オビスギのルーバーで外部の視線を遮る

天井の一部に高低差をつくり内部に照明を仕込んでいる

リビングに設けられた持ち出しのカウンター。壁下地の胴縁から持ち出すかたちで取り付けられたカウンター収納。下部には照明が仕込まれている

寛の家-71（設計：寛建築工房、撮影：寛建築工房・吉田 誠）

図1　寛の家-71開口部詳細図（S＝1：20）

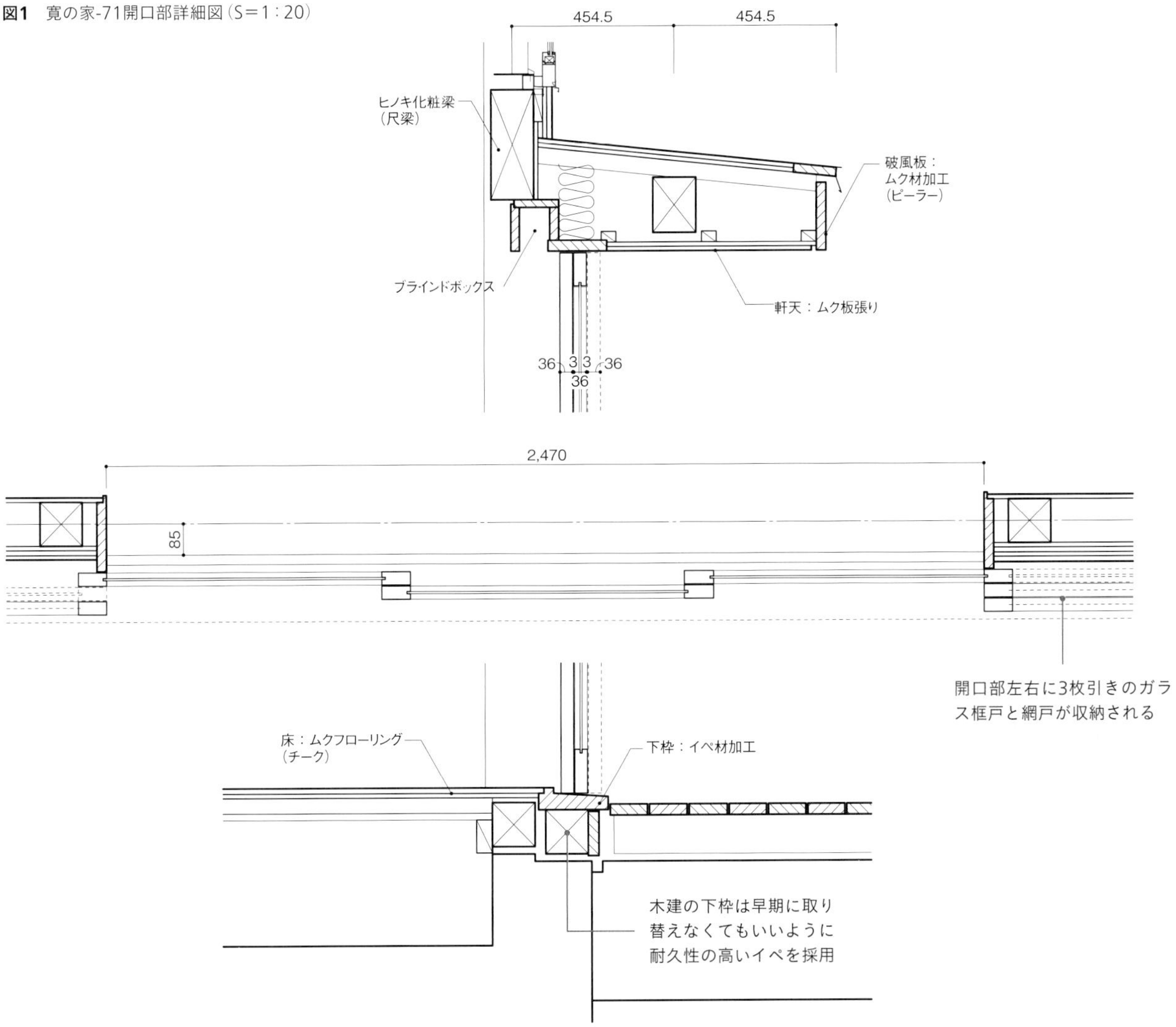

図2　寛の家-71カウンター収納詳細図（S＝1：25）

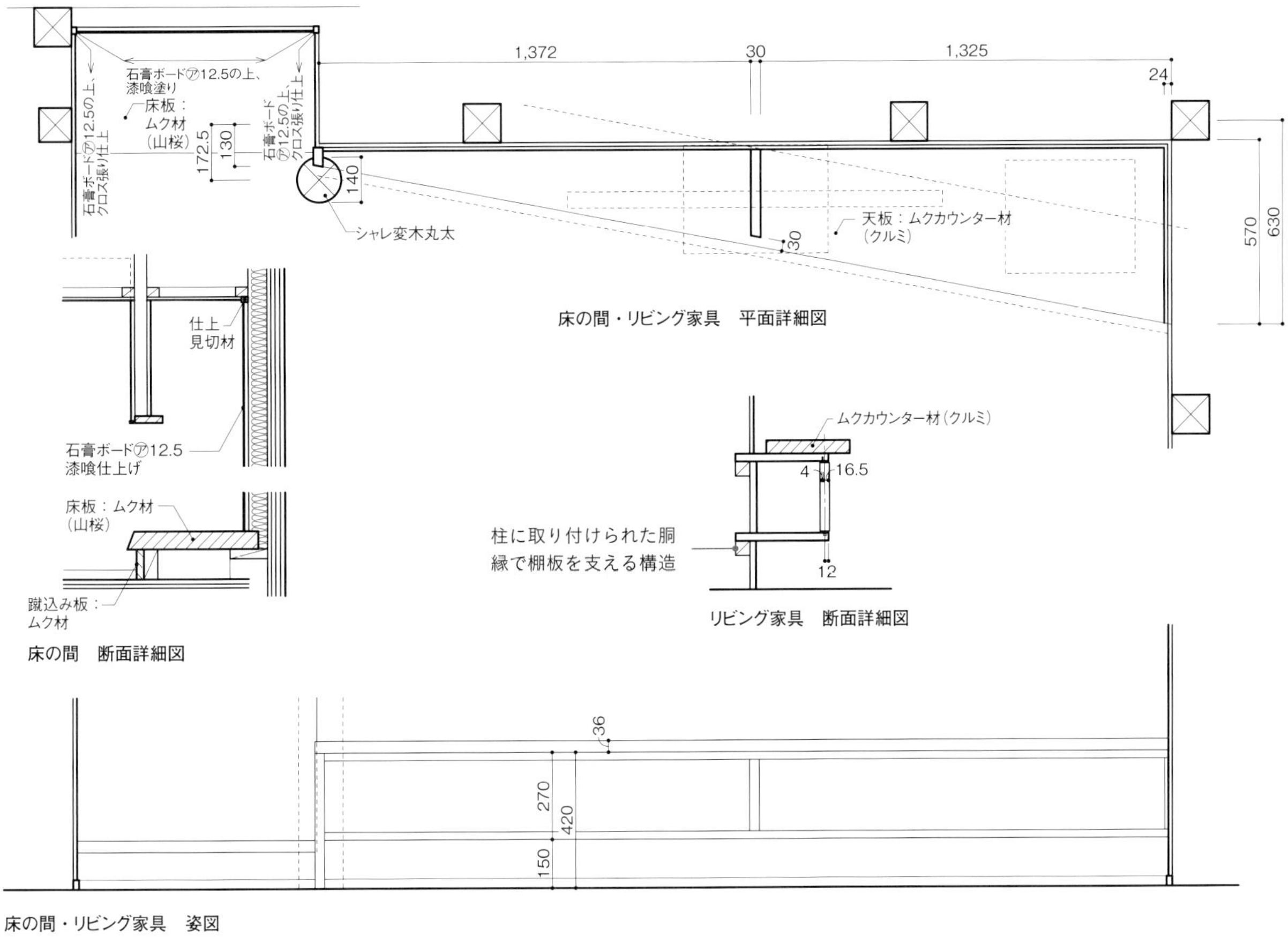

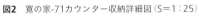

和の趣がある水廻り空間

浴室の坪庭には黒玉石が敷かれている

壁と床は玄昌石風のタイルを張っている

天然木材を多用した浴室

天井と壁に尾鷲ヒノキ羽目板、浴槽にラオスヒノキを使っている

図1 寛の家-71浴室詳細図（S＝1：30）

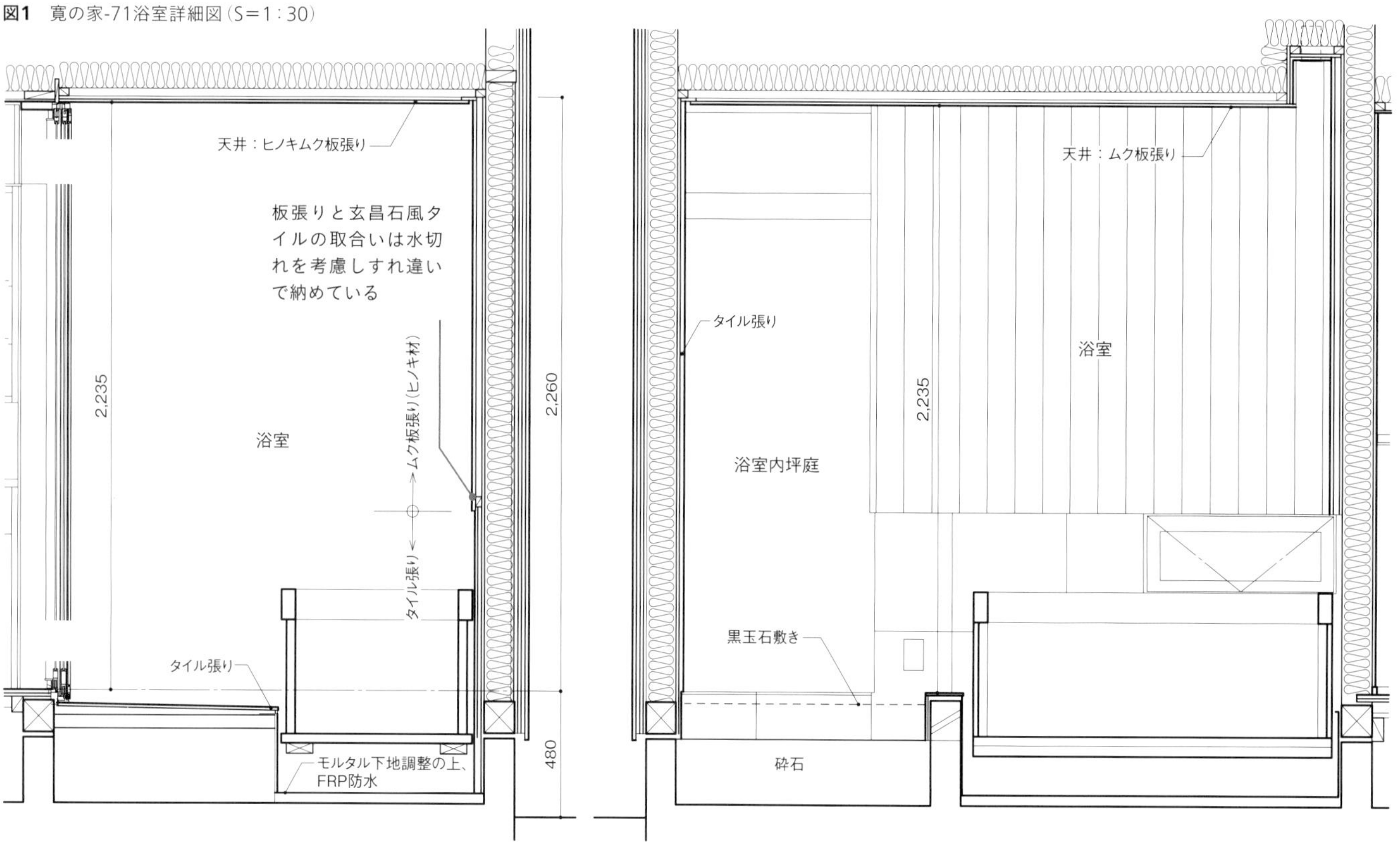

寛の家-71（設計：寛建築工房、撮影：寛建築工房・吉田 誠）

図2 寛の家-71洗面化粧台詳細図（S＝1：25）

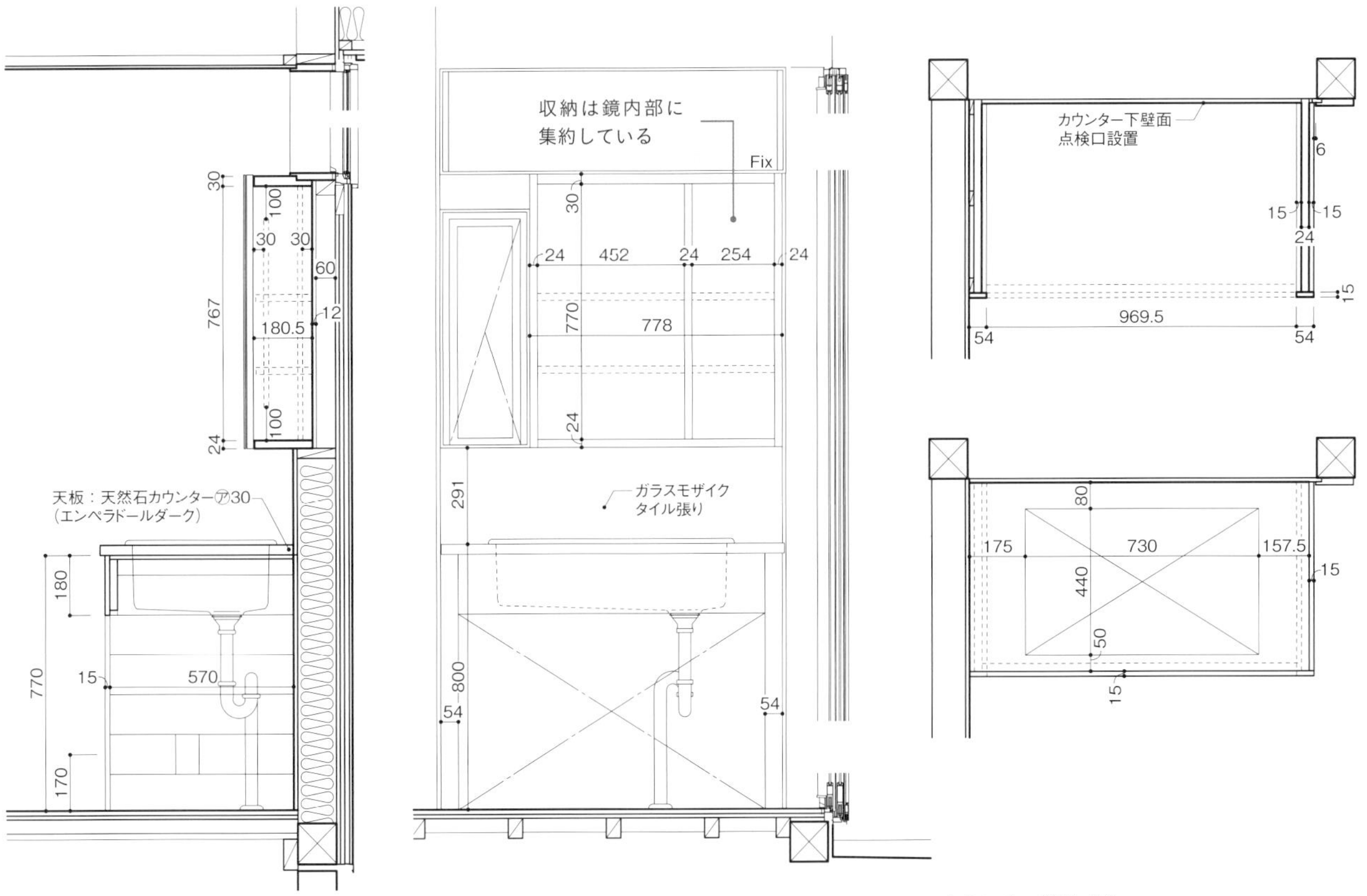

吊戸棚扉面材はシナの白色塗装拭き取り仕上げとしている

天板はステンレスのH.L.

床と同材のビルマチークムク材

チーク材で仕上げたオーダーキッチン

床と同材のビルマチークムク材をキッチン扉の面材につかったオーダーキッチン（設計：寛建築工房＋LiB contents）

カウンター前はガラスモザイクタイル張りとしている

天然石（エンペラドールダーク）のカウンター

洗面化粧台と床は同材としてビルマチークムク材張りに自然塗料塗布としている

天然石のカウンターによる洗面化粧台

寛の家-71の洗面化粧台。天然石のカウンターと木部に使われている深い色のチークが落ちついた雰囲気を醸し出している

さまざまな樹種を多用した玄関

飾り床の床板はクスノキ、床框は秋田スギ柾目材

床柱はイチョウの磨き丸太

床材と階段材はローズウッドのムク材

天井は秋田杉羽目板の浮造り仕上げ

収納扉面材はシナの白色塗装拭き取り仕上げ

化粧丸太は松シャレ木の丸太を使用

象徴的な素材を並べた玄関

寛の家-71の玄関ホール。色や素材の雰囲気を損なわないように適材適所にさまざまな材料が使われている

玄関框はブラックウォルナット

沓脱石は甲州鞍馬

玄関収納のカウンター材は皮付きのトチ

階段材は床材と同じビルマチークで統一感を出している

上り框のエンジュ(槐)はマメ科樹木

図　寛の家-71玄関収納詳細図(S=1:25)

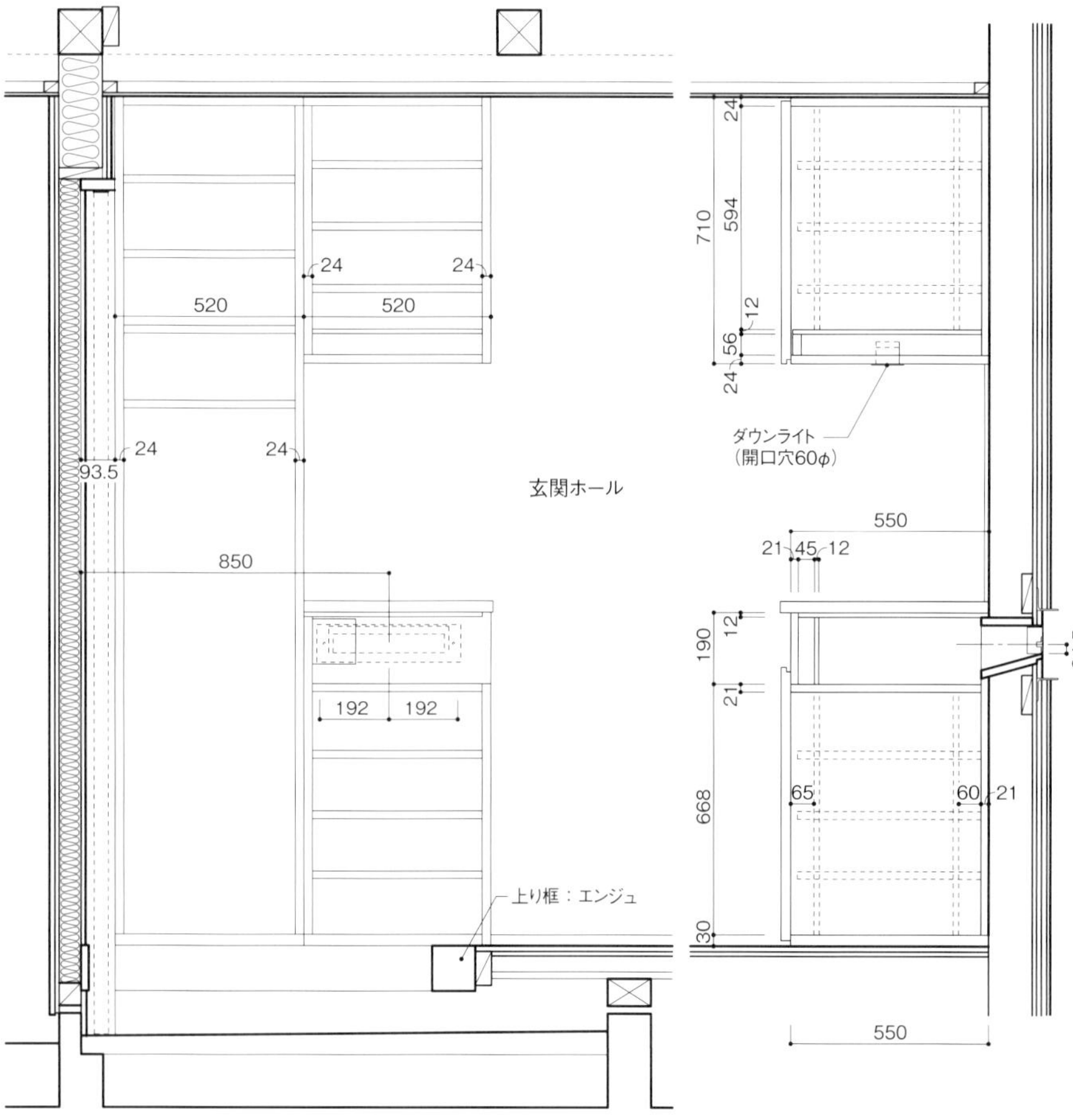

玄関土間は灰墨モルタル仕上げ

皮剥ぎ·皮付きの材を多用した玄関

寛の家-71の玄関ホール。エンジュ、トチなどさまざまな樹種を使ってこの家の特徴を的確に表現している

寛の家-71·72(設計:寛建築工房、撮影:寛建築工房·吉田 誠)

デッキとつながるリビングの設え

壁面は長良スギ

天井は秋田スギ羽目板の浮造り仕上げ

バルコニーデッキはイペ

化粧丸太は北山ヒノキ磨き丸太

床はローズウッドムク材＋自然塗料

寛の家-72のリビング。さまざまな種類の高級材を多用しながらも全体的には落ちついた雰囲気にまとめている

飾り床の床板は西南カバザクラ

繊細な木材づかいの飾り床

リビングの脇に設けられた絵を飾るための飾り床

家具扉面材はメープルの白色塗装拭き取り仕上げ

カウンター材はブラックウォルナット

収納扉面材は床と同材のローズウッド

高級木材でつくったキッチン

濃い色の木材で落ちついた雰囲気のキッチン。リビングと統一感がある

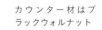

王道の現代和室の設え

座敷の様式をしっかり抑えた上で、設計者独自の意匠を盛り込んでいる

竿縁は床の間と平行に

床の間は畳床を用いた本床

壁には腰貼り

「床脇」は地袋のみとし違い棚や天袋は省略し、下地窓を設けた

照明器具はなるべく見せない

もともと座敷には照明器具は存在しないので、器具の存在を消すと空間との馴染みがよい

天井に照明器具は用いないで間接照明に

床の間は天井にも気を使う

床の間の天井は部屋の天井と材質を変え、網代や和紙など凝った意匠のものにすることが多い

書院の欄間は懲りどころ

書院欄間は意匠の凝らしどころ。建物や部屋のコンセプトを表したモチーフを用いても面白い

床框や畳縁で格式を表現する

床框や床の設えには格式が存在する。それらを知った上で独自の意匠を勘案するのも楽しい

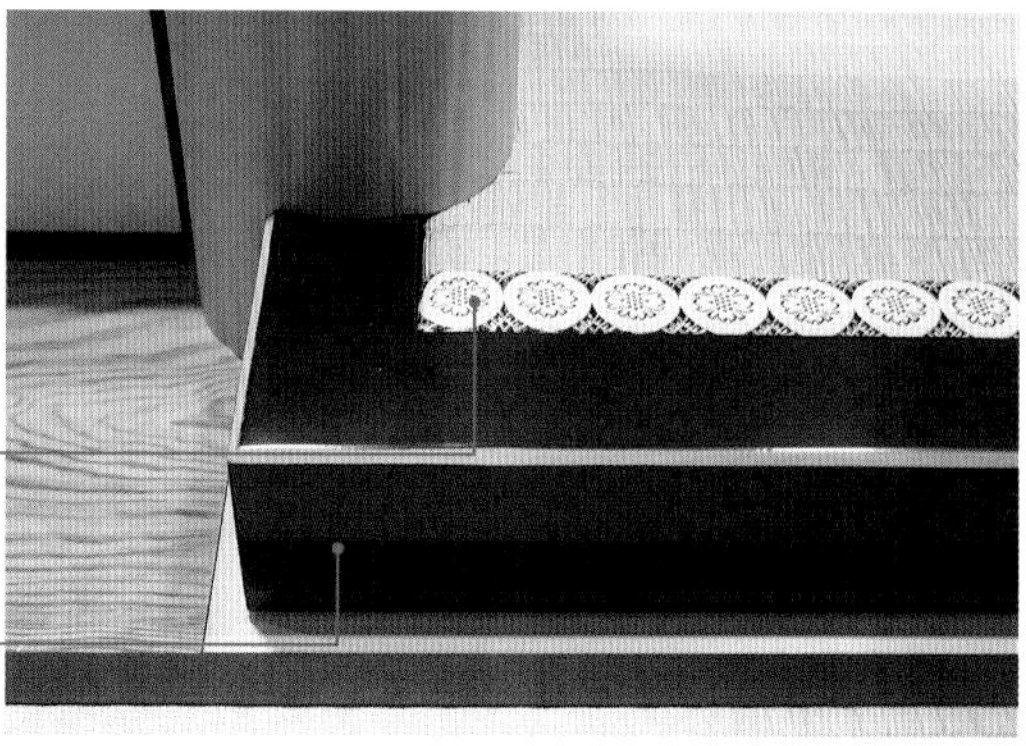

畳縁は格式の高い高麗縁

床框はスギに黒漆塗り。面の部分をあえて塗り残す

設計：OCM一級建築士事務所

図1　「双徽第」八畳の広間 平面図（S＝1：60）

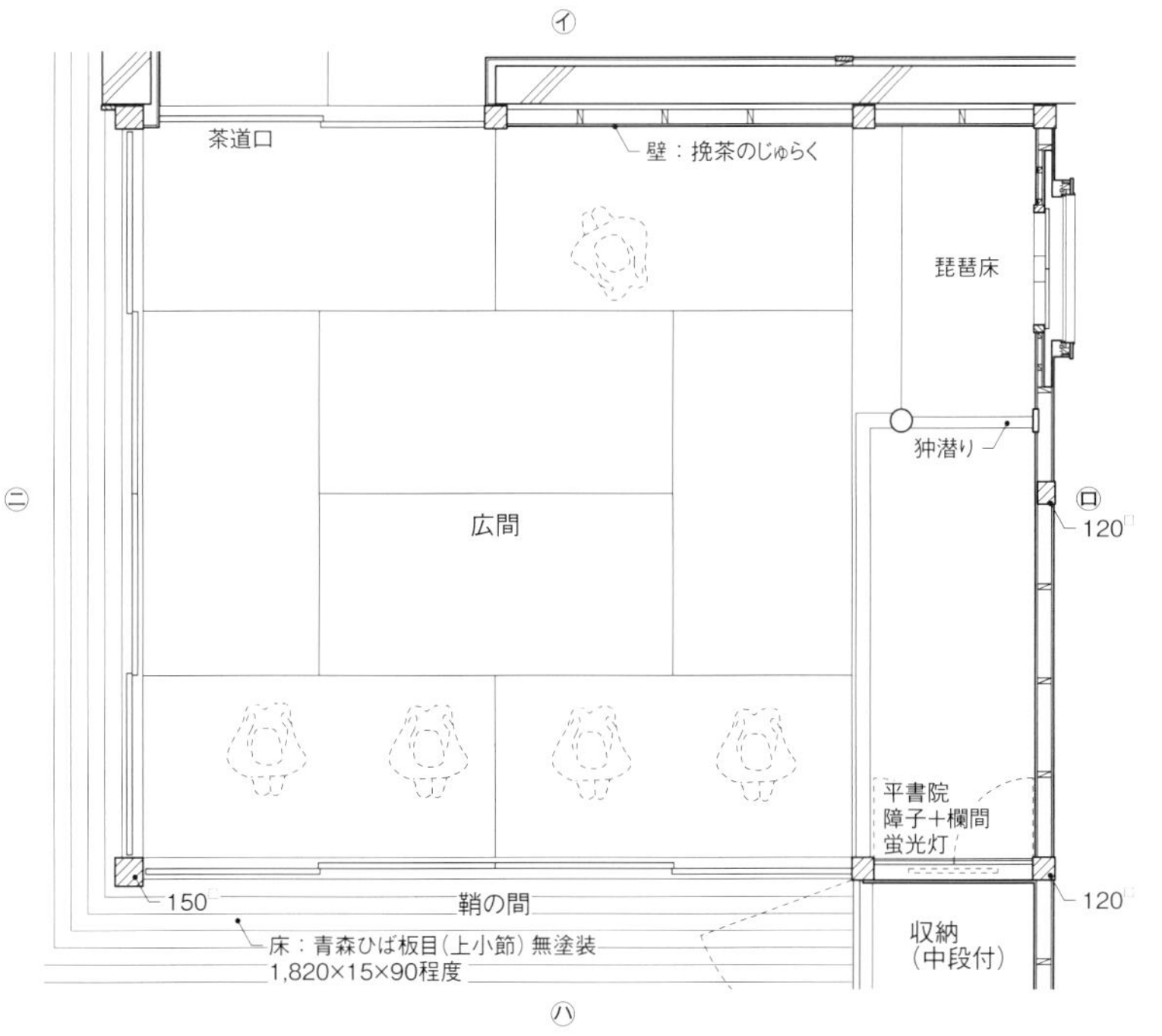

格式の高い床の間の構成

「本床」と呼ばれる床の間の構成。床の間には格式に応じて各種の構成がある

図2　「双徽第」八畳の広間 展開図（S＝1：60）

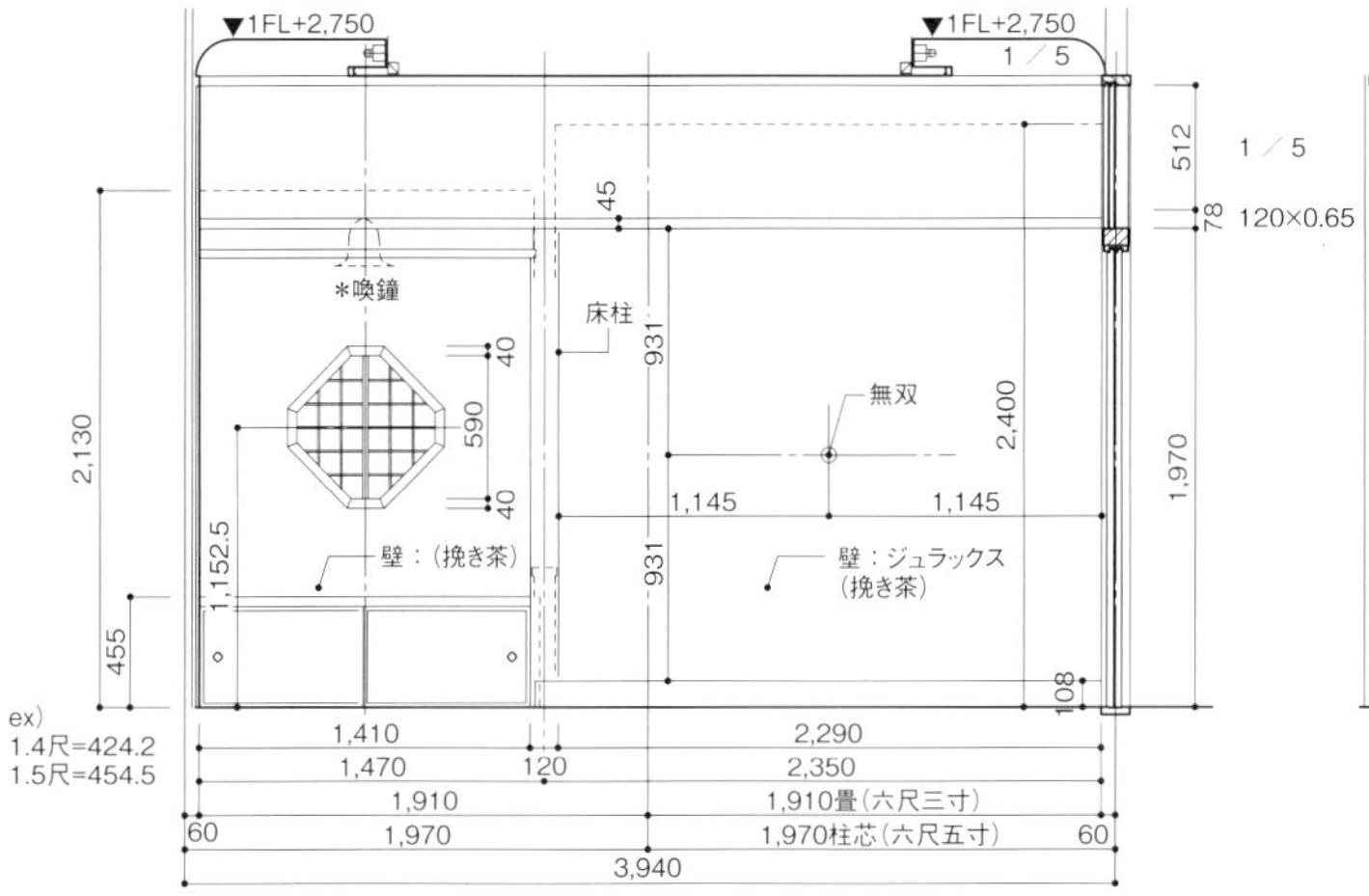

ロ面展開図

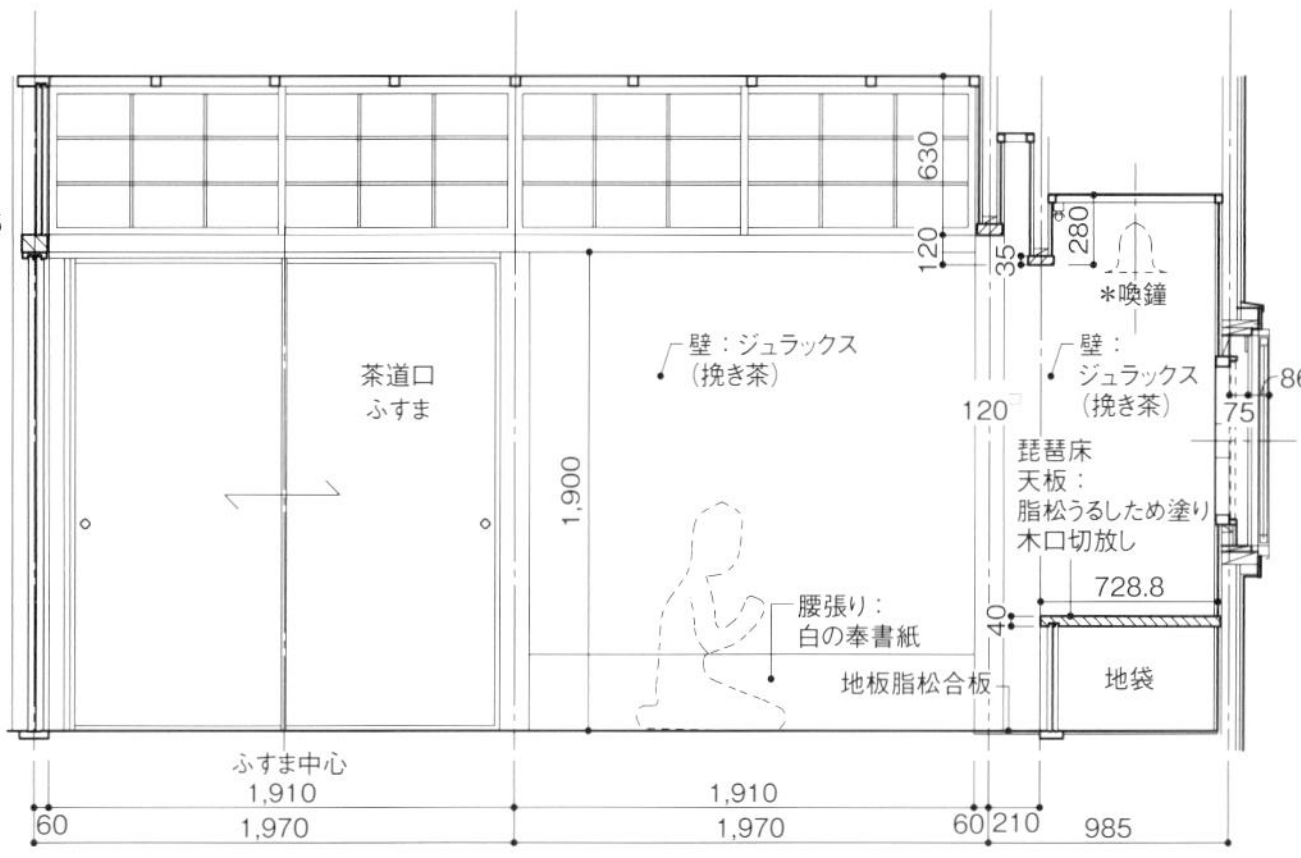

イ面展開図

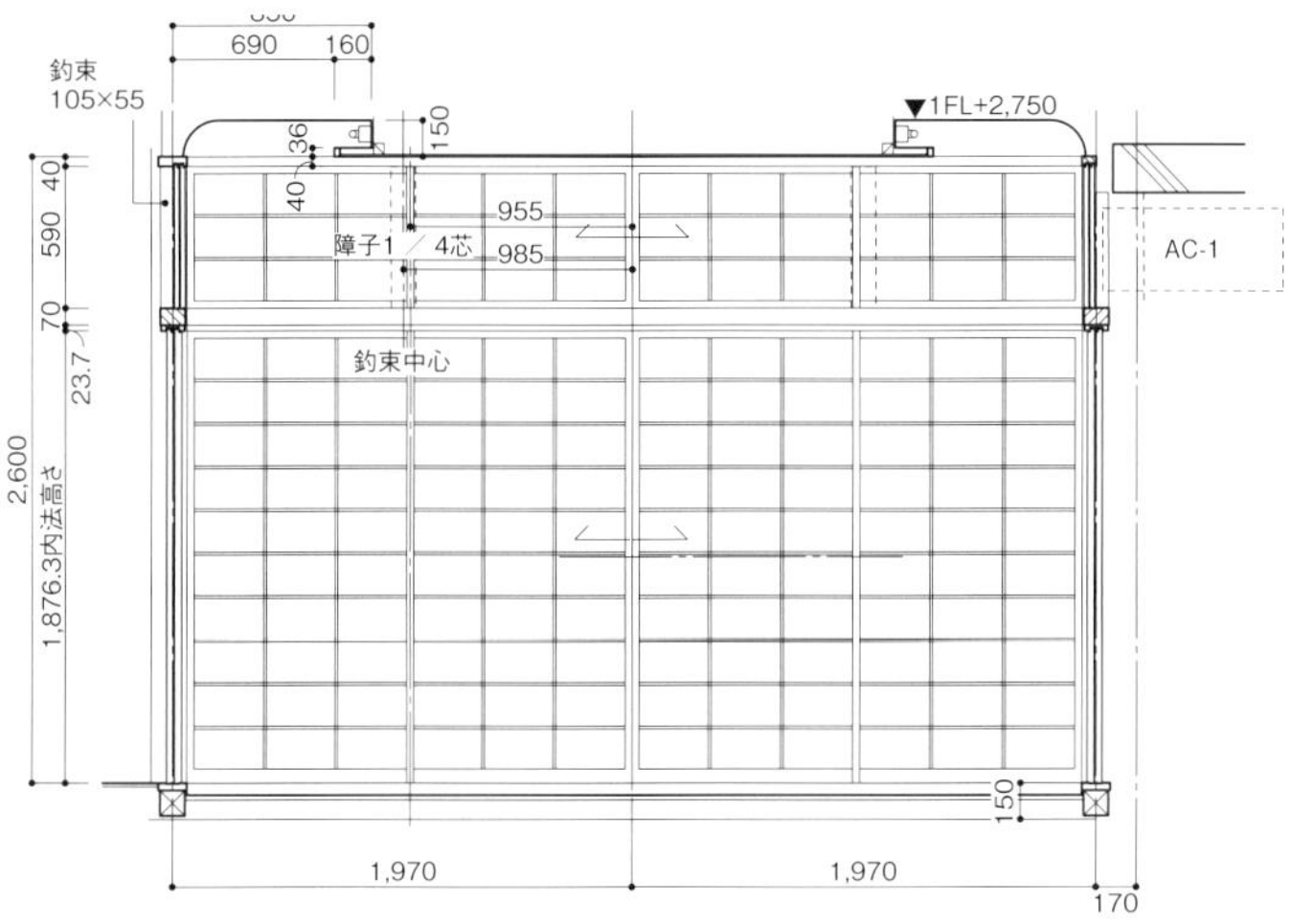

ニ面展開図

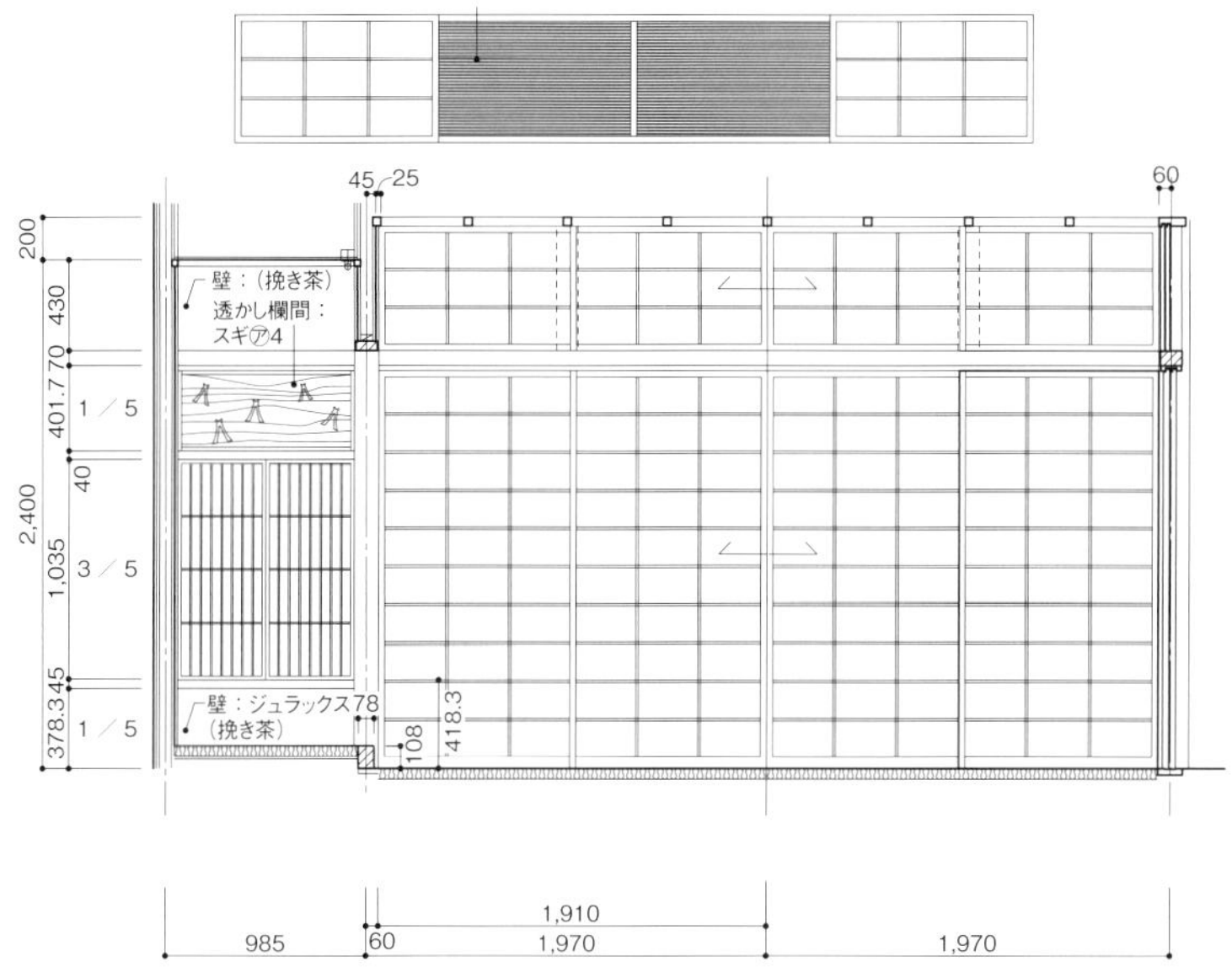

ハ面展開図

「写し」の手法を活用する

原典に従い畳を三枚平行に並べた平三畳。炉の切り方はアレンジ

天井や窓の構成は原典に従い、腰貼りの素材などはアレンジ

「表千家不審庵」を典拠にした「写し」の手法で空間をまとめている

典拠を解釈し、独自の要素を加える

建物のプランや使用状況などを勘案し、典拠を尊重しながら独自の解釈を加えていく

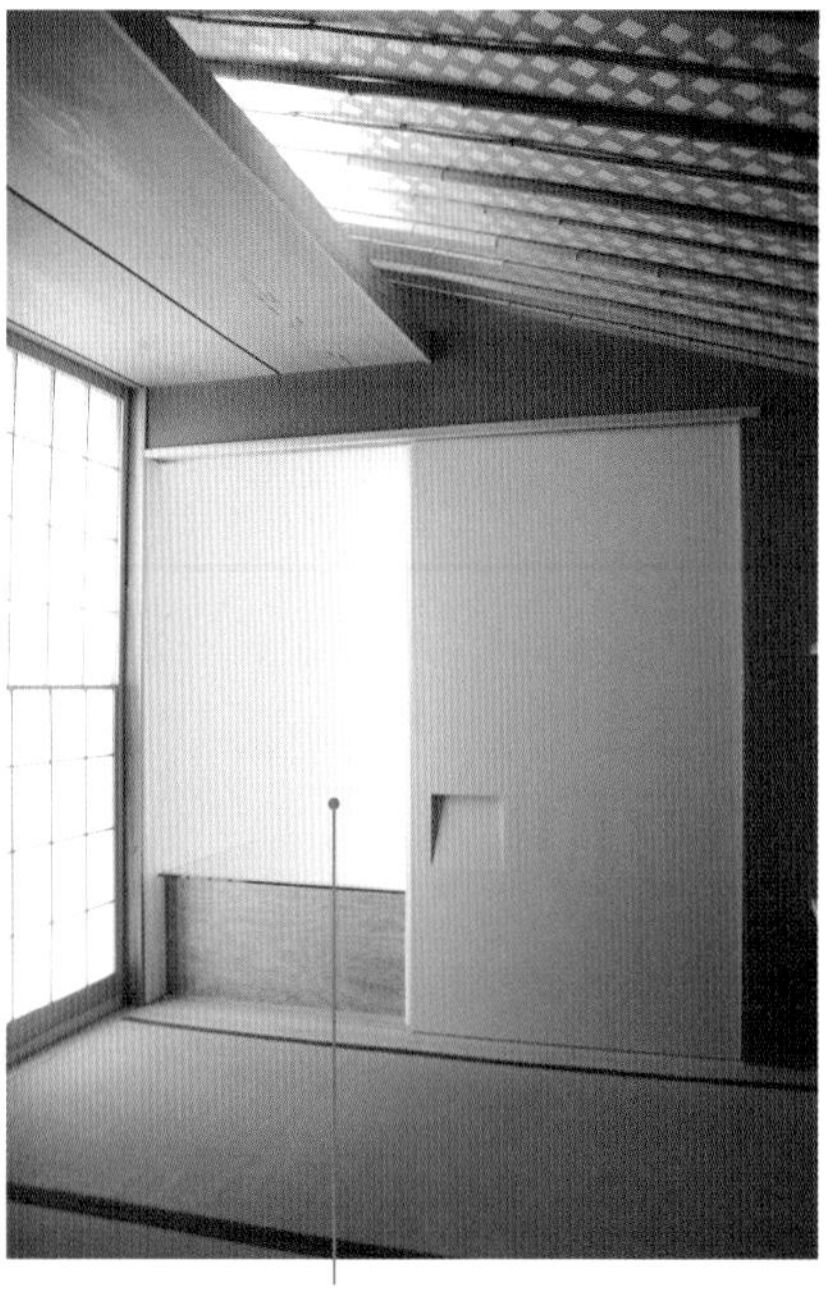

入り口を閉じればガラスの床（浮き床）が現れる

下部に床の間があると仮想して釘を打った織部床にアレンジ。床を想起させるために腰貼りを窪ませた

床の間を「織部床」にアレンジ

原典では床の間があった位置に「織部床」を設けることで、アレンジを加えつつ典拠を示している

左官と障子の枠の取り合いははっかけ納まり

天井の意匠は和室の楽しみ

和室では天井の意匠の追求が求められる。各種の和風建材を吟味して用いたい

原典を参照し、スギ框目の網代貼りとヨシベニアの取り合わせ

図1　「浅草の家」茶室 平面図（S＝1：50）

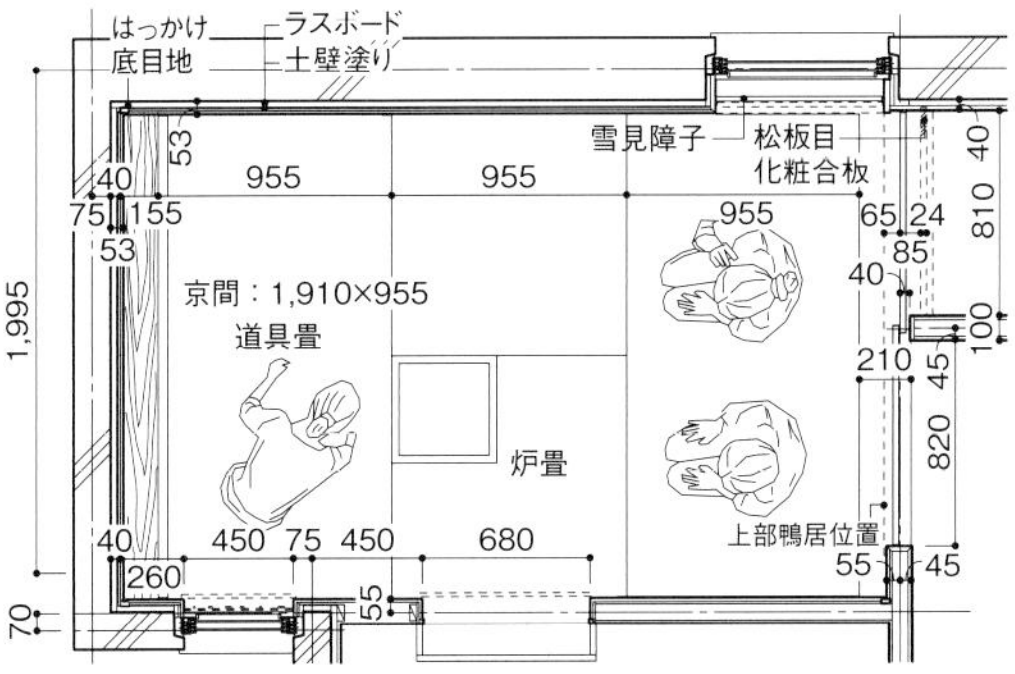

図2　「浅草の家」茶室 展開図（S＝1：40）

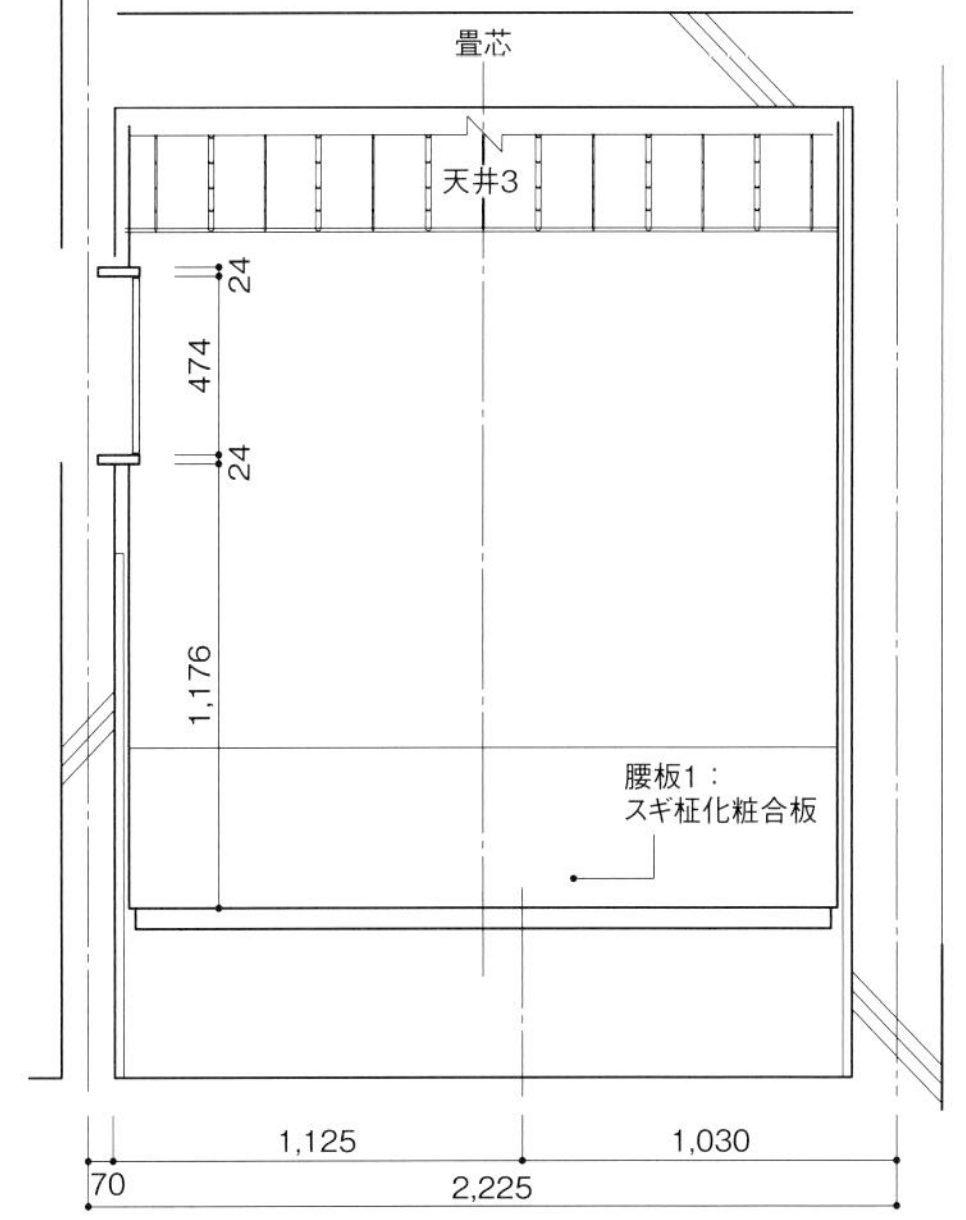

北展開図（2）

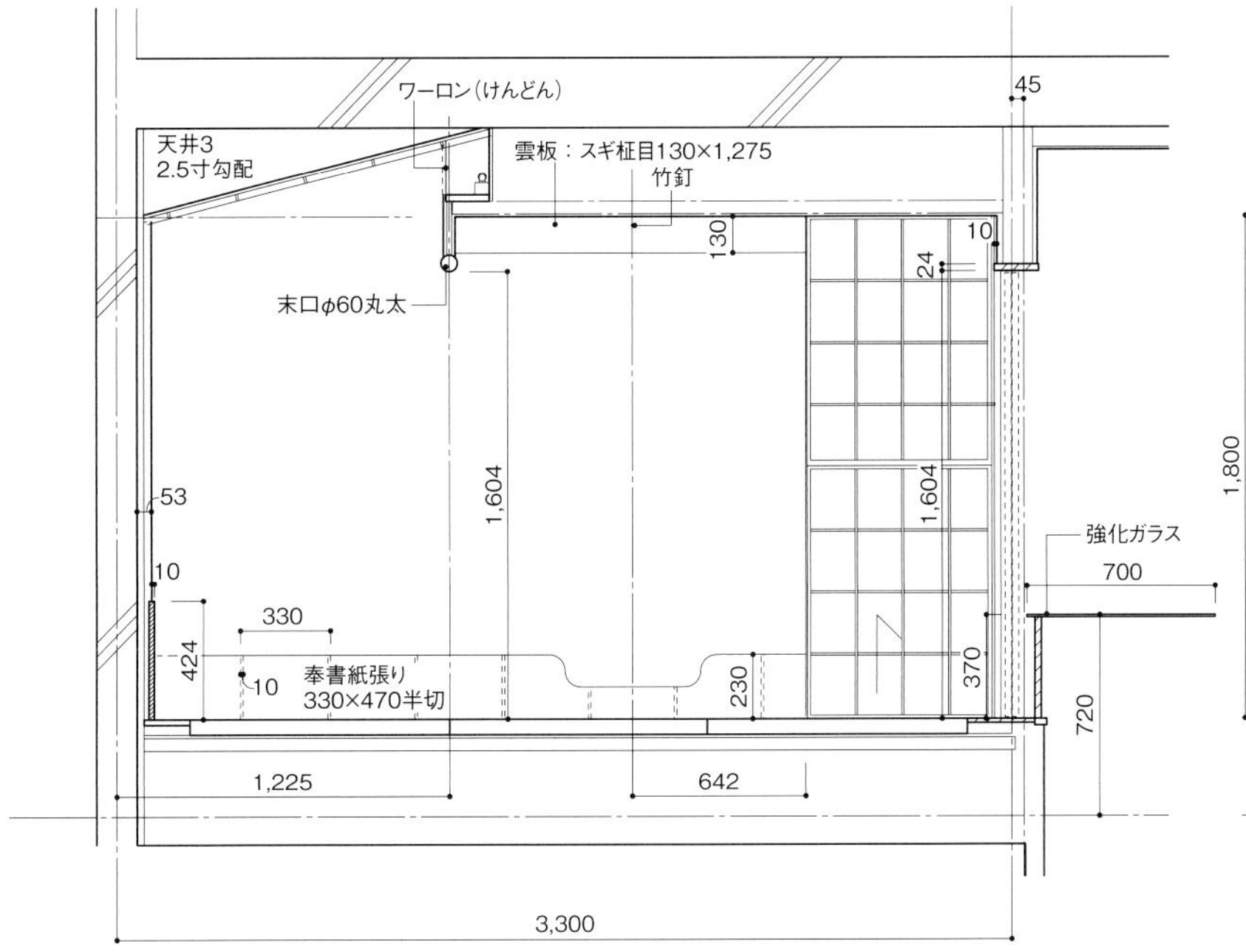

東展開図

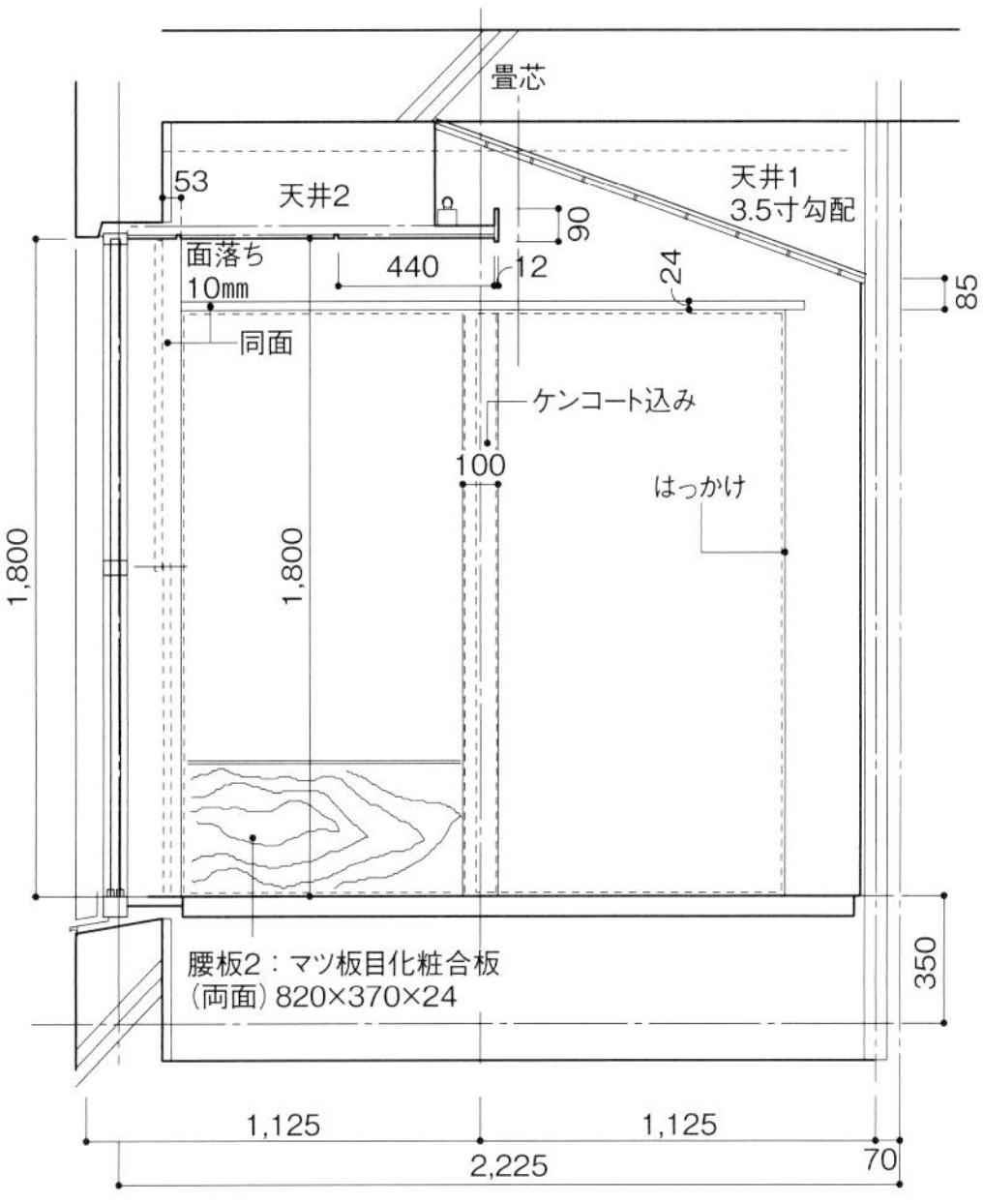

南展開図

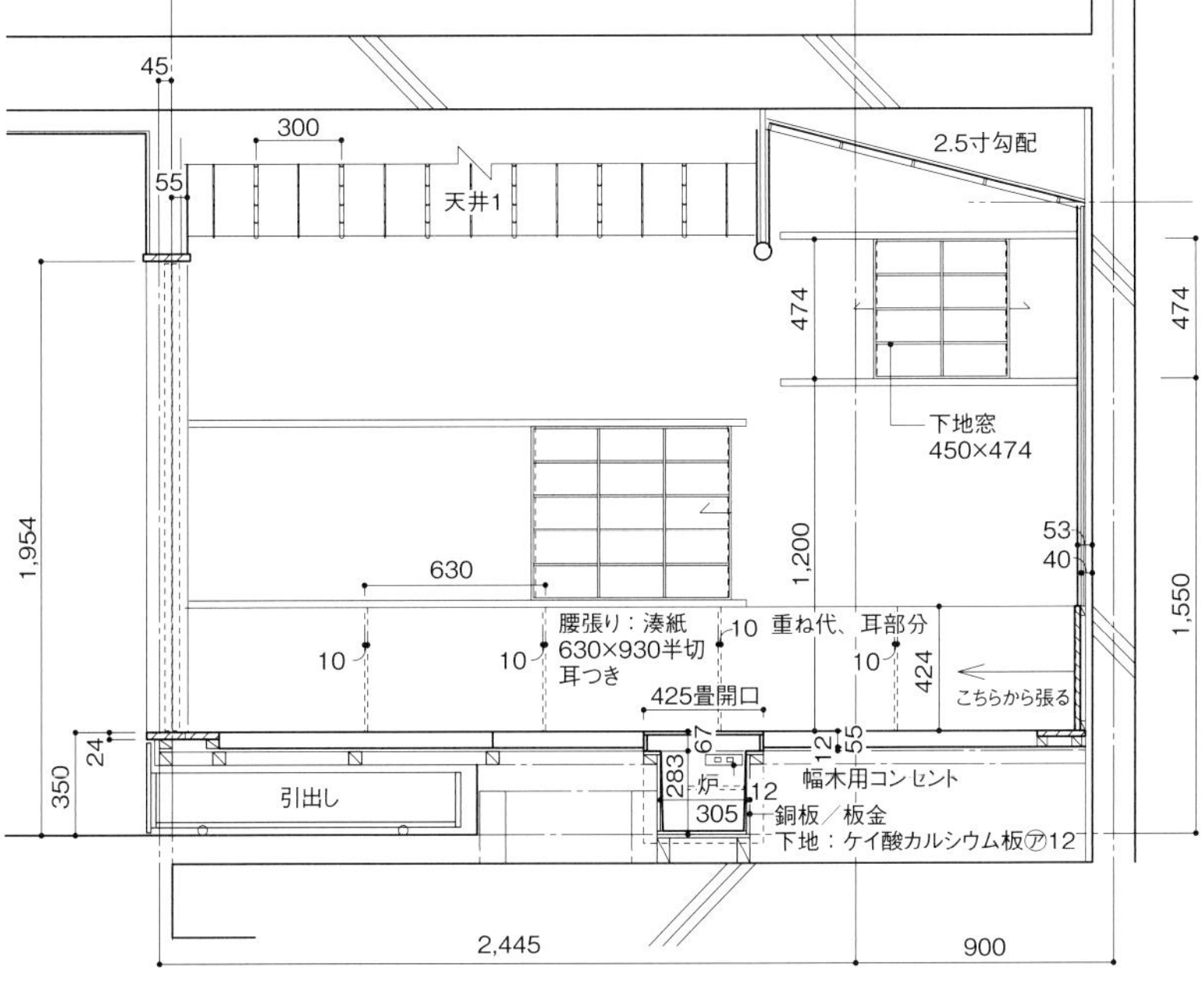

西展開図

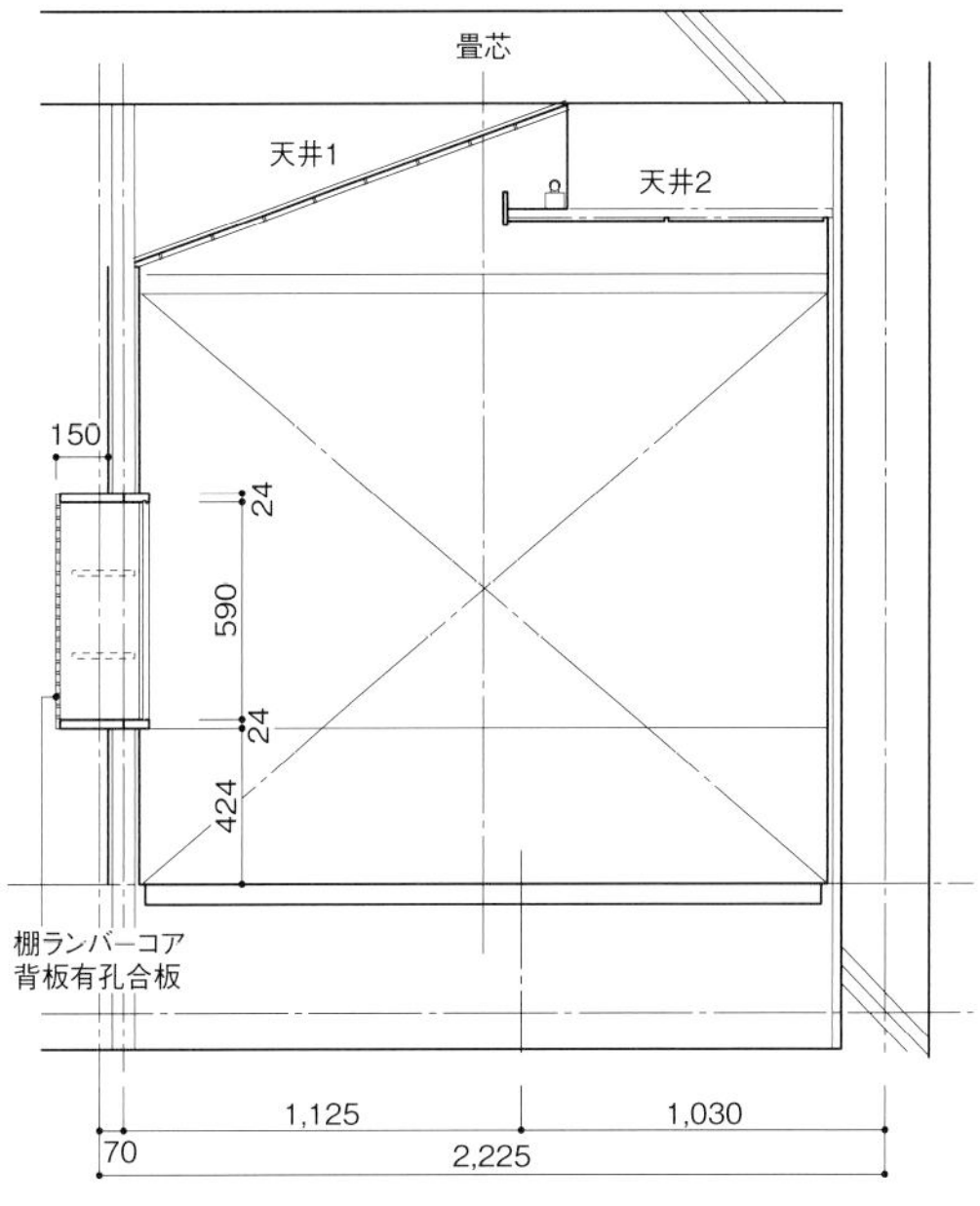

北展開図（1）

カジュアルな和室の設え

床柱、落とし掛けを省略した洞床。草庵的な考え方

床の間は框を省略した踏み込み板

様式を適度に崩した現代的な床の間の構成

畳を敷き詰めないことで座敷の様式から自由になる

畳のモジュールから離れる

周辺に板張りのスペースを設けることで、部屋の大きさや縦横比が自由になる

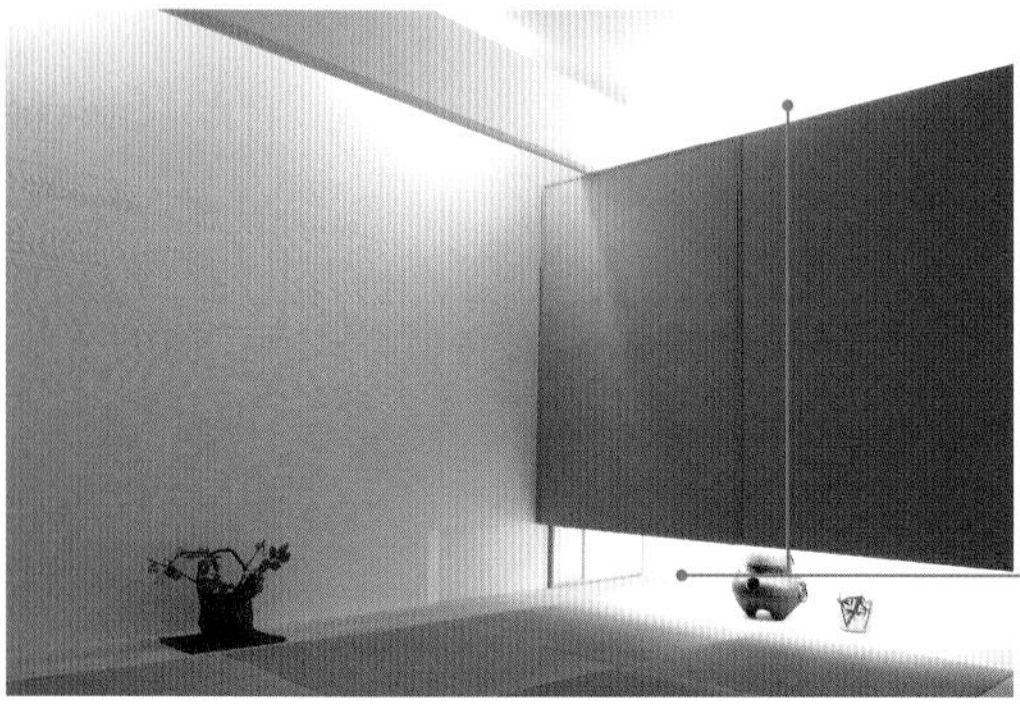

収納は照明の仕込みどころ

和室に求められる押し入れ的な収納スペースは間接照明を仕込みやすい場所

収納の上下に間接照明を仕込む

図1 「鶴ヶ島の家」茶室 平面図（S＝1：60）

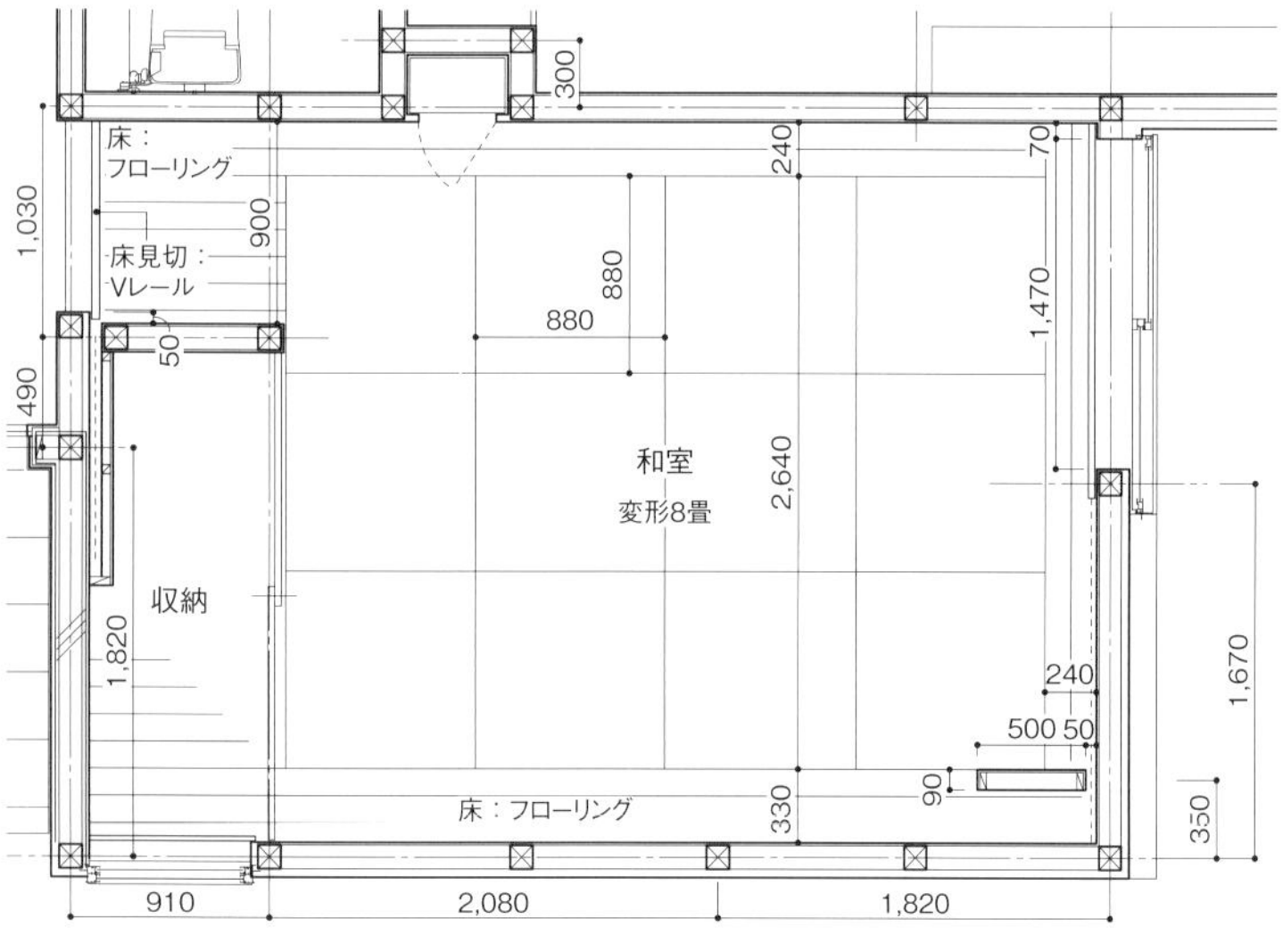

障子は大きなグリッドが馴染む

組子のグリッドを大ぶりにすることで、現代的な印象の障子になる

大きなグリッドで割ることでモダンな印象になる

灯りを兼ねた飾り棚

手元照明を兼ねた飾り棚

飾り棚に照明を仕込み、表に器具を出さずに灯りを取る。夜間の置物の見え方も美しい

図2 「鶴ヶ島の家」茶室 展開図（S＝1：40）

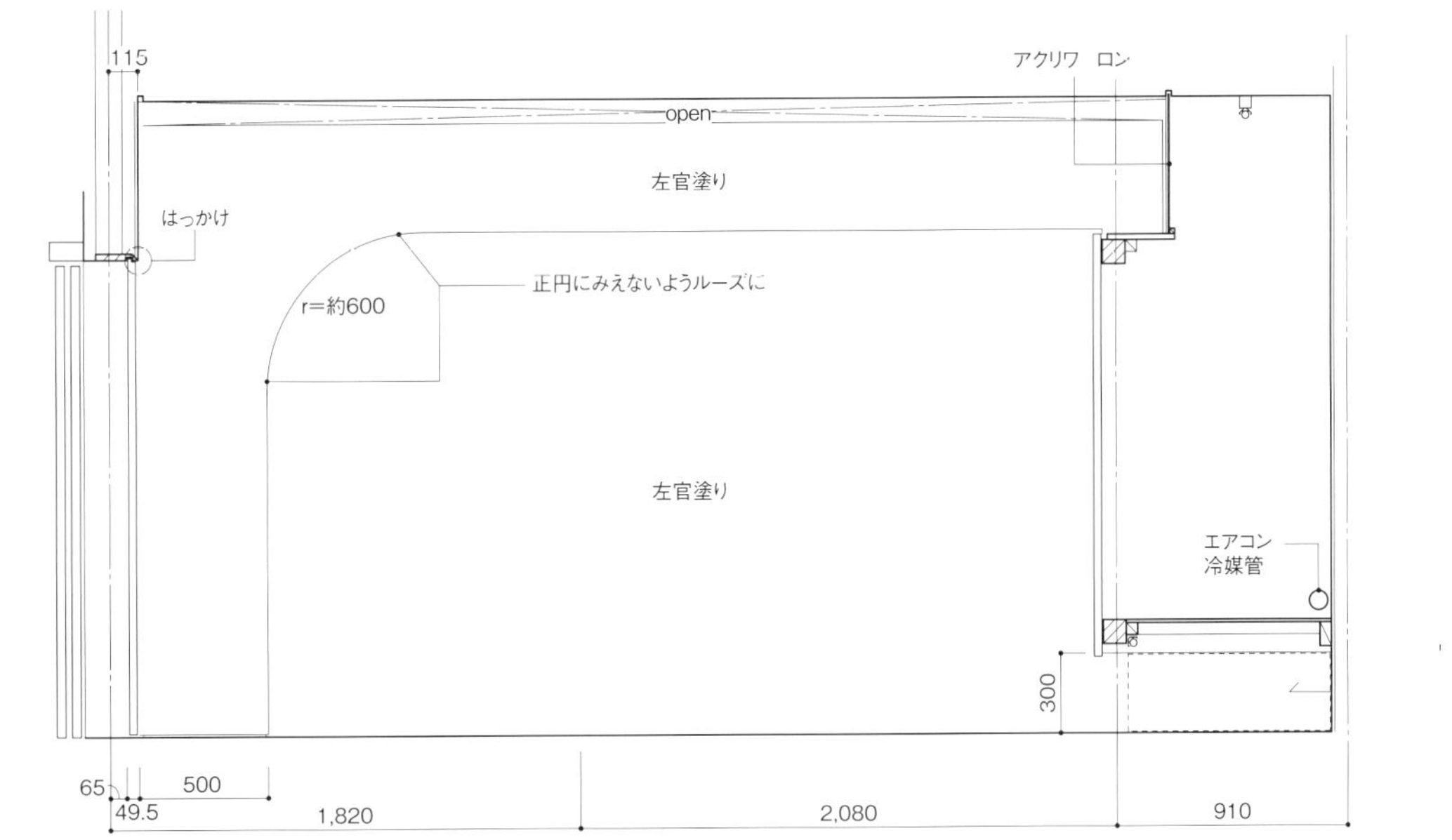

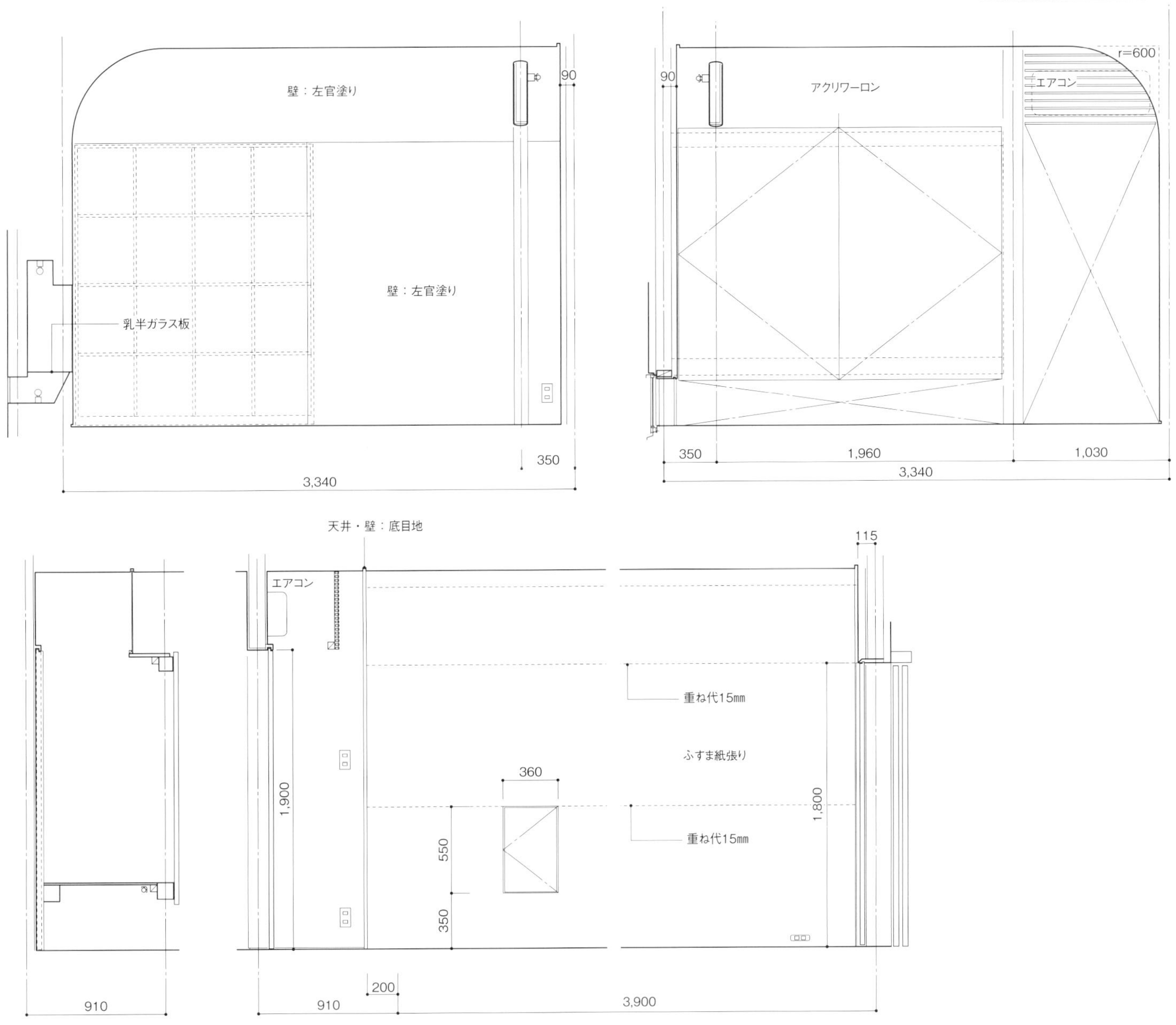

太鼓張りの障子や縁なし方形畳を用いて和の雰囲気を抑える

モダンな空間に畳の部屋をつなげる

建具廻りで現代性を表現

内部建具や遮光部材にモダンな印象のものを用いると和の印象は一気に抑えられる

アルミの引き戸には障子より縦型ブラインドが馴染む

床の間の風のスペースを設けてほのかに和を演出

地袋風に開口部を設けてほのかに和を演出

和の要素をさりげなく用いる

床の間や地袋など和の要素をさりげなく取り入れることで独立した空間としてもさまになる

最近はさまざまな色の畳表があり、化学繊維で補強するなど縁なしに向くものも多い

吹き抜けと組み合わせると自然と天井が下がり場所性を表現しやすい

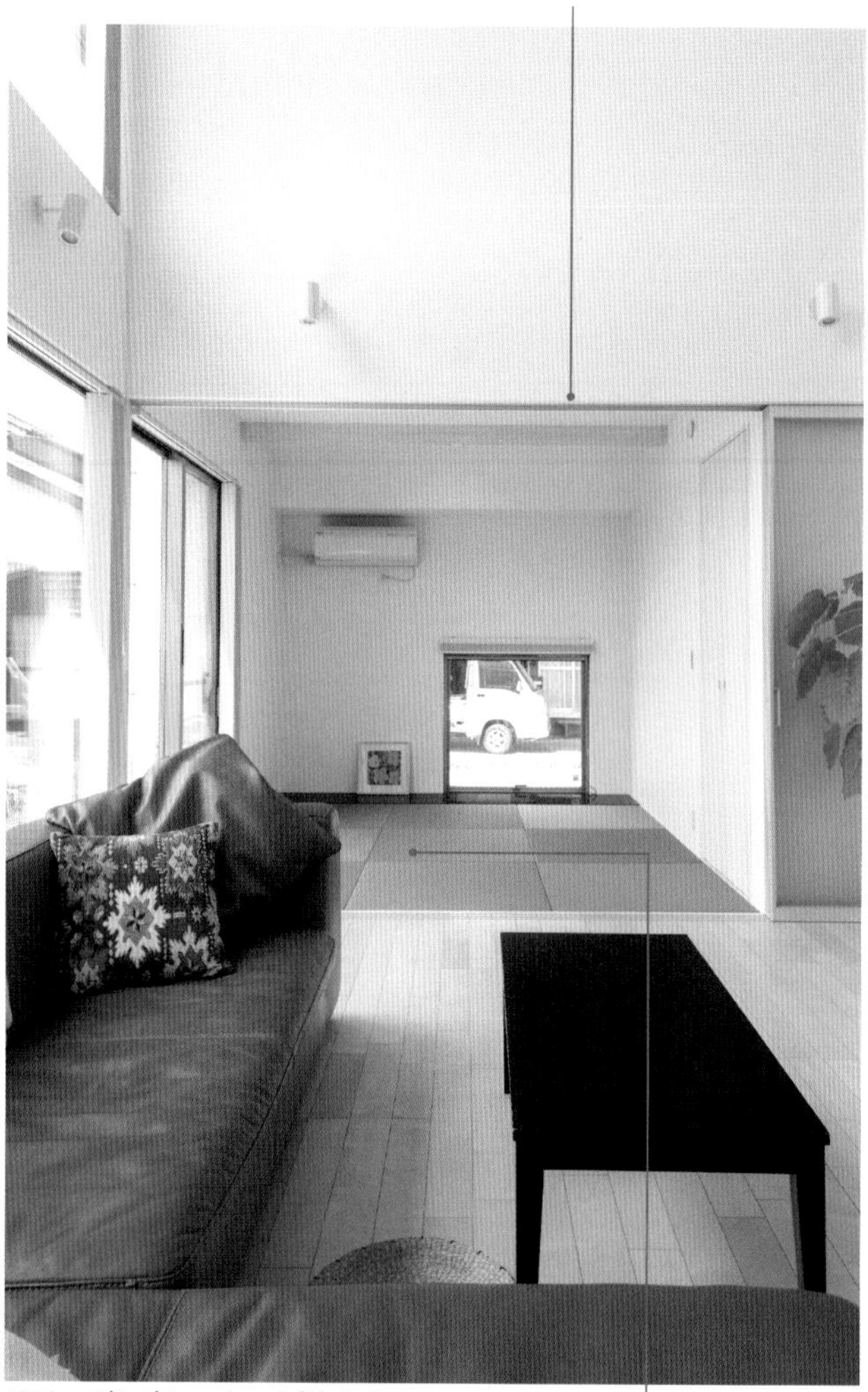

リビングと床レベルを揃える

リビングと同一レベルで畳を敷くことで、畳スペースの独立性が押さえられ、空間に一体感が生まれる

フローリングとゾロになるように畳を敷いて連続性を強調

ロールブラインドで畳スペースを区切るのは最も簡便な方法

ロールブラインドで存在を消す

最も簡易な部屋の仕切りがロールブラインド。閉じることで畳スペースの存在を簡単に消せる

アルミの引き戸で仕切るとモダンなインテリアとなる

民芸調・和モダンの水廻り

キッチンの壁・天井はエコクロス

キッチンの色に合わせてタモ集成材をオーク塗装で濃い目に仕上げている

天板はタモ集成材をオーク塗装

懐かしい雰囲気のキッチン

F邸のキッチン。「昔懐かしい雰囲気を」という建て主の要望に対して、濃い目の木材とタイルで造作した

床は無垢フローリング（パイン幅広ライトシーダー）

天板はタモ集成材をオーク塗装

扉などの面材はスギの板目をミディアムブラウンで塗装

タオル掛けは36 SB ANの真鍮古色仕上げ（ゴーリキ）

壁はEM珪藻土

落ちついた色の和の洗面台

S邸の洗面スペース。モザイクタイルや木材も焦げ茶で統一し、和の雰囲気を強調している

洗面ボウルは漆洗面器（エッセンス）

スギ材でつくられた格子状の引戸。プラネットカラーのOPエボニーで塗装

壁のタイルは平田タイルのもので目地は濃いグレー

便器は黒色の製品を採用してトーンをそろえた

トイレの床は墨入りモルタル金ゴテ仕上げに撥水処理コート材を塗布

和モダンのトイレ

タイルや便器、床仕上げまで黒で統一したシックな和モダンのS邸のトイレ。格子戸も和の印象を与えるアイテムだ

F邸・S邸（設計・施工：OKUTA）

存在感のある梁を生かす工夫

天井はエコクロス、壁は珪藻土

存在感のある梁を塗装することであえてデザインのアクセントにしている

L邸のリビング。吹き抜けの天井の開放感とオークの落ちついた床が居心地のよい空間をつくっている

床は落ちついた色のオークを張っている

腰の高さの位置にモザイクタイルを張って可愛らしさを演出

軸組を強調して木造らしさを出す

アジアンテイストのラタンのソファ

比較的安価でナチュラルテイストのインテリアとも相性のよいラタンのソファ

クラッシックスタイルの木製のテーブル

素材感のあるナチュラルテイストの内装の場合、装飾多めの家具でもうまく周囲と調和する

タイルと既製品の化粧板のキッチン

側面は一般的な既製品の化粧版を張り、カウンターにはタイルを張って可愛らしさを演出

キッチンの側面の材料はウッドワンの既製品

壁・天井はEM珪藻土で仕上げて、やわらかい雰囲気を醸し出している

筋かいの棚はタモ集成材をプラネットカラーで塗装

露出する柱・梁を塗装して木造らしさを強調している

N邸のLDK。一見邪魔に見えるリビング中央の柱も塗装することでインテリアのアクセントになる

キッチンのカウンターは、名古屋モザイクWINE COUNTRY（EL−D1310）

N邸（設計・施工：OKUTA）

1階のリビングをトップライトで明るくする

光庭を内包する家の1階リビング。住宅密集地に建ちながら、昼間はトップライトやハイサイドライトからの採光でとても明るい空間となる

トップライトの左右の2階の個室

トップライトの光が1階の部屋まで伝わるように、床の一部をガラスとしている

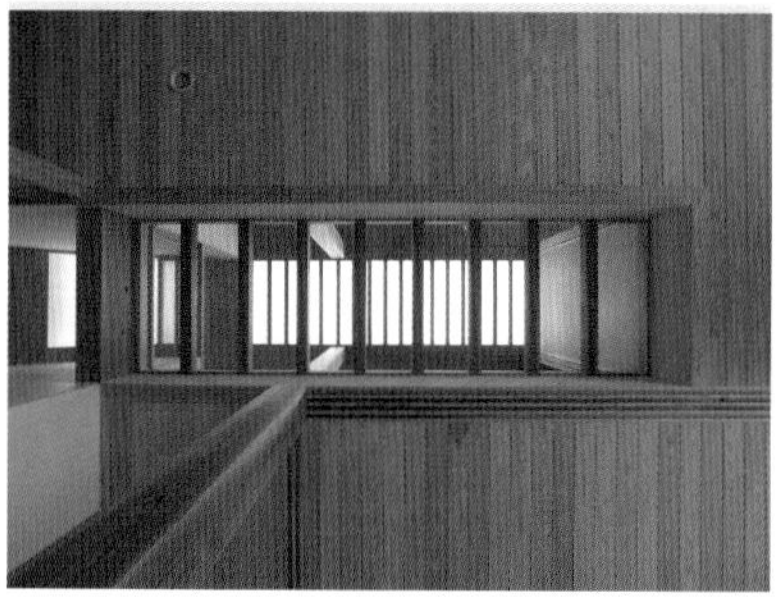

1階から見た光の抜け

トップライトの直下のルーバーと摺りガラス、2階のガラス床を経由して1階に光が伝わる

図　光庭を内包する家トップライト詳細図(S＝1：12)

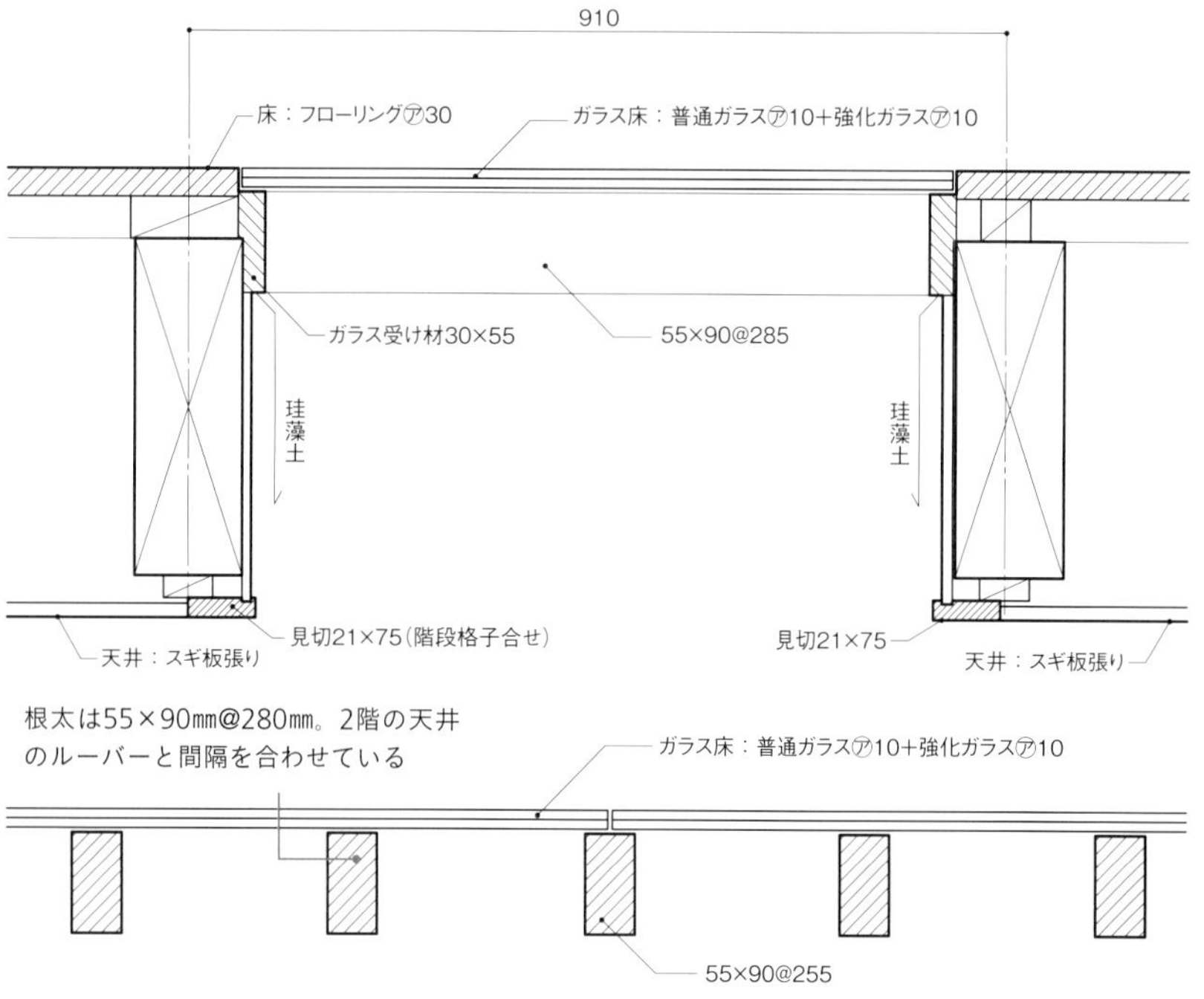

取材協力者一覧（**50音順**）

アセットフォー

アドヴァンスアーキテクツ

伊佐ホームズ

オーガニック・スタジオ

OCM一級建築士事務所

岡庭建設

OKUTA

加賀妻工務店

寛建築工房

キリガヤ

CRAFT

近藤建設工業

住空間設計LIVES

杉坂建築事務所

田中工務店

チトセホーム

TIMBER YARD

テラジマアーキテクツ

フリーダムアーキテクツデザイン

村上建築設計室

出展

「センスを磨く！住宅デザインのルール」1・2・4・5

「建築知識ビルダーズ」No.2・6・10・14・17・18・25

センスを磨く！
住宅デザインの新ルール
インテリア編

2020年9月16日　初版第一刷発行

発行者　澤井聖一
発行所　株式会社エクスナレッジ
〒106-0032東京都港区六本木7-2-26
https://www.xknowledge.co.jp/

編集　TEL:03-3403-1381／FAX:03-3403-1345
info@xknowledge.co.jp
販売　TEL:03-3403-1321／FAX:03-3403-1829